DOCTRINA ACADÉMICA INSTITUCIONAL
Instrumento de reinstitucionalización democrática
TOMO II 2012-2019

A12

Academia de Ciencias Políticas y Sociales

Doctrina Académica Institucional. Instrumento de reinstitucionaliza-ción democrática. Tomo II 2012-2019; prólogo Humberto Romero-Muci / Academia de Ciencias Políticas y Sociales.-- Caracas: Acade-mia de Ciencias Políticas y Sociales; Editorial Jurídica Venezolana, 2019.

400 p.

ISBN: 978-980-365-467-2

Depósito Legal: DC2019000974

1. PRONUNCIAMIENTOS   2. INSTITUCIONALIZACIÓN
3. REINSTITUCIONALIZACIÓN 4. DEMOCRACIA

©   Academia de Ciencias Políticas y Sociales

Hecho el depósito de Ley
Depósito Legal: DC2019000974
ISBN: 978-980-365-467-2

Academia de Ciencias Políticas y Sociales, Caracas.
Editorial Jurídica Venezolana
Avda. Francisco Solano López, Torre Oasis, P.B., Local 4, Sabana Grande,
Apartado 17.598 – Caracas, 1015, Venezuela
Teléfono 762.25.53, 762.38.42. Fax. 763.5239
Email fejv@cantv.net
http://www.editorialjuridicavenezolana.com.ve

Impreso por: Lightning Source, an INGRAM Content company
para Editorial Jurídica Venezolana International Inc.
Panamá, República de Panamá.
Email: ejvinternational@gmail.com

Diagramación, composición y montaje
por: Francis Gil, en letra
Times New Roman 12, Sencillo, Mancha 18 x 11.5

Primera Edición 2019

DOCTRINA ACADÉMICA INSTITUCIONAL

Instrumento de reinstitucionalización democrática

TOMO II
2012-2019

Prólogo
Humberto Romero-Muci

Academia de Ciencias Políticas y Sociales
Editorial Jurídica Venezolana

Caracas 2019

PRÓLOGO

Por: Humberto Romero Muci
Individuo de Número y Presidente de la
Academia de Ciencias Políticas y Sociales

Este libro sobre *doctrina institucional* de la Academia de Ciencias Políticas y Sociales contiene una sistematización temática y cronológica de los pronunciamientos emitidos por la Corporación en defensa de los valores republicanos y democráticos, de los derechos humanos de los venezolanos y de los intereses territoriales de la República entre 2012 y 2019.

Esta nueva publicación contiene un índice integrado que complementa un texto previo con el mismo objetivo que comprende los pronunciamientos de la Academia desde 1983 a 2012 intitulado **"Doctrina Académica Institucional"**[1].

La Academia de Ciencias Políticas y Sociales ha asumido su condición histórica de guardián de la conciencia jurídica y política del país. Ejerce según la Ley de su creación una función consultiva de los órganos del Poder público. Pero también ejerce una función consultiva espontanea que se expresa en la formación de opinión pública. Un compromiso ético de servir de guía proactiva para orientar a la sociedad civil. Esa función consultiva se ejerce dese la experiencia, la formación y el prestigio de sus numerarios, elegidos

---

1   DUQUE CORREDOR, Román José (compilador), *Doctrina Académica Institucional*, <pronunciamientos 1983-2012>Academia de Ciencias Políticas y Sociales, Caracas 2013, ISBN 978-980-6396-92-0.

por reconocérseles como personas de incontestable competencia en el dominio y en el cultivo de las ciencias jurídicas y políticas[2].

La finalidad de la *doctrina institucional* es informativa y formativa. Consiste sobre todo en ser un testimonio especializado. Una memoria viva compilatoria cuyo principal destinatario es la Nación, la opinión pública y desde luego los órganos del Poder Público, en consonancia con su función consultiva. De allí que su característica principal sea el componente reflexivo y crítico frente al poder y a su pesar. Su misión lógica es evitar que siga pretiriéndose al ciudadano y a sus derechos y tratar de orientar a una Nación vapuleada en su dignidad.

Esta *doctrina institucional* se formula y se publica a sabiendas de que la opinión pública es fundamento sustancial y operativo de la democracia[3] y de que son pocos, pero muy poderosos, los interesados en perpetuar en la población las muletas de la ideología, en adoctrinar y no en educar, en convertir la información en propaganda y en formar súbditos dóciles antes que ciudadanos reflexivos frente al poder.

Esta Corporación es una de las pocas instituciones oficiales que ha resistido al progresivo desmantelamiento y cooptación de todos los poderes públicos ejercido por el *régimen y partido de gobierno* en los últimos 20 años. Lo propio hay que decir de las universidades autónomas y de las otras hermanas academias en las áreas de su específico sector del conocimiento. No sólo conserva su autonomía, independencia y objetividad frente a los poderes fácticos, sino que ha asumido un compromiso de acompañar y orientar a la Nación en estos momentos complejos de desinstitucionalización y de zozobra ciudadana, contribuyendo a paliar el escepticismo y la desmovilización de sus ciudadanos.

En estos 20 años el déficit institucional y la deriva autoritaria se han expresado en la práctica, en la inexistencia de la separación y

---

2   *Cfr.* DUQUE CORREDOR, Román José, *Doctrina Académica Institucional*, <pronunciamientos 1983-2012>Academia de Ciencias Políticas y Sociales, Caracas 2013, p. 14.

3   SARTORI, Giovanni, *¿Qué es la democracia?*, Traducción de Miguel Ángel González Rodríguez, María Cristina Pastellini Laparelli Salomon y Miguel Ángel Ruiz de Azúa, Taurus Pensamiento, Santillana Ediciones Generales, Madrid, 2007, p. 76

autonomía efectiva de los Poderes Públicos. No ha habido garantía efectiva de las libertades básicas para los ciudadanos, condición esencial de la pervivencia del Estado y de la democracia constitucional. Han privado las falacias jurídicas, el decisionismo y la arbitrariedad. El poder se ha ***patrimonializado*** y convertido en un instrumento de dominación impúdico y delirante

Esta nueva compilación de ***doctrina académica*** contiene un total de 80 pronunciamientos de los cuales 58 son propios de la corporación y 22 en conjunto con las demás academias nacionales. Incluso se presentan 4 pronunciamientos de academias de ciencias morales y políticas y de jurisprudencia de iberoamericanas sobre la situación jurídica y política venezolana.

Esta mayor profusión de pronunciamientos contrasta con la publicación anterior integrada sólo por 37 pronunciamientos. Este mayor activismo de la Academia da cuenta de la intensa y profunda degradación de la institucionalidad del país sufrida en este periodo de casi 6 años, entre 2012 y el presente, o lo que es lo mismo, la profusión de pronunciamientos es directamente proporcional al descalabro que sufre el país en tiempo real, de una Nación que languidece buscando una salida a la peor crisis que se recuerde.

En esta nueva oportunidad los académicos de Ciencias Políticas y Sociales según las circunstancias y el área de especialidad respectiva, han contribuido a perfilar la oportuna opinión de la Corporación en defensa de los valores republicanos y democráticos. Las líneas temáticas fundamentales se perfilan frontalmente hacia la denuncia de (i) la sistemática violación de los derechos humanos de la población, (ii) la sistemática violación del principio de separación de los poderes públicos, la constitucionalidad y la legalidad y la recurrente usurpación por el Ejecutivo Nacional o por la Sala Constitucional del Tribunal Supremo de Justicia de las competencias de la Asamblea Nacional, (iii) la sistemática violación de los derechos de participación política y ciudadana, (iv) la destrucción de la economía y las finanzas públicas del país, (v) la violación de la autonomía universitaria y (vi) la dejación de la defensa de los intereses territoriales de la República.

En materia de **derechos humanos** destaca fundamentalmente la ausencia de canales institucionales para que los ciudadanos hagan valer sus legítimos intereses y necesidades. Una evidencia más de que la calamitosa desinstitucionalización produce daños graves y concretos. Se registraron las denuncias por el uso desproporcionado de la fuerza pública en el control de las manifestaciones públicas, que han cercenado el derecho a la protesta pacífica. No obstante estas manifestaciones siguen proliferando en todo el país como consecuencia de la crisis inaudita que atraviesa Venezuela. Se da cuenta de las detenciones arbitrarias e indiscriminada, de la presencia de grupos armados que agreden a los ciudadanos que participan en las manifestaciones, de las denuncias de tortura por parte de los funcionarios de los Cuerpos de Seguridad del Estado, de la violación al debido proceso y a la libertad individual, la inconstitucionalidad e inconvencionalidad de la aplicación de la justicia militar a civiles (siendo un porcentaje importante miembros de la comunidad universitaria). Estas violaciones de derechos a la integridad personal contrastan con las vulneraciones de años anteriores más generales a los derechos humanos a la propiedad, a la información, a la libertad de expresión, a la paz como valor universal, entre otros, y ponen de relieve que la represión se ha intensificado, se ha hecho más selectiva e intimidatoria y que busca desmovilizar y desmoralizar a la disidencia.

En materia de **separación de poderes, constitucionalidad y legalidad** destacan 18 pronunciamientos sobre atropellos por parte del Poder Ejecutivo al Poder Legislativo, quebrantando el debido equilibrio de poderes o sistema de pesos y contra pesos que debe operar en todo Estado de Derecho que se precie y pretenda exhibir un funcionamiento legítimo y democrático.

De especial relevancia son los pronunciamientos sobre la inconstitucional e ilegítima denuncia realizada por el gobierno venezolano de la Carta de la Organización de Estados Americanos (OEA), señalándose que los poderes públicos no tienen competencia para denunciar o derogar un tratado internacional de esta naturaleza. Este pronunciamiento, se produce luego de la inconstitucional denuncia de la Convención Americana sobre Derechos Humanos –sobre la cual esta Academia se pronunció en rechazo mediante

Pronunciamientos de fechas 14-5-2012 y 01-10-2013–, señalando que el derecho de toda persona a dirigir peticiones o quejas ante la Comisión Interamericana (CIDH) subsiste precisamente en virtud de que, siendo la CIDH un órgano principal de la Carta de la OEA, todos los Estados Miembros de esa Organización están sujetos a ella conforme a su Estatuto y Reglamento y los instrumentos de derechos humanos interamericanos vigentes. Este es igualmente un derecho constitucional expresamente consagrado en el artículo 31 de la Constitución, de dirigir quejas o peticiones a los organismos internacionales de derechos humanos creados por tratados, con el "objeto de solicitar el amparo a sus derechos humanos". Por lo cual, el desconocimiento o la disminución de ese derecho constituye una transgresión del principio de progresividad de los derechos humanos reconocidos en el artículo 19 del Texto Fundamental. Del mismo modo, en virtud del mencionado principio de progresividad, el derecho de protección internacional de los derechos humanos ante la CIDH debe permanecer en vigor, como en efecto permanece, por haberse incorporado como derecho inherente a la persona humana, conforme al art. 22 Constitucional.

Son particularmente interesantes los pronunciamientos que dan cuenta del brutal deterioro del Estado de derecho, de la barbarie que ha conquistado todos los espacios del poder, y que tienen como signo distintivo la voluntad del *partido y régimen de gobierno* de enseñorearse y avasallar todos los Poderes Públicos y todas las manifestaciones del poder civil, político, militar, económico, ciudadano, en fin, comenzando por la usurpación de las funciones legislativas y de control de la Asamblea Nacional. Esta Corporación ha denunciado (i) la falta de autonomía e independencia del poder judicial representada en los abusos de la Sala Constitucional y (ii) la instalación de la inconstitucional asamblea constituyente.

La Academia se ha pronunciado en el ámbito de las *Finanzas y el patrimonio público*, consciente de que la pobreza es directamente proporcional a la corrupción, flagelos que nos hacen a todos vulnerables; que la seguridad jurídica, la estabilidad del derecho, el respeto a las normas constitucionales que regulan la actividad financiera del Estado, la preservación de la autonomía del Banco Central de

Venezuela y la rendición de cuentas son consustanciales a la democracia y al desarrollo humano integral, que jamás florecerán a causa de la corrupción generalizada, la ausencia de controles y de gobernabilidad democrática, la arbitrariedad del poder ejecutivo y la usurpación de las funciones de la Asamblea Nacional.

Concretamente se ha pronunciado sobre la reconversión del bolívar y el uso de criptoactivos, señalando que dichas iniciativas no tendrán efecto alguno sobre la terrible hiperinflación que aceleradamente empobrece hoy a los venezolanos, ni acabará con la inaudita escasez de efectivo que hoy perjudica a consumidores y pequeños comerciantes por igual. Se ha denunciado la situación de descalabro de la industria petrolera venezolana que comienza con el "Decreto de emergencia" sobre el régimen "especial" de contrataciones públicas, para Petróleos de Venezuela S.A., ("PDVSA") sus empresas filiales, que modifica todo el régimen constitucional y legalmente consagrado para el manejo de la industria petrolera en Venezuela y deja el campo abonado para la corrupción y sigue con la insólita exoneración del Impuesto sobre la Renta a PDVSA, que dejó de ser el contribuyente más importante y solvente a causa del descalabro financiero y la corrupción dentro de la industria.

Esta Corporación se pronunció igualmente sobre el inconstitucional e ilegal Decreto Nº 2.231 que crea la "Compañía Anónima Militar de Industrias Mineras, Petrolíferas y de Gas (CAMIMPEG)", adscrita al Ministerio del Poder Popular para la Defensa y tendrá por objeto la realización de toda actividad lícita de Servicios Petroleros, de Gas y Explotación Minera, privando a PDVSA del control de las operaciones relativas a los servicios conexos a las actividades primarias de hidrocarburos, y vulnerando las normas constitucionales que exigen el carácter civil de la iniciativa pública dentro de un modelo de economía de mercado y el desarrollo por el Estado de actividades económicas sólo cuando ello sea conveniente al interés público y a la concreción de la Cláusula Social del Estado de Derecho.

Igualmente, ha sido enfática en denunciar el inconstitucional "gobierno de emergencia" mediante declaraciones de estado de excepción y de emergencia económica, un acontecimiento insólito en los anales jurídicos de la República. Si anteriormente el socavamiento del orden jurídico se realizó a través de las numerosos decretos de estados de excepción y leyes habilitantes que fueron concedidas al Ejecutivo, ahora se trata de una situación ante la cual se extrema la anomalía jurídica, pues es el Presidente de la República *legibus solutus*, por sí mismo, quien se asume por encima de la división de poderes, convalidado, a su vez, por la Sala Constitucional del Tribunal Supremo de Justicia, como en épocas que se creían históricamente superadas por el avance de la civilización jurídica y política.

Sobre el ***sistema electoral*** se ha pronunciado en contra de la judicialización de la política mediante las decisiones arteras del Tribunal Supremo de Justicia y demás tribunales de instancia en esta materia, como es el caso de los Tribunales penales de que usurparon inconstitucionalmente las funciones del Poder Electoral al suspender con su aquiescencia cualquier acto que genere el referéndum revocatorio del mandato Presidencial de la República; sobre la violación del derecho al sufragio; el retraso en la convocatoria de elecciones regionales por parte del CNE y las irregularidades en el proceso electoral, comenzando por la desinstitucionalización del CNE al estar integrado por rectores vinculados a partidos políticos y haber sido nombrados inconstitucionalmente En conjunto con otras Academias han avalado la participación ciudadana en las elecciones y llamado a suspender la convocatoria de la Asamblea Nacional Constituyente

Ha sido una prioridad histórica para esta Academia la defensa de nuestra integridad territorial. Recientemente con motivo del diferendo de Venezuela con Guyana, al reivindicar nuestra fachada atlántica, y los derechos exclusivos de soberanía en los espacios de la proyección de su territorio continental en el mar territorial, la plataforma continental, la zona marítima contigua y la zona económica exclusiva, reconocidos, entre otros, por los tratados de delimitación de áreas marinas con Trinidad y Tobago.

En los últimos años se ha pronunciado sobre la necesidad de protección de la ***integridad territorial de la república***, frente a los continuos atropellos a la soberanía de Venezuela, en violación del espacio marítimo y de soberanía territorial en los espacios del territorio de mar continental por parte del Gobierno de la República Cooperativa

15

de Guyana, en virtud de la incursión de buques de exploración petrolera, bajo autorización de Guyana, las concesiones ilegales a empresas trasnacionales sobre el territorio en Reclamación y más recientemente, sobre la incompetencia o falta de jurisdicción de la Corte Internacional de Justicia, para conocer la demanda planteada por Guyana. Además de los múltiples pronunciamientos al respecto, esta Academia ha solicitado mediante varias *misivas* dirigidas a la Cancillería venezolana que eleve su más rotunda protesta ante el Gobierno de la República Cooperativa de Guyana, por las violaciones a nuestra soberanía nacional, recordando la necesidad, con base en el Acuerdo de Ginebra, de que este asunto se mantenga siempre dentro del ámbito de las negociaciones diplomáticas para la búsqueda de soluciones prácticas "mutuamente aceptables".

Huelga decir que frente a la desinstitucionalización del Estado y a la ruptura del orden constitucional, surge la legítima aspiración a la reconstrucción de la vida social en democracia. Una reconstrucción que debe ser plural, incluyente y renovadora. Una sociedad no será democrática si no posee ciertos canales de discusión y participación pública de los ciudadanos, garantizando una deliberación mínima pero auténtica, y si éstos y los órganos del Poder Público, no se toman en serio los principios democráticos y la dignidad de las personas, en fin, si no se toman en serio el Derecho.

Finalmente, con la edición y publicación de la **"Doctrina Académica Institucional <instrumento de reinstitucionalización democrática>"**, esta Academia cumple su rol histórico como garante cualificado y veedor ético del proceso transicional que necesita el país de la mano del Derecho y la Justicia.

Este trabajo es, además –con justa razón y fundamentalmente– un antídoto contra la improvisación y la desmemoria, una predisposición y actitud vital para la reconstrucción del tejido democrático y del ordenamiento jurídico del país.

Agua Fría, 17 de julio de 2019

PRIMERA PARTE
DERECHOS HUMANOS

I. PRONUNCIAMIENTO DEL COMITÉ INTERACADÉMICO DE LAS ACADEMIAS NACIONALES SOBRE LAS MANIFESTACIONES PÚBLICAS DE PROTESTA; REPRESIÓN Y VIOLENCIA

(Derecho a la protesta; razones sociales que impulsaron las protestas ciudadanas a comienzos del año 2014; denuncia sobre la violación del *(i)* derecho a manifestar pacíficamente y sin armas, *(ii)* control de las manifestaciones abusivo e inconstitucional por parte del Estado, *(iii)* presencia de grupos armados que atacan a los ciudadanos durante las protestas).

21.2.2014

El Comité Interacadémico de las Academias Nacionales expresa al país su profunda preocupación por los acontecimientos violentos ocurridos a raíz de las manifestaciones públicas que, de manera pacífica, han sido convocadas en todo el país desde el 10 febrero de este año 2014.

1.- La irritación y descontento de muchos ciudadanos con relación a la inseguridad, la insuficiencia de medicamentos básicos y la falta de suministros adecuados a los hospitales públicos, así como la escasez de alimentos y de otros productos esenciales para la vida cotidiana, han sido y siguen siendo las razones fundamentales del descontento que se evidencia a escala nacional. También avivan el descontento de un amplio sector de venezolanos la negligencia del gobierno en investigar numerosas denuncias de hechos de corrupción, por más manifiestos que éstos sean, la ausencia de un Contralor General de la República debidamente designado, la permanencia de Magistrados del Tribunal Supremo de Justicia y Rectores del Consejo Nacional Electoral, cuyos periodos se han vencido y el clima de violencia que se vive en la Asamblea Nacional, que ha llegado al extremo de la agresión física a parlamentarios de la oposición, entre otros asuntos.

2.- Ante los hechos de violencia a los que han sido sometidos los manifestantes, hay que reivindicar el derecho fundamental de los ciudadanos, consagrado constitucionalmente en el artículo 68 y amparado por el derecho universal, de manifestar pacíficamente y sin armas. Siendo así, el Estado a través de las autoridades policiales, tiene el deber de proteger y salvaguardar a los manifestantes y desarmar y controlar cualquier grupo violento. Por lo tanto el uso de armas de fuego y sustancias tóxicas para ejercer cualquier tipo de control en una manifestación pacífica es inconstitucional.

3.- Por los motivos ante expuestos rechazamos de manera categórica:

a.- todo intento de imponer un pensamiento único en la conducción del país,

b.- la presencia de los grupos armados que han arremetido contra ciudadanos que protestan pacíficamente y han ocasionado muertos y un número considerable de heridos,

c.- la persecución y encarcelamiento de estudiantes y activistas políticos que ejercen su derecho a la protesta pacífica,

d.- el uso desproporcionado de la fuerza pública para reprimir a los manifestantes,

e.- las humillaciones y vejaciones físicas a las que han sido sometidos los estudiantes apresados por las FAB. Los autores de estos hechos abominables, algunos documentados por las víctimas, de ser confirmados, envilecen a la Fuerza Armada y merecen el más profundo desprecio de una sociedad civilizada,

f.- el llamado del gobernador del Estado Carabobo a realizar una "contraofensiva fulminante", que trajo como consecuencia la muerte de una joven de 22 años,

g.- las medidas de represión contra estaciones de televisión internacionales, como NTN 24, y

h.- la escasez de papel para los medios impresos y los intentos de censura y retrasos en la conexión a Internet.

4.- Por tanto, exigimos:

i.- que se establezca un dialogo constructivo, sin condiciones previas, entre gobierno y oposición, como vía para conducir el país de modo aceptable para todos los venezolanos,

ii.- que el Estado reconozca y respete la diversidad de opiniones y planteamientos como elemento esencial de una sociedad democrática en un país civilizado,

iii.- que los responsables de los atropellos, muchos de ellos plenamente identificados, sean llevados ante la justicia,

iv.- que los órganos del Poder Público Nacional, como la Defensoría del Pueblo y Fiscalía General de la República cumplan con el rol que constitucionalmente les corresponde en defensa de los derechos de todos los ciudadanos.

v.-. La liberación de los manifestantes así como de los dirigentes que convocaron las manifestaciones, aprehendidos injustamente por ejercer el derecho constitucional a la protesta,

Caracas 21 de Febrero de 2014

Rafael Muci Mendoza. Presidente de la Academia Nacional de Medicina.

Luis Cova Arria. Presidente de la Academia de Ciencias Políticas y Sociales.

Claudio Bifano. Presidente de la Academia de Ciencias Físicas Matemáticas y Naturales.

Luis Mata Mollejas. Presidente de la Academia Nacional de Ciencias Económicas.

Manuel Torres Parra. Presidente de la Academia Nacional de Ingeniería y el Hábitat.

Francisco Javier Pérez, Director de la Academia Venezolana de la Lengua.

http://www.acienpol.org.ve/cmacienpol/Resources/Pronunciamientos/Manifestaciones%20Publicas.pdf

II. PRONUNCIAMIENTO DEL COMITÉ INTERACA-DÉMICO DE LAS ACADEMIAS NACIONALES ANTE LOS HECHOS DE VIOLENCIA, REPRE-SIÓN, DETENCIONES, TRATOS INFAMANTES Y DENUNCIAS SOBRE TORTURAS POR PARTE DE FUNCIONARIOS DE LOS CUERPOS DE SEGURI-DAD DEL ESTADO.

(Derecho a protestar pacíficamente y sin armas. El Comité rechaza *(i)* las detenciones arbitrarias; *(ii)* el empleo de torturas y tratos crueles; e *(iii)* impone al Estado la creación de medidas cuya finalidad sea lograr dialogo, tales como indultos, amnistías y cese de represiones).

13.3.2014

El Comité Interacadémico de las Academias Nacionales, consciente de su responsabilidad ante los hechos de violencia, represión, detenciones, tratos infamantes y denuncias sobre torturas por parte de funcionarios de los cuerpos de seguridad del Estado, estima su deber pronunciarse al respecto y consideran:

1. En un Estado de Derecho y de Justicia, a tenor de lo establecido en la Constitución, debe preservarse a toda costa el derecho a protestar en forma pacífica y sin armas (art. 68).

2. Ante una manifestación ciudadana, connatural a un régimen democrático, la autoridad, encargada de velar por el orden público, tiene el deber de extremar su celo por garantizar y resguardar a quienes ejercen ese derecho. Asimismo, debe garantizar que el mantenimiento del orden público se lleve a cabo con medidas adecuadas y sin recurrir al uso indiscriminado e ilegal de gases tóxicos y al empleo criminal de armas con capacidad letal.

3. Las detenciones en presunta flagrancia, sin que se llenen los estrictos requisitos legales de la excepcional privación de libertad a

la que puede dar lugar, la incomunicación y la sujeción a procesos penales con medidas cautelares que afectan derechos ciudadanos con las características de penas anticipadas, constituyen francos atropellos a los derechos humanos y desconocimiento absoluto de las leyes venezolanas, en un sesgo absolutamente condenable.

4. El Comité Interacadémico, rechaza de manera categórica el empleo de tortura y tratos crueles con el fin de obtener declaraciones de personas privadas de libertad, castigar, intimidar o doblegar la voluntad de perseguidos o detenidos con motivo de las protestas ciudadanas son hechos que, de ser comprobados, deben ser investigados exhaustivamente y los funcionarios responsables sancionados ejemplarmente.

5. Se impone, por parte del Estado y de sus órganos, en primer lugar, dar muestras claras y efectivas de diálogo que deben encontrar su concreción en medidas de indulto o amnistía para perseguidos y presos por motivaciones predominantemente políticas y el cese de la represión indiscriminada contra manifestantes, quienes deben encontrar el camino abierto para canalizar sus protestas sin que se permita el recurso indiscriminado a la violencia y la tortura con el doloroso saldo de víctimas inocentes.

Caracas, 13 de marzo de 2014

Rafael Muci Mendoza. Presidente de la Academia Nacional de Medicina.

Luis Cova Arria. Presidente de la Academia de Ciencias Políticas y Sociales.

Claudio Bifano. Presidente de la Academia de Ciencias Físicas Matemáticas y Naturales.

Luis Mata Mollejas. Presidente de la Academia Nacional de Ciencias Económicas.

Manuel Torres Parra. Presidente de la Academia Nacional de Ingeniería y el Hábitat.

Francisco Javier Pérez, Director de la Academia Venezolana de la Lengua.

http://www.acienpol.org.ve/cmacienpol/Resources/Pronuncia-mientos/PRONUNCIAMIENTO%20DEL%20COMITE%20-INTERACADEMICO%20%20%20Ante%20el%20abuso%20-de%20las%20normas%20penales%20para%20reprimir%20acciones%20enmarcadas%20en%20el%20ejercicio%20de%20derechos%20constitucion.pdf

III. DECLARACIÓN DE LA ACADEMIA DE CIENCIAS POLÍTICAS Y SOCIALES ANTE LA DETENCIÓN DEL RECTOR DE LA UNIVERSIDAD METROPOLITANA DE CARACAS.

(Rechazo a la detención arbitraria del Doctor Benjamín Scharifker, Rector de la Universidad Metropolitana. Denuncias sobre la violación al *(i)* debido proceso, *(ii)* al domicilio procesal y *(iii)* al derecho a la defensa).

5.4.2016

Enterada como ha sido la Academia de Ciencias Políticas y Sociales acerca de la detención del doctor Benjamín Scharifker, rector de la Universidad Metropolitana, antiguo rector de la Universidad Simón Bolívar y antiguo presidente de la Academia de Ciencias Físicas, Matemáticas y Naturales, cuya detención se efectuó el próximo pasado 31 de marzo, por parte de la Policía Nacional, sin que mediara procedimiento ni orden judicial alguna, sometiéndolo a interrogatorios, e ingresando a su residencia, esta Academia expresa las siguientes consideraciones:

1. La práctica de cualquier detención o retención de una persona constituye una restricción de la libertad de la persona. Por ello, solo se permite en circunstancias muy especiales y respetando las garantías procesales mínimas establecidas en la Constitución y en los instrumentos internacionales sobre derechos humanos.

2. En tal sentido, la libertad personal es inviolable; nadie puede ser arrestado o detenido sino en virtud de una orden judicial, a menos que sea sorprendido infraganti (art. 44.1 de la Constitución).

3. Además, toda persona tiene derecho a que se respete su integridad física, psíquica y moral, en consecuencia, no puede ser sometida a tratos crueles, inhumanos o degradantes (art. 46.1 de la Constitución).

4. La defensa y la asistencia jurídica son derechos inviolables de toda persona en todo estado y grado de la investigación y del proceso. Por ello, toda persona tiene derecho a ser notificada de los cargos por los cuales se le investiga (art. 49.1 de la Constitución).

5. Ninguna autoridad puede desconocer la presunción de inocencia de cualquier persona mientras no se pruebe lo contrario (art. 49.2 de la Constitución).

6. El hogar doméstico y todo recinto privado de la persona son inviolables. No podrán ser allanados, sino mediante orden judicial, para impedir la perpetración de un delito o para cumplir de acuerdo con la ley las decisiones que dicten los tribunales, respetando siempre la dignidad del ser humano (art. 47 de la Constitución).

7. Las declaraciones de cualquier persona investigada o procesada con ocasión de una averiguación o juicio penal solo se efectuarán dando cumplimiento a las disposiciones de ley, libre de coacción, en presencia de abogado de confianza y ante la autoridad competente (art. 49.1 de la Constitución).

8. En el proceso penal toda persona debe ser tratada con el debido respeto a la dignidad inherente al ser humano, con protección de los derechos que de ella derivan, y podrá exigir a la autoridad que le requiera su comparecencia el derecho de estar acompañada de un abogado de su confianza (art. 10 del Código Orgánico Procesal Penal).

En consecuencia, cualquier detención o retención de una persona, por más breve que sea la privación de su libertad, que no se encuentre en alguna de las situaciones antes referidas o sin cumplir con las garantías antes mencionadas constituye una grave violación a la Constitución y a los instrumentos internacionales sobre derechos humanos, generando de esa manera la responsabilidad penal, administrativa, disciplinaria y civil de quienes ejecuten la detención ilegal y también de quienes la ordenen.

La Academia de Ciencias Políticas y Sociales expresa su solidaridad al Dr. Benjamín Scharifker y protesta su ilegal retención.

La lucha por el Derecho es la lucha por los derechos de todos.

En Caracas, a los 5 días del mes de abril de 2016.

Eugenio Hernández-Bretón, Presidente
Julio Rodríguez Berrizbeitia, Secretario

http://www.acienpol.org.ve/cmacienpol/Resources/Pronuncia
mientos/pronunciamiento-metropolitana.pdf

IV. DECLARACIÓN DE LAS ACADEMIAS NACIONALES ANTE LAS SENTENCIAS 155 Y 156 DE LA SALA CONSTITUCIONAL.

(Sentencia No. 155 desconoce el rango de norma constitucional de la Carta Democrática Interamericana y otorga facultades al Poder Ejecutivo para *i)* revisar y garantizar la gobernabilidad del país; *ii)* tomar las medidas civiles, económicas, militares, penales, administrativas, jurídicas, políticas y sociales que estime pertinente para evitar un estado de conmoción. Sentencia No. 156 limita ilegítimamente la inmunidad parlamentaria sometiéndola a la discrecionalidad de otros poderes)

31.3.2017

Las Academias Nacionales, ante el grave quebrantamiento de la estabilidad institucional democrática planteado por las sentencias 155 y 156 de la Sala Constitucional del Tribunal Supremo de Justicia, publicadas en fechas 27 y 29 de marzo de 2017, respectivamente, consideran indispensable manifestar su posición del modo siguiente:

1) En dichas sentencias, la Sala Constitucional (i) se atribuye a sí misma competencias legislativas de la Asamblea Nacional y la facultad de delegarlas en quienes y cuando lo considere conveniente; (ii) atribuye competencias legislativas al Presidente de la República y le ordena ejercerlas por encima de la reserva de las competencias del órgano legislativo; (iii) limita la inmunidad parlamentaria, mientras permanezca lo que ha llamado "situación de desacato y de invalidez de las actuaciones de la Asamblea Nacional". En particular, la Sentencia 155, (iv) le otorga al Presidente de la República los poderes más amplios que haya tenido ciudadano alguno en la historia republicana venezolana, en violación del principio de separación de poderes, y desmonta el sistema de controles y contrapesos establecidos en la Constitución para el correcto funciona-

miento entre las ramas del Poder Público, con el efecto de instaurar una concentración de poderes totalmente contraria a los principios y normas de la Constitución. Por lo tanto, la Sala Constitucional usurpó en modo flagrante la autoridad legislativa y se permite dictar normas y órdenes que solo corresponderían al Poder Constituyente, razón por la cual sería forzoso concluir que las Sentencias 155 y 156 carecen de efectos y son nulas, además hacen responsables a quienes las dictaron, según lo previsto en los artículos 25 y 138 de la Constitución.

2) La Sentencia 155 desconoce el rango de norma constitucional que tiene la Carta Democrática Interamericana, suscrita por Venezuela, por lo que es absolutamente inadmisible pretender criminalizar la conducta de cualquier venezolano que decida invocarla en su defensa, con independencia del lugar y circunstancias en que lo haga. Asimismo, desconoce su valor y el contenido, que exige a todos los Estados miembros tener un gobierno efectivamente representativo, con plena separación y respeto de poderes, y confiere a los ciudadanos el derecho a la democracia y al disfrute de las garantías inherentes a ella, preceptos básicos de la Constitución.

3) La Sentencia 156 impone limitaciones ilegítimas a la inmunidad parlamentaria, garantía fundamental de la independencia de la Asamblea Nacional consagrada en el artículo 200 de la Carta Magna, para someterla a la discrecionalidad de otros poderes que pudieran calificar como ilícitos constitucionales o penales cualesquiera actuaciones de los diputados a conveniencia, bajo el alegato parcializado de un supuesto "estado de desacato" de los diputados opositores, con la finalidad de impedir el funcionamiento de la Asamblea.

4) Con evidente extralimitación de sus competencias y desbordamiento de la función jurisdiccional, la Sala Constitucional conmina al Presidente de la República a "garantizar la gobernabilidad del país, y tome las medidas civiles, económicas, militares, penales, administrativas, jurídicas, políticas y sociales, que estime pertinentes y necesarias para evitar un estado de conmoción", prevaliéndose de un estado de excepción espurio. Con ello le confiere un poder absoluto y autocrático para actuar, con independencia del principio

de competencia legal que limita y encauza el ejercicio de toda función pública, y que exige el respeto de las competencias de los demás poderes.

5) Por último, ambas sentencias han sido dictadas sin el debido proceso y sin permitir el ejercicio del derecho de defensa de las partes e interesados ni la participación obligatoria de los organismos públicos competentes, en el lapso de tres días la primera y de un día la segunda, omitiendo el procedimiento legalmente establecido e invocando un pretendido "control innominado de la constitucionalidad", hechos que por sí solos revelan una gravísima anomalía jurídica y la violación de las más elementales garantías constitucionales de todo proceso.

Las Academias Nacionales consideran muy desacertadas las sentencias 155 y 156, sobre todo en momentos en el que el pueblo venezolano está reclamando el respeto de la Constitución, de los derechos ciudadanos y de las instituciones republicanas. Con estas decisiones la Sala Constitucional, contrariando el papel de garante de la legalidad, distorsiona la Constitución y atenta contra la soberanía popular.

Consecuentemente, al imponer criterios que no están establecidos en ninguna norma ni son reconocidos como valores superiores del sistema legal venezolano y de la actuación del Poder Público, la Sala Constitucional se coloca ilegítimamente por encima de la Constitución y la voluntad de los venezolanos.

En Caracas a los 31 días del mes de marzo de 2017.

Horacio Biord Castillo, Director de la Academia Venezolana de la Lengua

Inés Quintero Montiel, Directora de la Academia de la Historia

Gabriel Ruán, Presidente de la Academia de Ciencias Políticas y Sociales

Alfredo Díaz Bruzual, Presidente de la Academia Nacional de Medicina

Gioconda Cunto de San Blas, Presidenta de la Academia de Ciencias Físicas, Matemáticas y Naturales

Humberto García Larralde, Presidente de las Academia Nacional de Ciencias Económicas

Gonzalo Morales, Presidente de la Academia Nacional de Ingeniería y el Hábitat

http://www.acienpol.org.ve/cmacienpol/Resources/Pronunciamientos/Declaraci%C3%B3n%20de%20las%20Academias%-20Nacionales%20ante%20las%20Sentencias%20155%20y%20156.pdf.

V. DECLARACIÓN DE LA ACADEMIA DE CIENCIAS POLITICAS Y SOCIALES SOBRE LA POSICIÓN DE LA FISCAL GENERAL DE LA REPÚBLICA Y LAS ACLARATORIAS DE LA SALA CONSTITUCIONAL DEL TRIBUNAL SUPREMO DE JUSTICIA.

(Denuncia sobre la violación del debido proceso por parte de las sentencias Nº 155 y 156 de la Sala Constitucional del TSJ, al *(i)* anular el Acuerdo Parlamentario sobre la reactivación de la Carta Democrática Interamericana de la OEA y *(ii)* desconocer el Estado de Derecho al eliminar la función legislativa de la Asamblea Nacional).

4.4.2017.

Considera su deber manifestar su posición jurídica acerca de los hechos derivados de las Sentencias 155 y 156 de la Sala Constitucional del Tribunal Supremo de Justicia, del modo siguiente:

Las Academias Nacionales, en declaración conjunta del 31 de marzo de 2017, expresaron su condena ante las decisiones 155 y 156 de la Sala Constitucional del Tribunal Supremo de Justicia, publicadas en fechas 27 y 29 de marzo de 2017, respectivamente, mediante las cuales –formalmente– se anula el Acuerdo de la Asamblea Nacional sobre la Reactivación del Proceso de Aplicación de la Carta Interamericana de la OEA, como Mecanismo de Resolución Pacífica de Conflictos para Restituir el Orden Constitucional en Venezuela, la primera, y se interpreta el artículo 33 de la Ley Orgánica de Hidrocarburos, la segunda.

En esta declaración conjunta se denunció la violación del debido proceso en la cual incurrieron estas sentencias, pretendiendo ejercer un "control innominado de la constitucionalidad" y se destacó la usurpación de funciones de la Asamblea Nacional, dado que la Sala Constitucional se atribuye a sí misma competencias legislativas de la Asamblea Nacional y la facultad de delegarlas en quienes y cuando lo considere conveniente, atribuyendo competencias legislativas al Presidente de la República, ordenándole ejercerlas por encima de la reserva de las competencias del órgano legislativo y limitando la inmunidad parlamentaria. Todo ello, mientras permanezca lo que ha llamado "situación de desacato y de invalidez de las actuaciones de la Asamblea Nacional".

Los vicios de inconstitucionalidad que afectan estas sentencias, especificados en dicha declaración, condujeron a diversos pronunciamientos de las escuelas de derecho del país, así como a la expedición de la opinión de la Conferencia Episcopal Venezolana, según la cual, tales decisiones son moralmente inaceptables.

Como fue oportunamente advertido por esta Academia, ya la inconstitucional elección de los magistrados del Tribunal Supremo de Justicia en diciembre de 2015 por la Asamblea Nacional que precedió a la actual, había creado de hecho un solo poder, una confusión entre el poder de juzgar y el poder de ejecutar las leyes, condenado por la doctrina jurídica por su capacidad de convertirse en un poder opresor. La opresión creada por la actuación concertada entre el Poder Ejecutivo Nacional y el Poder Judicial, representado especialmente por la Sala Constitucional del Tribunal Supremo de Justicia, ha conducido a una situación antijurídica intolerable, desde el 5 de enero de 2016: sistemáticamente la Sala Constitucional ha declarado nulos los actos jurídicos emanados de la Asamblea Nacional, de modo que ésta ha quedado de hecho privada de sus potestades.

La Academia de Ciencias Políticas y Sociales ha hecho varios pronunciamientos a través de los cuales ha precisado que tanto el Poder Ejecutivo Nacional, como el Tribunal Supremo de Justicia se han empeñado en adoptar decisiones que coliden con los elementos configuradores de un estado constitucional y democrático de derecho, como son la soberanía popular, la división de poderes, la independencia de jurisdicción, las garantías de los derechos fundamentales, la constitución del país alrededor de un contrato social, la garantía de los derechos sociales y la dignidad humana. Dentro del marco descrito, esta Academia observa con preocupación que los acontecimientos posteriores al dictado de las sentencias mencionadas, no hacen más que confirmar que estamos en presencia de una grave ruptura del hilo constitucional.

En efecto, la Fiscal General de la República reconoció, en el acto de presentación del informe anual de su gestión, el día 31 de marzo del corriente año, que las sentencias 155 y 156 de la Sala Constitucional del Tribunal Supremo de Justicia evidencian "varias violaciones del orden constitucional y el desconocimiento del modelo de Estado consagrado en la Constitución". Vale decir, la Fiscal General reconoce que por virtud de dichas sentencias se produce una infracción del orden constitucional.

Estas declaraciones públicas, generaron la inmediata reacción del Ejecutivo quien, afectando desconocimiento de la posición de la Fiscal y del contenido de las sentencias 155 y 156, convocó al Consejo de Defensa de la Nación para resolver un presunto "impasse" que se habría producido entre la Fiscalía y el Tribunal Supremo de Justicia. Con celeridad inusual, en la madrugada del 1 de abril de 2017, el Presidente de la República presentó las conclusiones del Consejo de Defensa de la Nación ante la "controversia" relacionada con las sentencias Nro. 155 y 156 de la Sala Constitucional. Entre otros acuerdos, se comunicó que el Consejo de Defensa de la Nación decidió "exhortar" a la Sala Constitucional a "revisar" las sentencias Nro. 155 y 156, con el propósito de mantener la estabilidad institucional y equilibrio de poderes. Con lo cual, según se dijo, el "impasse" quedó superado.

Advierte esta Academia que, con este comunicado, el Consejo de Defensa de la Nación violó el artículo 323 de la Constitución, dado que lo acordado por él, excede claramente de sus competencias consultivas en materia de defensa. Incurre, además, en una clara injerencia en las competencias constitucionales del máximo organismo del Poder Judicial al "exhortar" la revisión de las sentencias 155 y 156. Estas sentencias no pueden ser objeto de revisión alguna, en derecho. En lo que atañe a las aclaratorias de sentencias, cabe advertir que ellas sólo proceden para corregir errores materiales y no para alterar el fondo de una decisión.

Sin embargo, el Tribunal Supremo de Justicia, atendiendo solícitamente al llamado del Consejo de Defensa de la Nación, procuró "aclarar" el contenido de estos fallos, mediante las sentencias 157 y 158, las cuales pretenden remendar algunos de los excesos cometidos, sin realmente corregir los vicios estructurales que las afectan. Lo único que quedó realmente aclarado, es la falta de independencia del poder Judicial, en este caso.

Ante esta situación, la Academia se ve obligada a alertar a la Nación y a los Poderes Públicos sobre la confusa situación que se ha generado con las declaraciones de la Fiscal General de la República, la convocatoria del Consejo de Defensa de la Nación, el exhorto que éste realizó a la Sala Constitucional del Tribunal Supremo de Justicia y, finalmente, las "aclaratorias" que ella ha pretendido hacer, cumpliendo tal exhorto.

La conciencia jurídica y republicana no puede considerarse satisfecha ante tales hechos, pues éstos lo que hacen es patentizar el desorden institucional que afecta al país. En efecto, las declaraciones de la Fiscal, quien tiene a su cargo las facultades que le confiere el artículo 285 de la Constitución, si son de tal gravedad como el señalamiento de la ruptura del orden constitucional, exigen el ejercicio de las correspondientes acciones. De no ocurrir así, aumenta la perplejidad de los ciudadanos y su escepticismo ante la eficacia del derecho.

En verdad, no se trata de rectificaciones, sino de remiendos que en nada alteran las más de 46 sentencias de la Sala Constitucional del Tribunal Supremo de Justicia que han conculcado las facultades constitucionales de la Asamblea Nacional, sin contar el inconstitucional proceso de renovación de nómina de los partidos, ni la decisión de la Sala Electoral que facilitó la suspensión del referendo revocatorio.

Se ha generado una situación de opacidad jurídica y política donde se ha decidido lo que no se debió decidir y no se decide lo que se debe decidir. Exigimos, por lo tanto, a los poderes constituidos, subsanar prontamente esta situación y no considerar como su enemigo a la sociedad que reclama sus derechos, sino que se inicie la verdadera rectificación que exige el orden democrático.

Sobre la base de todo lo anterior, esta Academia exige, nuevamente, la devolución inmediata y plena de las facultades constitucionales que le corresponden a la Asamblea Nacional. Asimismo, la Academia pide que la Fiscalía General de la República inicie el proceso legal correspondiente, para establecer las responsabilidades de los magistrados que participaron en la ruptura del orden constitucional, señalada por la Fiscal General ante el país.

Caracas, 4 de abril de 2017

Gabriel Ruan Santos Presidente
Luciano Lupini Bianchi Secretario

http://www.acienpol.org.ve/cmacienpol/Resources/Pronunciamientos/Pronunciamiento%20Sentencias%20155%20y%2015-6%20(1).pdf

VI. PRONUNCIAMIENTO DE LAS ACADEMIAS NACIONALES EN RELACIÓN CON LA INCONSTITUCIONALIDAD DE HECHOS EJECUTADOS POR EL ESTADO VENEZOLANO CONTRA LOS CIUDADANOS.

(Denuncias sobre la violación de los DDH en las Protestas Públicas y detenciones Arbitrarias).

14.4.2017.

Las Academias Nacionales, conscientes de su responsabilidad hacia el país, consideran su deber pronunciarse al respecto de los acontecimientos en desarrollo en los actuales momentos.

La ruptura del hilo constitucional, provocada por las sentencias 155 y 156 emitidas por la Sala Constitucional del Tribunal Supremo de Justicia en fechas 28 y 29 de marzo de 2017, respectivamente, que concentran el poder del estado en el Ejecutivo, seguidas por las sentencias 157 y 158 del 01/04/2017 que no corrigen el fondo del asunto, ha llevado a la ciudadanía a ejercer su derecho constitucional de protesta en forma pacífica y sin armas (art. 68 de la Constitución de la República Bolivariana de Venezuela), protestas que también conjugan la irritación y descontento de muchos ciudadanos con relación a la crítica situación general que afecta a toda la ciudadanía en su vida cotidiana.

En violación de disposiciones constitucionales y de la Convención Americana sobre Derechos Humanos y en maniobras sucesivas a lo largo del tiempo, se ha producido la ilegítima inhabilitación política de connotados líderes opositores, algunos de ellos mientras han estado en ejercicio de funciones públicas en cargos de elección popular, sumando un motivo adicional a la protesta general. Estas abusivas prácticas desconocen el derecho al sufragio y dejan a la oposición democrática huérfana de sus legítimos voceros que de ese modo estarían impedidos de participar en eventuales elecciones, hasta ahora diferidas indefinidamente sin explicación.

No podemos soslayar nuestro reclamo ante los recurrentes ataques a la universidad venezolana, el más reciente de los cuales tuvo lugar en la Universidad de Carabobo, cuya autonomía fue violada una vez más por efectivos de la Guardia Nacional Bolivariana y de la policía del estado Carabobo el pasado 5 de abril, con saldo de varios heridos.

Amparados en la vigente resolución 8610, emitida por el Ministerio de la Defensa el 27/01/2015, y reiteración del TSJ en sentencia N° 00840 del 27/07/2016, las autoridades han respondido de manera contraria a la de garantizar y resguardar a quienes ejercen el derecho a manifestar pacíficamente su descontento. Se ha recurrido al uso indiscriminado e ilegal de gases tóxicos y al empleo criminal de armas letales que han ocasionado la muerte de jóvenes manifestantes al actuar en los espacios abiertos de la ciudad. La penetración de gases tóxicos en centros comerciales y de salud ha provocado daños a niños y pacientes hospitalizados, en violación de los convenios internacionales que regulan la atención a las legítimas manifestaciones populares.

Las detenciones en presunta flagrancia, sin llenar los estrictos requisitos legales de la excepcional privación de libertad a la que puede dar lugar, la incomunicación y la sujeción a procesos penales con medidas cautelares que afectan derechos ciudadanos con las características de penas anticipadas, también constituyen francos atropellos a los derechos humanos y desconocimiento absoluto de las leyes venezolanas, en un sesgo absolutamente condenable.

Las Academias Nacionales hacen un llamado a la conciencia nacional acerca de la gravedad de estos hechos y exigen a los órganos de Poder Público respetar la Constitución y el Derecho internacional y por ende, poner cese al quebrantamiento del orden constitucional y restablecer las situaciones jurídicas vulneradas de los ciudadanos, garantizando la separación de poderes y el Estado de Derecho, la democracia y los derechos humanos, en aras de conseguir la paz y la estabilidad de la República.

En Caracas, a los catorce días del mes de abril de 2017

Horacio Biord Castillo, Presidente de la Academia Venezolana de la Lengua

Inés Quintero Montiel, Directora de la Academia Nacional de la Historia

Gabriel Ruán, Presidente de la Academia Nacional de Ciencias Políticas y Sociales

Alfredo Díaz Bruzual, Presidente de la Academia Nacional de Medicina

Gioconda Cunto de San Blas, Presidenta de la Academia de Ciencias Físicas, Matemáticas y Naturales

Humberto García Larralde Presidente de la Academia Nacional de Ciencias Económicas

Gonzalo Morales, Presidente de la Academia Nacional de Ingeniería y el Hábitat

http://www.acienpol.org.ve/cmacienpol/Resources/Pronunciamientos/Declaraci%C3%B3n%20conjunta%20Academias%-2014-04-2017.pdf

VII. PRONUNCIAMIENTO DE LA ACADEMIA DE CIENCIAS POLÍTICAS Y SOCIALES SOBRE LA INCONSTITUCIONAL E ILEGÍTIMA DENUNCIA REALIZADA POR EL PRESIDENTE DE LA REPÚBLICA RESPECTO DE LA CARTA DE LA ORGANIZACIÓN DE ESTADOS AMERICANOS (OEA).

(Los Poderes Públicos no tiene competencia para denunciar o derogar un tratado internacional en materia de DDHH).

4.5.2017.

La Academia de Ciencias Políticas y Sociales condena la decisión del Presidente de la República, Nicolás Maduro Moros, contenida en comunicación de fecha 27 de mayo de 2017 entregada al Secretario General de la Organización, para iniciar el trámite de retiro de Venezuela de la Organización de Estados Americanos (OEA), mediante la denuncia de la Carta de dicha Organización, ya que se trata de una decisión violatoria de la Constitución de la República Bolivariana de Venezuela y de los compromisos internacionales adquiridos por el Estado:

1. La denuncia de la Carta de la OEA es violatoria de la Constitución, en virtud de que este instrumento internacional tiene "jerarquía constitucional" por ser un tratado que contiene disposiciones fundamentales relativas a los derechos humanos (art. 23). La Carta de la OEA forma parte e integra el "bloque de la constitucionalidad", por lo que no se puede derogar ni denunciar (art. 333, Constitución) sino mediante la enmienda o la reforma de la propia Constitución.

2. La incompetencia del Presidente de la República para realizar esta denuncia está además desarrollada en los diarios de debate de la Asamblea Nacional Constituyente (sesión de fecha 16 de no-

viembre de 1999), en la discusión correspondiente al referido artículo 23, desde que en estas actas se constata la deliberación que condujo a la decisión expresa de eliminación absoluta de esta facultad presidencial, con el objetivo de impedir toda posibilidad de denuncia por parte del Ejecutivo Nacional de los Tratados en materia de derechos humanos.

3. La Comisión Interamericana de Derechos Humanos (CIDH) es uno de los "órganos principales" de la Carta de la OEA. Luego de la inconstitucional denuncia de la Convención Americana sobre Derechos Humanos –sobre la cual esta Academia se pronunció en rechazo mediante Pronunciamientos de fechas 14-5-2012 y 1-10-2013–, el derecho de toda persona a dirigir peticiones o quejas ante la Comisión Interamericana subsiste precisamente en virtud de que, siendo la CIDH un órgano principal de la Carta de la OEA, todos los Estados Miembros de esa Organización están sujetos a ella conforme a su Estatuto y Reglamento y los instrumentos de derechos humanos interamericanos vigentes. Este es igualmente un derecho constitucional expresamente consagrado en el artículo 31 de la Constitución, de dirigir quejas o peticiones a los organismos internacionales de derechos humanos creados por tratados, con el "objeto de solicitar el amparo a sus derechos humanos". Por lo cual, el desconocimiento o la disminución de ese derecho constituye una transgresión del principio de progresividad de los derechos humanos reconocidos en el artículo 19 del Texto Fundamental. Por lo cual, en virtud del mencionado principio de progresividad, el derecho de protección internacional de los derechos {0317338.1} humanos ante la CIDH debe permanecer en vigor por haberse incorporado como derechos inherentes a la persona humana, conforme a nuestra Constitución (art. 22).

4. La denuncia de la Carta de la OEA es un hecho de graves repercusiones nacionales e internacionales, ya que afecta, además, todo un conjunto de instrumentos jurídicos, de organismos especializados interamericanos y de agencias interamericanas en las más variadas materias, que forman parte del ordenamiento jurídico de

las naciones civilizadas y de la cooperación internacional. Por todo ello, la denuncia de la Carta de la OEA es asimismo violatoria de los principios de actuación internacional de la República, particularmente los de "cooperación, respeto de los derechos humanos y solidaridad" consagrados en el artículo 152.

5. En virtud del carácter y jerarquía constitucional y los demás principios constitucionales aquí expuestos, ni el Presidente de la República ni la Asamblea Nacional podían ni pueden modificar libremente la Constitución en la materia de tratados relativos a los derechos humanos, ya que esta no puede ser derogada "por cualquier otro medio distinto al previsto en ella" (art. 333). En todo caso, conforme a la Base Comicial Octava aprobada en referendo por el pueblo de Venezuela en 15 de agosto de 1999, es un deber del poder constituyente y por ende con mayor razón del poder constituido, respetar con base en el principio de progresividad los derechos y compromisos internacionales contenidos en los pactos, convenciones y tratados vigentes en Venezuela.

6. En consecuencia, la denuncia de la Carta de la OEA por el Gobierno de la República Bolivariana de Venezuela configura una violación objetiva de la Constitución y un menoscabo de los derechos garantizados en ella, por lo cual dicho acto es "nulo", y "los funcionarios públicos y funcionarias públicas que lo ordenen o ejecuten incurren en responsabilidad penal, civil y administrativa, según los casos, sin que les sirvan de excusa órdenes superiores" (art. 25).

7. Llamamos la atención a la OEA y a sus Estados Miembros, para que rechacen la denuncia de la Carta de la OEA realizada por el Presidente de la República, pues ésta, al ser manifiestamente inconstitucional, debe ser considerada absolutamente nula. La OEA no debe sentar el precedente de permitir que los gobernantes de turno actúen al margen de la Constitución de sus países retirándolos ilegítimamente de esa organización para privar a sus ciudadanos de sus derechos fundamentales.

8. El Presidente de la República debe rectificar esta decisión, y así dejar sin efecto la denuncia de la Carta de la OEA, en beneficio

de todas las personas bajo su jurisdicción y reparar así la grave inconstitucionalidad aquí denunciada.

En Caracas, a los cuatro días del mes de mayo de dos mil diecisiete.

En fe de lo cual, suscriben,

Gabriel Ruan Santos, Presidente

Luciano Lupini Bianchi, Secretario

http://www.acienpol.org.ve/cmacienpol/Resources/Pronunciamientos/Pronunciamiento%20sobre%20denuncia%20Carta%-20de%20la%20OEA.%20(0317338xC4456).pdf

VIII. PRONUNCIAMIENTO DE LA ACADEMIA DE CIENCIAS POLÍTICAS Y SOCIALES SOBRE LA INCONSTITUCIONALIDAD E INCONVENCIONALIDAD DE LA APLICACIÓN DE LA JUSTICIA MILITAR A CIVILES.

(Violación a los derechos constitucionales y humanos al debido proceso, al juez natural, a la independencia e imparcialidad de la justicia, entre otros).

16.5.2017.

1. De conformidad con lo establecido en el art. 261 de la Carta Magna, "la competencia de los tribunales militares se limita a delitos de naturaleza militar". Los delitos de naturaleza militar son las infracciones a los deberes de disciplina, obediencia y subordinación, a cargo de miembros activos de la Fuerza Armada y por lo tanto nunca de civiles.

2. Así lo ha establecido la Sala de Casación Penal del Tribunal Supremo de Justicia bajo la Constitución de 1999; e incluso antes de ello, bajo la Constitución de 1961, decisiones de la Sala de Casación Penal, sin norma expresa, ya se habían pronunciado sobre la materia al excluir a civiles de la justicia militar, como en el caso de la periodista María Eugenia Díaz. Igualmente, la Sala Constitucional en la sentencia 838 del 24 de abril de 2002, al resolver una acción de amparo relacionada con un proceso penal seguido en la jurisdicción penal militar a un militar retirado, expresó:

> *"Para esta Sala, la justicia militar sólo se aplica a delitos de naturaleza militar, perpetrados por militares en servicio activo, tanto para la oportunidad en que se cometan, como para la fecha de su juzgamiento".*

3. En el caso de Venezuela, si bien la Constitución de 1999 recogió claramente los estándares internacionales sobre la materia, el

Estado ha incumplido su deber a adoptarlos en el resto del Derecho interno como es el caso del Código de Justicia Militar. Por ello, tanto en los informes de la ONU como en los del sistema interamericano, el Estado venezolano ha sido condenado por aplicar la justicia militar fuera de su ámbito propio y, así mismo, ha sido requerida a dejar sin efecto dichos procesos, a reparar a las víctimas y a modificar su legislación. En este sentido, la Corte Interamericana de Derechos Humanos en el Caso Usón Ramírez vs. Venezuela (Sentencia de 20 de noviembre de 2009, Excepción Preliminar, Fondo, Reparaciones y Costas), se pronunció al respecto reiterando su jurisprudencia y recordándole a Venezuela el estándar del carácter excepcional de la justicia militar en un Estado democrático, la cual sólo se debe juzgar a militares activos (no retirados) por la comisión de delitos o faltas que por su propia naturaleza atenten contra bienes jurídicos propios del orden militar, por lo cual, cuando la justicia militar asume competencia sobre un civil, asunto que debe conocer la justicia ordinaria, se ve afectado el derecho al juez natural y, a fortiori, el debido proceso, el cual, a su vez, se encuentra íntimamente ligado al propio derecho de acceso a la justicia. En consecuencia, en palabras de la Corte Interamericana: ni civiles ni "militares en retiro pueden ser juzgados por los tribunales militares". En el dispositivo de este fallo de la Corte Interamericana no solo condenó al Estado venezolano por la violación de los derechos y las garantías judiciales y el derecho a la protección judicial, reconocidos en los artículos 8 y 25 de la Convención Americana sobre Derechos Humanos, sino igualmente por la violación del derecho a la libertad personal, reconocido en el artículo 7 de dicha Convención. Y, además, de requerirle como reparación "dejar sin efecto, en el plazo de un año, el proceso penal militar instruido"; a fin de que el Estado no volviera a incurrir en nuevas violaciones de la misma naturaleza, le requirió modificar el Código de Justicia Militar con el objeto de restringir la justicia militar excluyendo a los civiles y limitándola únicamente a los militares activos por delitos de función militar:

8. El Estado debe establecer, en un plazo razonable, a través de su legislación, límites a la competencia de los tribunales militares, de forma tal que la jurisdicción militar únicamente se aplique a militares en ejercicio y por delitos de función; así como derogar, en un plazo razonable, toda disposición de la normativa interna venezolana que no resulte conforme con dicho criterio, en los términos del párrafo 172 del Fallo. (Resaltados añadidos).

4. A pesar de que el Estado venezolano denunció de manera inconstitucional la Convención Americana sobre Derechos Humanos, de conformidad con su texto (art. 78.2) todas las obligaciones relativas a hechos ocurridos mientras estuvo en vigor se mantienen vigentes de cumplimiento y el Estado no ha quedado desligado. De allí que la Corte Interamericana sigue supervisando el cumplimiento de este fallo y todos aquellos relativos a hechos ocurridos bajo la vigencia de dicha Convención.

5. La anterior doctrina y jurisprudencia internacional ha sido reiterada en el ámbito de la ONU, particularmente por el Comité de Derechos Humanos bajo el Pacto Internacional de Derechos Civiles y Políticos (de los cuales es parte Venezuela), con relación a las normas de dicho instrumento sobre debido proceso y protección judicial, en su Observación general N° 13 sobre la Administración de justicia (artículo 14).

6. Por lo tanto, la tendencia actual conforme a la doctrina y jurisprudencia tanto constitucional como internacional antes citada, es por consiguiente, limitar la justicia militar únicamente para ser aplicada: (i) a militares activos y (ii) sólo en caso de delitos estrictamente de función militar. Inclusive, diversas democracias contemporáneas han dejado sin efecto la justicia militar, mediante la tipificación de hechos punibles en los Códigos Penales y prever así que los militares, como ciudadanos, cuando cometen esos delitos de función, también deben ser juzgados por la jurisdicción ordinaria, como han sido entre otros, el caso de Alemania, así como de Argentina cuando en febrero de 2009 se derogó el Código de Justicia Mi-

litar y los militares, en lo adelante, quedaron sujetos a la justicia penal común. Además de lo anterior, es necesario poner de relieve que nuestra legislación militar y, en particular, el Código Orgánico de Justicia Militar es arcaico y preconstitucional. Por esa razón, debe ser revisado en su integridad para adaptarlo a la Constitución y a las obligaciones internacionales sobre la materia. Asimismo, hay que resaltar que el artículo 123 del Código Orgánico de Justicia Militar, que autoriza el juicio militar a civiles, no es aplicable en estos momentos por ser una norma inconstitucional al ir en sentido contrario a lo que dispone el mencionado artículo 261 de la Constitución que limita esta jurisdicción únicamente a "delitos de naturaleza militar". Recientemente la Sala de Casación Penal (sentencia Nro. 518 del 6 de diciembre de 2016) llegó a la misma conclusión.

7. A pesar de que por mandato de la Constitución la jurisdicción penal militar "es parte integrante del Poder Judicial, y sus jueces o juezas serán seleccionados por concurso" (art. 261), dicho Código todavía establece que son funcionarios de justicia militar: el Presidente de la República, el Ministro de la Defensa; el Comandante en Jefe del Ejército o Armada, y los comandantes de las jurisdicciones militares o navales (art. 28), y detalla las atribuciones e injerencias directas en la justicia militar, tanto del Presidente de la República (art. 54) como del Ministro de la Defensa (art.55); los cargos de los tribunales militares (jueces, auditores, fiscales, defensores y secretarios) los desempeñan militares en situación de actividad –y por tanto sometidos a relación de jerarquía–, e incluso la mayoría de los jueces militares no requieren siquiera ser abogados (art. 24 y 49; 33, 41 y 49); y salvo los miembros de la Corte Marcial que son propuestos por el Ministro de la Defensa al Tribunal Supremo de Justicia para su designación, los demás jueces son designados por los propios tribunales militares de una lista propuesta por el Ministro de la Defensa (arts. 42 y 49); los fiscales militares son nombrados por el Presidente de la República y no requieren ser abogados (arts. 71 y 77); el auditor general militar y los demás auditores militares son nombrados por el Presidente de la República (art. 82); y los secreta-

rios designados por los tribunales militares, también requieren ser militares activos y tampoco requieren ser abogados –salvo el de la Corte Marcial– (art. 96). Así mismo, el Código de Justicia Militar impone, entre otras cosas, la obediencia ciega, al igual que otras normas militares, e inclusive, sanciona como delitos hechos o conductas que no ameritan sanción alguna y establece criterios inaceptables de discriminación entre ciudadanos. Por estas razones, los jueces militares no son independientes ni imparciales, por cuanto se rigen por la obediencia que nace del juramento que prestan al iniciar sus carreras. Esta falta de independencia y de autonomía es lo que ha llevado a las democracias europeas y latinoamericanas a rechazar la aplicación de la justicia militar a civiles.

8. Todas estas normas del Código de Justicia Militar que son abiertamente incompatibles con la Constitución, mientras son derogadas deben ser desaplicadas, aun de oficio, por todos los jueces de la República, en cumplimiento del deber de garantizar la supremacía constitucional (arts. 7 y 334).

9. En conclusión, la Academia de Ciencias Políticas y Sociales manifiesta que la aplicación de la justicia militar a civiles configura una grave violación de los derechos constitucionales y humanos al debido proceso, al juez natural, a la independencia e imparcialidad de la justicia y a la libertad e integridad personal; y por tanto, de conformidad con el artículo 25 de la Constitución son actos nulos que deben ser desaplicados y dejados sin efecto de inmediato; y los funcionarios públicos que ordenen o ejecuten estos actos incurren en responsabilidad, sin que les sirvan de excusa órdenes superiores (art. 25, Constitución).

10. Por último, en virtud de las claras obligaciones tanto constitucionales como internacionales del Estado venezolano, miembros de la Fuerza Armada Nacional, incluidos los fiscales y tribunales militares, deben abstenerse de procesar o detener a ciudadanos civiles; y la Asamblea Nacional debe proceder, en cumplimiento de la referida sentencia internacional y el artículo 261 de la Constitución,

a adaptar el Código Orgánico de Justicia Militar a dicha norma y a los estándares internacionales sobre la materia.

En Caracas, 16 de mayo de 2017.

En fe de lo cual, suscriben,
Gabriel Ruan Santos, Presidente
Luciano Lupini Bianchi, Secretario

http://www.acienpol.org.ve/cmacienpol/Resources/Pronunciamientos/20052017171841_PRONUNCIAMIENTO%20SOBRE%20JURISDICCION%20MILITAR%202017.pdf

IX. PRONUNCIAMIENTO SOBRE LA INCONSTITU-CIONALIDAD E INCONVENCIONALIDAD DE LAS BASES COMICIALES DECRETADAS PARA LA ELECCIÓN DE LA ASAMBLEA NACIONAL CONSTITUYENTE.

(Violación al principio de universalidad e igualdad del sufragio; Ilegitimidad de la Asamblea Nacional constituyente; inconstitucionalidad e ilegalidad de las Bases Comiciales; violación de la soberanía popular; Exclusión de electores; violación de la representación territorial por municipios sin proporción a la base poblacional).

20.6.2017.

1. En fecha 6 de mayo de 2017, las Academias Nacionales se pronunciaron frente al decreto presidencial que decidió convocar a una Asamblea Nacional Constituyente (ANC), en clara violación de la soberanía popular y la Constitución.

2. Posteriormente, en fecha 23 de mayo de 2017 el Presidente de la República dictó el Decreto No. 2.878 mediante el cual dictó las "Bases Comiciales" para la ANC, consistentes en once disposiciones sobre la forma y el número de integrantes por los ámbitos territoriales y sectoriales. En este sentido dispuso que la ANC tendrá una composición unicameral y solo se elegirán representantes o Constituyentes principales, en los ámbitos territorial y sectorial. El 7 de junio de 2017 se publicó en la página web oficial del Consejo Nacional Electoral (CNE) la Resolución No. 170607-118 mediante la cual dicho órgano acordó aprobar las Bases Comiciales contenidas en la propuesta presentada por el Ejecutivo Nacional con unas reformas parciales puntuales.

3. En fecha 31 de mayo de 2017 la Sala Constitucional del Tribunal Supremo de Justicia (SC/TSJ), mediante la sentencia No. 378 resolvió interpretar que el Presidente sí puede convocar una ANC

sin consultar al pueblo y declaró la constitucionalidad del decreto presidencial fijando las Bases Comiciales para la elección de la ANC. De esta manera la SC/TSJ también validó la no aprobación de las Bases mediante un referendo o consulta popular así como su mecanismo eleccionario "particular" mediante sectores y territorial (municipios).

4. La democracia requiere su ejercicio efectivo dentro de un marco de respeto al Estado de Derecho y a los derechos humanos. En contraste con ello, las Bases Comiciales de la ANC impuestas por el Presidente de la República, adoptadas por el CNE y validadas por la SC/TSJ, configuran un fraude constitucional y una usurpación de la soberanía popular; y así mismo, violan la Constitución y los instrumentos sobre derechos humanos por cuanto transgreden los principios de universalidad e igualdad del sufragio.

5. En efecto, el poder constituyente consiste en la facultad que tiene un pueblo para darse su Constitución. Por ello, conforme al principio democrático le corresponde al pueblo, en cuanto titular de la soberanía, el ejercicio indiscutible del poder constituyente. En este sentido la 2 Constitución de Venezuela de 1999 dispone que el pueblo como depositario del poder constituyente originario, es quien puede convocar una ANC (art. 347). El Presidente de la República es simplemente uno de los órganos del Poder Público constituido que tiene la iniciativa (art. 348) para convocar al pueblo a una consulta popular, a fin de que éste decida sobre la aprobación de la convocatoria a la ANC y en su caso, las Bases Comiciales.

6. De conformidad con el artículo 5 constitucional, la soberanía reside intransferiblemente en el pueblo, quien la ejerce directamente en la forma prevista en la Constitución y en la ley, e indirectamente, mediante el sufragio, por los órganos que ejercen el Poder Público. Por ello, los órganos del Estado emanan de la soberanía popular y a ella están sometidos. Desde la dimensión del derecho ciudadano a la participación política, este principio fundamental es reconocido constitucionalmente como el derecho de todos los ciudadanos a participar libremente en los asuntos públicos, directamente o por medio de representantes elegidos (art. 62). De allí que la Constitución establezca los siguientes medios de participación y protago-

nismo del pueblo en ejercicio de su soberanía, en lo político: el referendo, la consulta popular, la elección de cargos públicos, la revocación del mandato, las iniciativas legislativa, constitucional y constituyente, el cabildo abierto y la asamblea de ciudadanos (art. 70).

7. Además de los vicios anteriormente señalados, el contenido mismo de las Bases Comiciales decretadas por el Presidente Maduro y aprobadas por el CNE con el visto bueno de la SC/TSJ, es contrario a los principios constitucionales y convencionales (internacionales) del sufragio a través de votaciones universales, libres e iguales.

8. Las Bases Comiciales al dividir parcialmente a los electores en siete (7) sectores (campesinos y pescadores, personas con discapacidad, empresarios, estudiantes de universidades públicas, privadas y Misiones, trabajadores, pensionados y representantes de Comunas y Consejos Comunales) para elegir 174 Constituyentes, violan el principio de la universalidad del sufragio. En efecto, para la elección de un cuerpo deliberante nacional, el sufragio debe organizarse por circuitos electorales de base poblacional, que en caso de un Estado federal como Venezuela (art.4), lo procedente es que se organice por los veintitrés estados miembros de la unión más el Distrito Capital.

9. La sola idea de la división por sectores de los ciudadanos para poder ejercer el derecho al sufragio, viola la universalidad del sufragio. Esta "sectorialización" de la elección para la ANC rompe con la conquista de la democracia de la universalidad del voto para representar al conjunto de la población del circuito electoral. La única excepción aceptada por las constituciones latinoamericanas y el Derecho Internacional, es el de los representantes de los pueblos indígenas, por razones de su preexistencia, historia pre-hispánica, cosmovisión, cultura, religión, idioma y demás particularidades propias, que ha permitido que también constitucionalmente se reconozcan a los Estados como multiétnicos y pluriculturales (vgr., art. 125, Constitución).

10. Conforme a las Bases Comiciales, la elección de Constituyentes en el ámbito sectorial, sólo pueden ejercerla tanto de manera activa (elegir) como de manera pasiva (ser electos), los ciudadanos

que integran esos grupos 3 taxativamente. En otras palabras, los ciudadanos venezolanos que no integran alguno de esos sectores, no pueden votar ni ser electos. Ello configura una fractura de la soberanía popular contraria a los principios fundamentales republicanos y de la democracia (arts. 2, 3, 5, 6 y 7, Constitución).

11. Pero además de lo anterior, las Bases Comiciales introducen la exclusión general del derecho a postularse como candidatos a todos los venezolanos por naturalización y a los venezolanos por nacimiento que posean otra nacionalidad. En efecto, conforme a la Base Séptima, numeral 1, tanto del decreto presidencial como de la resolución del CNE, exige ser "venezolana o venezolano por nacimiento, sin otra nacionalidad". Se trata claramente de una exclusión inconstitucional e inconvencional, discriminatoria por arbitraria, irrazonable y desproporcionada. Conforme a la Constitución, "todos" los venezolanos mayores de 18 años de edad ejercen la ciudadanía, y en consecuencia, son titulares de derechos y deberes políticos (art.39). Cualquier otra restricción o exclusión o discriminación para ocupar funciones o cargos públicos entre ciudadanos venezolanos que no sean las dispuestas expresamente en la Constitución viola el principio de igualdad ciudadana por ser discriminatoria.

12. Siendo la ANC un cuerpo representativo nacional, sus miembros deben representar a la población nacional; y tratándose de un Estado federal, la representación debe organizarse con base al porcentaje de la población en cada estado y el Distrito Capital.

13. Por otro lado, las Bases Comiciales decretadas por el Presidente Maduro, que fueron adoptadas por el CNE y validadas por la SC/TSJ, asignaron la representación territorial de trescientos sesenta y cuatro (364) Constituyentes a los "municipios" como entidades político-territoriales, con prescindencia de su base poblacional La representación territorial de la ANC prácticamente es en su mayoría (2/3 partes) una especie de asamblea de municipios y no de la población de éstos. Ello viola el principio de representación del pueblo y de los estados en su conjunto (art. 201, C), para convertir a la ANC en una representación de la persona jurídico territorial de los municipios con independencia de su base poblacional. Por ello, este sistema impuesto por las Bases Comiciales presidenciales igual-

mente viola el principio de la representación de la población sobre la base poblacional de cada uno de los veintitrés estados y el Distrito Capital (art. 16, C) del Estado venezolano como Estado federal descentralizado (art. 4).

14. Este derecho de todo ciudadano a elegir, debe respetar el principio de "una persona un voto" o lo que es lo mismo "un ciudadano un voto". En este sentido, además de la Constitución, tanto el Pacto Internacional de Derechos Civiles y Políticos, coincidente con la Convención Americana sobre Derechos Humanos, que reconocen el derecho de todos los ciudadanos de votar y ser elegidos en elecciones periódicas auténticas, realizadas por sufragio universal e igual y por voto secreto que garantice la libre expresión de la voluntad de los electores (art. 25.b y art. 23.1.b, respectivamente).

15. Esta representación "territorial" al asignar un Constituyente por municipio (dos por municipio capital de estado) con prescindencia de la base poblacional, rompe el principio de una persona un voto. En efecto, al 4 convertir al territorio del municipio en un circuito electoral, se distorsiona por completo la igualdad en la representación poblacional del voto, ya que cada municipio urbano es distinto en población a los otros y los municipios urbanos son distintos en población con respecto a los rurales o selváticos.

16. En conclusión:

1. Tanto la convocatoria a la ANC como las Bases Comiciales para la ANC impuestas por decreto del Presidente Maduro, luego adoptadas por el CNE y validadas por el TSJ, configuran un fraude a la Constitución y una usurpación a la soberanía popular.

2. De conformidad con la Constitución, la soberanía reside de manera intransferible en el pueblo (art. 5), quien es además como depositario del poder constituyente originario el único que puede convocar a una ANC y aprobar sus Bases Comiciales (art. 347). Por tanto, la convocatoria a la ANC y sus Bases Comiciales deben ser sometidas al pueblo mediante un referendo para su consideración y aprobación o rechazo. Al obviar este requisito esencial de validez, los actos de convocatoria a la ANC como las Bases Comiciales están viciados de nulidad absoluta insalvable.

3. El contenido de las Bases Comiciales viola notoriamente los principios de universalidad e igualdad del sufragio. En efecto, la imposición de candidatos y electores por "sectores" excluyentes del conjunto de los electores y la representación territorial por municipios sin proporción a la base poblacional, violan la universalidad e igualdad del voto.

En Caracas, 20 de junio de 2017.

En fe de lo cual suscriben,

El Presidente, Gabriel Ruan Santos.
El Secretario, Luciano Lupini Bianchi.

http://www.acienpol.org.ve/cmacienpol/Resources/Pronunciamientos/Pronunciamiento%20sobre%20Bases%20Comiciales-%20-de%20la%20ANC.%20(.pdf

X. LAS ACADEMIAS NACIONALES A LOS VENEZO-LANOS Y A LA COMUNIDAD INTERNACIONAL.

(Protestas Populares. Problemas sociales producto de las malas políticas públicas; violación de DDHH).

30.6.2017.

LAS ACADEMIAS NACIONALES, preocupadas por la peligrosa situación institucional, política, social y económica que vive el país, estiman su deber pronunciarse por el restablecimiento de la paz con base en lo establecido en la Constitución de la República y el ordenamiento jurídico vigentes.

Son motivo de gran preocupación para las Academias los resultados de recientes encuestas que reflejan el incremento de la pobreza en Venezuela. Esta afectaría al 82% de la población, la mitad en pobreza extrema. Se trata de la consecuencia de erradas políticas económicas implementadas a lo largo de varios lustros que han conducido a una devaluación sostenida de la moneda y a la inflación más alta del mundo en los últimos años, al punto de que la canasta básica familiar en el mes de mayo alcanzó casi un millón y medio de bolívares (es decir, 21,5 veces el salario mínimo). Ello hace casi imposible la sobrevivencia a la familia venezolana, valga decir, a los pobres de antes y a los empobrecidos de ahora.

El incremento de la mortalidad infantil y la materna, asociadas a la grave falta de alimento y a la pobreza, así como las notables carencias en medicamentos y servicios hospitalarios, que rondan el 85%, la reaparición de enfermedades hace tiempo erradicadas como la difteria, o largamente controladas como la malaria y la tuberculosis, complementan un cuadro que habla de un deterioro social pronunciado imposible de sobrellevar.

Estos problemas están en la raíz de las protestas populares que con tanta fuerza han ocurrido en todo el país desde el mes de abril pasado, en uso de la garantía constitucional a la manifestación pacífica, expresada en el artículo 68 de nuestra Carta Magna.

Las Academias Nacionales rechazamos de manera categórica la respuesta del Ejecutivo Nacional a tales manifestaciones, expresada en declaraciones y comportamientos amenazantes de funcionarios del gobierno así como en la brutal y desmedida represión de la Guardia Nacional Bolivariana, la Policía Nacional Bolivariana y la actuación de cuerpos armados irregulares, que ya ha dejado un saldo trágico de más de 80 muertes -sobre todo de jóvenes y menores de edad- y miles de civiles heridos, arrestados o detenidos. De estos últimos, varias centenas han sido sometidos a tribunales militares y condenados, en abierta contravención de la Constitución y de tratados internacionales a los cuales está obligada Venezuela como signataria, que prohíben tanto el uso de armas letales para el control de manifestaciones públicas como el empleo de la jurisdicción militar en causas contra civiles. Rechazamos igualmente los allanamientos ilegales, los abusos y atropellos cometidos por los cuerpos de seguridad del Estado. Estos hechos, que parecen orientados a la conformación de un Estado represivo, violatorio de la Constitución vigente, han sido denunciados categóricamente por la Iglesia Católica y otras entidades civiles y religiosas tanto del país como del exterior.

A las motivaciones sociales que indujeron las manifestaciones iniciales de protesta se han sumado en semanas recientes los reclamos contra las inconstitucionales propuestas del Ejecutivo Nacional en el sentido de forzar un cambio constitucional divorciado de los problemas nacionales, mediante una Asamblea Nacional Constituyente espuria de índole comunal y sectorial, sin la realización previa de un referéndum consultivo. Las Academias Nacionales protestamos tal convocatoria no solo porque viola las normas constitucionales actuales sobre la materia, sino porque anula el principio del voto universal, directo y secreto vigente en Venezuela desde hace siete décadas.

Las palabras del presidente de la República el día martes 27 de junio anunciando el uso de balas cuando los votos no favorezcan la posición oficial, constituyen una amenaza inaceptable a la convivencia política pacífica y a un principio fundamental de las democracias como es la alternancia en el poder. En virtud de ello, las repudiamos y recordamos que las armas de la República deben ser para la defensa nacional y no para que una minoría trate de imponerse sobre las demás mediante la violencia.

Rechazamos asimismo las decisiones del cuestionado poder judicial que a través de múltiples sentencias, ha llegado al extremo de arrogarse atribuciones de la Asamblea Nacional y de pretender trasladar competencias constitucionales de otros poderes del Estado al ejecutivo nacional, lo cual concentraría en una sola persona o cuerpo estos poderes, como ocurre en regímenes dictatoriales.

Respaldamos las declaraciones y acciones de organismos oficiales y organizaciones públicas como la Asamblea Nacional, la Fiscalía General de la República, los partidos y organizaciones políticas que luchan por la democracia, múltiples organismos civiles y expertos en derecho constitucional que, invocando los artículos 333 y 350 de la constitución vigente, se han manifestado categóricamente en contra de la ruptura del ordenamiento constitucional perpetrado por el poder ejecutivo, con apoyo y colaboración del poder judicial.

Por todas esas razones, en esta hora compleja de la República, las Academias Nacionales hacen un llamado al cese de la represión y que los poderes públicos se apeguen de manera estricta a la constitucionalidad, la legalidad y la institucionalidad. Solo así se podrá normalizar la convivencia ciudadana, retomar las abandonadas metas de bienestar social y económico y trabajar en la construcción pacífica de un futuro más promisorio, bajo los principios universales de la democracia, la libertad y el respeto de los derechos humanos.

En Caracas, a los 30 días del mes de junio de 2017.

Horacio Biord Castillo, Presidente de la Academia Venezolana de la Lengua

Inés Quintero Montiel, Directora de la Academia Nacional de la Historia

Gabriel Ruán Santos, Presidente de la Academia de Ciencias Políticas y Sociales

Alfredo Díaz Bruzual, Presidente de la Academia Nacional de Medicina

Gioconda Cunto de San Blas, Presidenta de la Academia de Ciencias Físicas, Matemáticas y Naturales

Humberto García Larralde, Presidente de las Academia Nacional de Ciencias Económicas

Gonzalo Morales, Presidente de la Academia Nacional de Ingeniería y el Hábitat

http://www.acienpol.org.ve/cmacienpol/Resources/Pronunciamientos/2017-06-30%20Comunicado%20conjunto%20Academias.pdf

XI. THE NATIONAL ACADEMIES ADDRESSED TO THE VENEZUELANS AND THE INTERNATIONAL COMMUNITY.

(Popular protests; social problems product of bad public policies; violation of human rights).

30.6.2017.

THE NATIONAL ACADEMIES, concerned over the dangerous institutional, political, social and economic situation in the nation, estimate that it is our duty to pronounce ourselves over the reestablishment of peace based on the provisions in the Constitution of the republic and the rule of law in force.

For the academies the results of recent surveys are a reason for great concern since they reflect an increase in poverty in Venezuela that purportedly affects 82% of the population, half of which falls under the category of extreme poverty. A consequence of flawed economic policies implemented throughout several decades which have led to the sustained devaluation of the local currency and the highest inflation rate in the world in the past few years, to the extent that the basic family basket in May reached almost one million five hundred thousand bolivars (21.5 times the minimum wage). This makes it almost impossible for Venezuelan families to survive, neither the poor people existing in the past nor the new poor people of now.

The increase in child and maternal mortality associated to the serious lack of food and to poverty, as well as the noticeable lack of medicines and hospital services, which is close to 85%, the reappearance of diseases eradicated a long time ago such as diphtheria, or for an extended time under control such as malaria and tuberculosis, are part of a state of affairs that point to a pronounced social deterioration that cannot be sustained.

These problems are at the root of the popular protests which have been so forceful all over the nation since last April in exercising the constitutional right to peaceful manifestation or protest, expressed in article 68 of our Magna Carta.

The National Academies categorically reject the response by the national branch of executive power to said manifestations, expressed through threatening declarations and behaviors by government officials as well as the brutal and excessive repression by the National Bolivarian Guard, the National Bolivarian Police force and acts by irregular armed corps, all of which have left a tragic balance of over 80 deaths –especially of young persons and minors – and thousands of civilians who have been injured, arrested or detained. Of these latter, several hundreds have been submitted to military courts and have been convicted, openly contravening the Constitution and the international treaties Venezuela as a signatory is compelled to comply with, which prohibit the use of lethal weapons to control public protests as well as military jurisdictions in cases against 2 civilians. We likewise reject the illegal raids and the abuses and outrages committed by state security corps. These events, which seem to be oriented towards comprising a repressive State, that violates the constitution in force, have been firmly denounced by the Catholic Church and other national and international civil and religious entities.

Coupled to the social motivations that induced the initial protests in recent weeks are claims against the unconstitutional proposals by the national branch of the executive power that is forcing a constitutional change divorced from the nation's current problems by means of a spurious communal and sectorial-based national constituent assembly without conducting apriori consultation referendum. The National Academies protest this call not only because it violates the current constitutional norms in this subject matter but because it annuls the principle of universal, direct and secret vote in force in Venezuela since seven decades.

The statement by the president of the Republic on Tuesday June 27 announcing the use of bullets if the votes do not favor the official stance constitute an unacceptable threat to peaceful political cohabitation and a fundamental democratic principle which is alternation at the helm of the State, by virtue whereof, we repudiate and recall that the weapons of the Republic must be used to defend the homeland and not for a minority to try and impose its will over the others by means of violence.

We also repeal the decisions by the questionable judiciary power which, through multiple sentences, has reached the extreme of taking over attributions of the national assembly aiming to transfer constitutional competencies from other State powers to the national executive, which would concentrate these powers in one single person or body, as occurs in dictatorial regimes.

We endorse the declarations and actions of official agencies and public organizations such as the national assembly, the attorney general of the republic, political parties and organizations fighting for democracy, multiple civilian agencies and experts in constitutional law who, invoking articles 333 and 350 of the constitution in force, have categorically manifested their position against the rupture of the constitutional order perpetrated by the executive power, backed and with the collaboration of the judiciary power.

For all these reasons, during these complex times in the republic, the National Academies make a call to cease the repression and for the public powers to strictly adhere to the tenets in the constitution, legality and institutionalism. Only thus can citizen cohabitation become normal again; the abandoned goals of social and economic wellbeing be taken up once more as well as the peaceful construction of a more promising future for all, based on the universal principles of democracy and freedom and respect for human rights.

In Caracas, on the 30th day of June, 2017.

Horacio Biord Castillo, President of the Venezuelan Academy of Languages

Inés Quintero Montiel, Director of the National Academy of History

Gabriel Ruan Santos, President of the Academy of Political and Social Sciences

Alfredo Díaz Bruzual, President of the National Academy of Medicine

Gioconda Cunto de San Blas, President of the Academy of Physical, Mathematical and Natural Sciences

Humberto García Larralde, President of the National Academy of Economic Sciences

Gonzalo Morales, President of the National Academy of Engineering and Habitat

http://www.acienpol.org.ve/cmacienpol/Resources/Pronunciamientos/2017-06-30%20National%20Academies%20of%20-Venezuela%20-%20English%20version.pdf

XII. PRONUNCIAMIENTO DE LA ACADEMIA DE CIENCIAS POLÍTICAS Y SOCIALES EN TORNO A LAS INTERVENCIONES BANCARIAS Y LA ESTABILIDAD DEL SISTEMA FINANCIERO.

(Intervenciones administrativas arbitrarias junto con detención de altos ejecutivos y empleados de los bancos, violación a los DDHH por detenciones arbitrarias).

4.5.2018.

La Academia de Ciencias Políticas y Sociales manifiesta su profunda preocupación por la medida de intervención administrativa de una de las más grandes instituciones financieras del país, con más de ocho millones de clientes, con forma de grupo de sociedades, extendida a todo lo largo de la geografía nacional, con ramificaciones internacionales, prestadora de un servicio público, tenedora de ahorros de personas de todas las capas sociales y de instituciones -públicas y privadas- de diverso rango e importancia, y con una actividad reconocida de promoción de la cultura, la educación y la labor social a través de forma fundacional. Causa alarma el hecho de que la intervención haya estado acompañada de la detención, a todas luces arbitraria, de altos ejecutivos y empleados de la institución bancaria, agregándole a la intervención un elemento de irrespeto a los derechos humanos.

La intervención administrativa de una institución financiera produce, generalmente, un efecto de cascada sobre la conducta de los ahorristas, quienes, ante las olas de rumores que se precipitan se ven impulsados a buscar alternativas de colocación de su dinero, yendo de un banco a otro, angustiados, sin encontrar refugio satisfactorio.

El país tiene una dolorosa experiencia con las intervenciones administrativas bancarias, la gran mayoría de ellas frustradas por la inexperiencia, la torpeza y -en ocasiones- la corrupción de los interventores y liquidadores designados por las autoridades gubernamentales.

Las intervenciones bancarias atentan, además, contra el elemento intangible más importante de la actividad financiera, la confianza, muy difícil de obtener y muy fácil de perder. Solo en caso extremo, muy justificado, puede decretarse una intervención administrativa bancaria. En el caso de la reciente intervención, ésta no ha estado precedida de ninguna preocupación de la población, del sector financiero privado y de los ahorristas sobre la solvencia de la institución financiera intervenida ni de ninguna otra. Ha sido pública y notoria, en cambio, una cierta hostilidad gubernamental hacia ese banco y hasta una criminalización anticipada de la conducta de algunos de sus representantes, funcionarios o empleados, sin dar cumplimiento al debido proceso. Públicamente, a través de los medios de comunicación social, el vicepresidente del partido de gobierno habló de la compra de esa institución, por parte del gobierno, casi como un hecho cumplido, cosa que fue desmentida por el propio presidente de la institución financiera concernida. Luego vinieron informaciones según las cuales se estaba haciendo "seguimiento" a ese y a otros bancos por sospechas de colaboración con operaciones ilegales con divisas. La intervención practicada por el gobierno nacional nace lamentablemente con un matiz de sospecha de parcialidad, de prejuicio o de predisposición impropia de una autoridad administrativa llamada a evaluar y juzgar con imparcialidad.

La Academia de Ciencias Políticas y Sociales deplora que se haya acudido a la medida extrema de la intervención bancaria, regulada por un procedimiento reconocidamente complicado y frecuentemente afectado por interpretaciones discrecionales de los órganos de supervisión bancaria. Si se hubiera comprobado la participación personal o la complicidad de algún directivo o empleado bancario en operaciones ilegales con divisas, cosa que parece desprenderse del comunicado oficial del 3 de mayo emanada de la Vicepresidencia Sectorial del área Económica y de las declaraciones del Fiscal General de la República -sin que las investigaciones penales hayan concluido- se estaría en presencia de una responsabilidad personal, que no debería ser transferida a la empresa bancaria, una sociedad anónima inimputable. Una intervención bancaria para sancionar a empleados que han incurrido en un delito es, sencillamente, un despropósito. Una intervención bancaria en el contexto de la crisis económica por la cual atraviesa el país, afectado por una aguda escasez artificial de dinero efectivo y dentro de un proceso electoral promovido por el propio gobierno nacional, es un elemento perturbador más, susceptible de afectar severamente la estabilidad del sistema financiero.

Los empresarios afectados por la intervención tienen derecho a un tratamiento digno, respetuoso de la legalidad; la suerte de los ahorristas debe estar garantizada, pues confiaron en una institución prestigiosa que súbitamente ha perdido el favor de la autoridad supervisora; los accionistas deben recibir la protección a que tienen derecho las personas que acuden al mercado de valores; y los ciudadanos esperan que la investigación penal sobre terceros sospechosos de operaciones ilegales con divisas -una investigación previa- sea separada del proceso de la intervención bancaria, así como también esperan que desaparezcan las sospechas de intereses políticos que giran alrededor de la intervención llevada a cabo.

La Academia de Ciencias Políticas y Sociales estima que la resolución de intervención bancaria acordada debe ser revocada antes de que transcurra el plazo arbitrario de 90 días fijado en la resolución, por ser improcedente como medio de investigación y castigo de hechos imputados a individuos distintos de la empresa bancaria.

La población venezolana debe evitar ser víctima de una falsa inestabilidad del sistema financiero y mantener su tranquilidad.

Caracas, 4 de mayo de 2018.

En fe de lo cual suscriben,
Gabriel Ruan Santos, Presidente
Luciano Lupini Bianchi, Secretario

http://www.acienpol.org.ve/cmacienpol/Resources/Pronunciamientos/Pronunciamiento%20de%20ACIENPOL%20sobre-%20intervenci%C3%B3n%20bancaria.pdf

XIII. PRONUNCIAMIENTO DE LAS ACADEMIAS NACIONALES A LA OPINIÓN PÚBLICA, SOBRE PRESOS DE CONCIENCIA Y TORTURAS.

(Violaciones de DDHH por la detención de miembros de la comunidad universitaria, presentados ante los tribunales militares en su condición de civil).

18.6.2018.

Las Academias Nacionales, de acuerdo a su carácter y naturaleza, deben estar atentas a asuntos relativos al bienestar del gremio científico y académico en particular y la ciudadanía en general, entre ellos, la defensa de derechos humanos y civiles exigida por la sociedad moderna. En consecuencia, es su deber expresar su preocupación por informaciones generadas en el Foro Penal, autoridad en materia penal reconocida así por la colectividad internacional, sobre la detención de miembros de la comunidad universitaria, sin seguir los procedimientos estipulados en la Constitución y leyes de la República. Ya el pasado 10/10/2017 nos pronunciamos al respecto de 8 profesores universitarios detenidos en esas condiciones. Hoy nos referimos a los universitarios y profesionales en ciencias de la salud José Alberto Marulanda Bedoya y Williams Alberto Aguado Sequera, recluidos en Ramo Verde y presentados ante tribunales militares a pesar de su condición civil, quienes habrían manifestado haber sido víctimas de torturas, como también lo habrían sido estudiantes y otros ciudadanos detenidos en condiciones similares.

En el muy reciente "Informe de la Secretaría General de la Organización de Estados Americanos y del Panel de expertos internacionales independientes sobre la posible comisión de crímenes de lesa humanidad en Venezuela", en declaraciones de abogados defensores y organizaciones de gran prestigio en el ámbito de la promoción y defensa de los derechos humanos en nuestro país, se da cuenta repetidamente de la utilización de métodos de tortura extrema en ciudadanos detenidos sin procedimientos ajustados a la ley, inconsistentes con la vigencia del Estatuto de Roma, documento que se especializa en la vigilancia y penalización de genocidios y crímenes atroces y del cual es signataria la República Bolivariana de Venezuela. La tortura se considera un crimen en el Derecho Constitucional e Internacional, destruye la personalidad de la víctima, degrada su dignidad, deja secuelas que se prolongan en tiempo y espacio y es un método opresivo de intimidación y control, expresamente prohibido en la Declaración Universal de los DDHH.

En tal sentido, las Academias Nacionales hacen un llamado a las autoridades gubernamentales para que revisen las denuncias que habrían presentado las víctimas y de ser este el caso, detengan la utilización de cualquier método de tortura, oficien con urgencia la atención médica de los casos hasta hoy denunciados y liberen a los presos de conciencia, a los efectos de cumplir con las leyes nacionales y los acuerdos internacionales en la materia.

En Caracas, a los 18 días del mes de junio de 2018.

Horacio Biord Castillo, Presidente de la Academia Venezolana de la Lengua

Inés Quintero Montiel, Directora de la Academia Nacional de la Historia

Leopoldo Briceño-Iragorry Calcaño, Presidente de la Academia Nacional de Medicina

Gabriel Ruan Santos, Presidente de la Academia de Ciencias Políticas y Sociales

Gioconda Cunto de San Blas, Presidenta de la Academia de Ciencias Físicas, Matemáticas y Naturales

Humberto García Larralde, Presidente de las Academia Nacional de Ciencias Económicas

Gonzalo Morales, Presidente de la Academia Nacional de Ingeniería y el Hábitat

http://www.acienpol.org.ve/cmacienpol/Resources/Pronunciamientos/2018-06-18%20Comit%C3%A9%20interacad%C3%A9-mico%20-%20Presos%20de%20conciencia%20y%20torturas.pdf

XIV. PRONUNCIAMIENTO DE LA ACADEMIA DE CIENCIAS POLÍTICAS Y SOCIALES ANTE LA DECLARACIÓN DE LOS VEINTE AÑOS DEL "ESTATUTO DE ROMA"

(Conmemoración de los 20 años de la firma del Estatuto que busca perseguir, juzgar y castigar los crímenes de trascendencia internacional y crea la Corte Penal Internacional como instancia jurisdiccional de alcance mundial; aprobado y ratificado por Venezuela en junio de 2000, por tanto Venezuela se encuentra obligada a legislar internamente sobre el mismo; se propone el período 2018-2019 como Año Conmemorativo a los fines de promover diversas actividades relativas al Estatuto; se exhorta al Gobierno Venezolano además, a prestar su cooperación a la Corte en el Examen Preliminar que ha decidido emprender por los crímenes presuntamente cometidos en Venezuela en abril de 2017).

27.6.2018.

Considerando:

1) Que este 17 de julio de 2018 se cumplen veinte años de haberse abierto a la firma en la ciudad de Roma el Estatuto de Roma de la Corte Penal Internacional ("Estatuto de Roma") el cual tiene por objeto la persecución, juzgamiento y castigo de los crímenes de trascendencia internacional, como el genocidio, los crímenes de lesa humanidad, los crímenes de guerra y el crimen de agresión y evitar la impunidad por la comisión de tales delitos.

2) Que Venezuela firmó el Estatuto de Roma el 17 de octubre de 1998, el cual fue aprobado mediante la correspondiente Ley Aprobatoria y ratificado el 7 de junio de 2000, en virtud de lo cual Venezuela es un Estado parte de dicho Estatuto y además forma parte de la Asamblea de Estados Parte del Estatuto de Roma.

3) Que Venezuela tiene la obligación frente a la comunidad internacional de legislar para implementar las obligaciones contraídas por el Estado en el Estatuto de Roma (Pacta sunt servanda), entre ellas la obligación de prevenir, legislar y castigar en el Derecho interno los delitos previstos en dicho instrumento.

4) Que a pesar de que el genocidio, los crímenes de lesa humanidad y los crímenes de guerra ya son delictivos conforme al Derecho internacional, los mismos deberían ser implementados en el Derecho nacional; y que la Asamblea Nacional ya cuenta con un Anteproyecto de Código de Derecho Penal Internacional, que debería ser sometido a consulta y proceder a su pronta aprobación.

5) Que la Constitución de la República Bolivariana de Venezuela reafirma la aplicación de la jurisdicción venezolana para juzgar los delitos contra los derechos humanos y en particular los crímenes internacionales de lesa humanidad, así como también para hacer efectivas las indemnizaciones respectivas.

6) Que, el Estatuto de Roma, creó la Corte Penal Internacional como instancia jurisdiccional internacional de alcance mundial, complementaria de las jurisdicciones nacionales, como expresión de las obligaciones estatales de sancionar dichos crímenes internacionales. En consecuencia, cuando los Estados no cumplan oportuna y eficazmente con su obligación de sancionar los delitos internacionales establecidos en el Estatuto de Roma, se activa la jurisdicción de la Corte Penal Internacional a fin de sancionar a los responsables y reparar a las víctimas de dichos delitos internacionales.

7) Que mediante Comunicado de fecha 8 de febrero de 2018, la Fiscal de la Corte Penal Internacional anunció públicamente que había abierto un Examen Preliminar para analizar crímenes presuntamente cometidos en Venezuela al menos desde abril de 2017.

Acuerda:

1) Proponer que el período 2018-2019 sea declarado el Año Conmemorativo del Estatuto de Roma. Estimular el estudio, difusión y debate público de todos los aspectos jurídicos, doctrinarios, jurisprudenciales, criminológicos, históricos, políticos y, en general,

de todas las disciplinas que coadyuven al conocimiento y aplicación del Estatuto de Roma.

2) Exhortar a las demás Academias, Facultades de Ciencias Jurídicas y Políticas, los Colegios de Abogados, las Escuelas de Estudios Internacionales, las Cátedras e Institutos de Investigación Penal y Criminológica, y, en general, las asociaciones profesionales y expertos dedicados al estudio sistemático del Derecho Penal Internacional y otras especialidades como: el Derecho Internacional Penal, el Derecho Penal interno, el Derecho Internacional Público, el Derecho Internacional de los Derechos Humanos, el Derecho Internacional Humanitario, el Derecho Constitucional, la Historia, las Ciencias Forenses, las Ciencias Policiales, el Derecho Probatorio, la Criminología de Masas, la Victimología y el Derecho Internacional Penal Económico, entre otras, a colaborar en el esfuerzo de promover en este año conmemorativo el Estatuto de Roma, mediante programas de cursos de pre y posgrado, diplomados, seminarios, jornadas, congresos y foros tanto para especialistas como para el público en general sobre la materia de Derecho Penal Internacional o Internacional Penal con énfasis en la Corte Penal Internacional y su jurisprudencia, así como de los otros tribunales internacionales. Solicitar a la Asamblea Nacional que proceda con urgencia al estudio, debate y aprobación de la legislación interna del Estatuto de Roma en Venezuela y sus instrumentos complementarios.

3) Exhortar al Gobierno Nacional para que, de conformidad con las obligaciones internacionales que le incumben según el Estatuto de Roma, preste su más amplia cooperación a la Fiscalía de la Corte Penal Internacional en el Examen Preliminar que ha decidido emprender en relación con hechos presuntamente acaecidos dentro de la jurisdicción venezolana.

Caracas, 27 de junio de 2018.

El Presidente:

Gabriel Ruan Santos

El Secretario

Luciano Lupini Bianchi

El presente Acuerdo tiene el respaldo de las Academias Nacionales siguientes:

Academia Nacional de Medicina

Presidente: Dr. Leopoldo Briceño

Academia de Ciencias Físicas, Matemáticas y Naturales

Presidenta: Dra. Gioconda Cunto de San Blas

Academia Nacional de la Historia

Presidenta: Dra. Inés Quintero

Academia Nacional de la Ingeniería y el Hábitat

Presidente: Dr. Gonzalo Morales

http://www.acienpol.org.ve/cmacienpol/Resources/Pronunciamientos/Declaraci%C3%B3n%2020%20a%C3%B1os%20Estatuto%20de%20Roma.%20def..pdf

XV. PRONUNCIAMIENTO DE LAS ACADEMIAS NACIONALES CON OCASIÓN DE LA MUERTE DEL CONCEJAL FERNANDO ALBÁN

(Muerte del concejal Albán en la sede del Servicio Bolivariano de Inteligencia Nacional, siendo previamente detenido de forma arbitraria y apresado sin cumplir las formalidades requeridas, en violación del derecho a la libertad individual y al debido proceso; comunicación de las autoridades señalando que se trataba de un "suicidio" con versiones incoherentes entre sí).

11.10.2018.

Las Academias Nacionales, en cumplimiento de los deberes ciudadanos y de conciencia de sus miembros, así como en acatamiento de los principios y fines que rigen su existencia jurídica, se pronuncian sobre el hecho de la muerte trágica del concejal del municipio Libertador de Caracas, Fernando Albán, ocurrida el 8 de octubre de 2018, y sobre las actuaciones de los órganos del Poder Nacional ante ese acontecimiento, los cuales configuran junto con otros hechos precedentes, una peligrosa tendencia que debemos rechazar.

Es un hecho público que el concejal Fernando Albán murió mientras se encontraba detenido sin orden judicial en la sede del Servicio Bolivariano de Inteligencia Nacional (SEBIN) desde el día 5 de octubre de 2018, luego de ser apresado en el ingreso migratorio del Aeropuerto Simón Bolívar de Maiquetía, y sin haber cumplido ese cuerpo policial con el deber de presentación oportuna de su persona y de su caso por ante la autoridad judicial competente, como lo establecen el artículo 44 de la Constitución y los instrumentos internacionales sobre derechos humanos.

Es también conocido que, sin haber realizado la debida investigación del hecho, funcionarios del Ejecutivo Nacional y el Fiscal General de la República designado por la Asamblea Nacional Constituyente manifestaron ante medios de comunicación que se trataba de un "suicidio" por lanzamiento espontáneo del concejal Albán desde el piso 10 de la sede del SEBIN, situada en la Plaza Venezuela de Caracas, sin que hubiera coincidencia ni coherencia entre las versiones de ambas instituciones del Estado.

Ante estos hechos, las Academias manifiestan, en primer lugar, que conforme a la Constitución y a los instrumentos internacionales sobre derechos humanos, toda persona tiene el derecho a la libertad individual y en consecuencia, no puede ser arrestada o detenida por la autoridad que sea sino en virtud de una orden judicial, a menos de que sea sorprendida "in fraganti", es decir, en el momento de la comisión del delito o inmediatamente después de ello. Al no ser aprehendido conforme a tales preceptos, la detención del concejal Fernando Albán fue arbitraria.

En segundo lugar, la detención del concejal Fernando Albán tuvo lugar el día 5 de octubre de 2018. Para el día 8 del mismo mes y año no había sido llevado ante una autoridad judicial, en desconocimiento del lapso establecido en la norma constitucional (art. 44.1), lo cual agrava la situación de antijuridicidad configurada en la arbitraria detención.

En tercer lugar, conforme a los principios constitucionales (art. 46 de la Constitución) y las obligaciones internacionales en materia de derechos humanos, toda persona privada de libertad tiene derecho a que se respete su integridad física, psíquica y moral. Estas quedan bajo la responsabilidad del Estado, a través de las autoridades y funcionarios que ejercen su custodia. Cualquier afectación de su vida e integridad personal traslada al Estado y a sus funcionarios la carga de la responsabilidad, a menos que se pruebe fehacientemente lo contrario en juicio imparcial. El concejal Fernando Albán –como en otros casos precedentes– se encontraba bajo la custodia del SEBIN, por lo que las declaraciones de las autoridades mencionadas, manifestando ante medios de comunicación que se trataba de un "suicidio", configuran un acto irresponsable, que además agrede la integridad moral, el nombre y la reputación de la víctima y sus familiares.

Por todo lo anterior, los hechos ocurridos deben ser objeto de una investigación imparcial, independiente, seria y oportuna, conforme a los estándares y protocolos internacionales, que permita determinar con certeza los hechos y que en su caso, identifique a los presuntos responsables, conduzca a su sanción proporcional y adecuada y repare a los familiares del concejal Albán. A los fines de cumplir con este objetivo, las Academias proponen a la sociedad y al Estado venezolanos, la conformación de una Comisión Internacional de Expertos Independientes con el apoyo del sistema de derechos humanos de la ONU y de la OEA, como ha sucedido en otros países latinoamericanos, a fin de que realice una investigación imparcial sobre los hechos ocurridos y presente un informe público en breve plazo ante las autoridades competentes del Estado.

Las Academias han conocido diversos informes y denuncias públicas sobre la persecución y detención arbitraria de otros dirigentes políticos, sindicales, campesinos, indígenas y defensores de derechos humanos que los convierten en presos políticos, así como de casos de torturas y tratos crueles e inhumanos de los detenidos. Por ello, exigen a las autoridades del Estado la observación estricta de la Constitución y de los instrumentos internacionales sobre derechos humanos para efectuar una detención, así como permitir la libertad de expresión crítica y de manifestación, el libre juego de partidos y de sus dirigentes y el pluralismo político; para que las personas detenidas sean presentadas ante un juez independiente e imparcial dentro de las 48 horas siguientes; para que las personas detenidas no sean aisladas ni desaparecidas, y que sus familiares y abogados tengan acceso a ellas de manera inmediata e incondicional; para que sean tratados con todo respeto a su dignidad e integridad personal, y que las autoridades y funcionarios públicos se abstengan de incriminarlos u ofenderlos mediante declaraciones públicas; y para que las violaciones y abusos a los derechos humanos sean investigados debidamente de manera imparcial, seria y oportuna conforme a los estándares y protocolos internacionales, a fin de que se identifique y sancione con el debido proceso a todos los presuntos responsables y se repare a las víctimas y sus familiares.

Finalmente, las Academias desean manifestar públicamente su más profundo pesar por los hechos ocurridos; y en estos difíciles momentos de consternación se solidarizan con el dolor de la familia Albán, de sus amigos y compañeros.

En el Palacio de las Academias,

Caracas, a los 11 días del mes de octubre de 2018.

Horacio Biord Castillo, Presidente de la Academia Venezolana de la Lengua

Inés Quintero Montiel, Directora de la Academia Nacional de la Historia

Leopoldo Briceño-Iragorry Calcaño, Presidente de la Academia Nacional de Medicina

Gabriel Ruan Santos, Presidente de la Academia de Ciencias Políticas y Sociales

Gioconda Cunto de San Blas, Presidenta de la Academia de Ciencias Físicas, Matemáticas y Naturales

Humberto García Larralde, Presidente de las Academia Nacional de Ciencias Económicas

Gonzalo Morales, Presidente de la Academia Nacional de Ingeniería y el Hábitat

http://www.acienpol.org.ve/cmacienpol/Resources/Pronunciamientos/2018-10-11%20Comunicado%20conjunto%20Academias%20asunto%20Alb%C3%A1n.pdf

XVI. CARTA DE LAS ACADEMIAS NACIONALES A LAS INSTITUCIONES Y ORGANIZACIONES DEMOCRÁTICAS DE VENEZUELA.

(Manifiesto de las Academias a las instituciones democráticas acerca del estado de la institucionalidad en Venezuela, así como el colapso político y económico del país).

24.10.2018.

LAS ACADEMIAS NACIONALES se dirigen a las distintas instituciones y organizaciones democráticas del país, a fin de manifestarles una vez más su alarma e inmensa preocupación frente a la gravedad y emergencia que representa el terrible colapso político, económico y social que se está viviendo en Venezuela, consecuencia directa de la actuación de un régimen cuya naturaleza dictatorial se expresa cotidianamente en la instauración de mecanismos de control económico, político y social sobre la población, mediante la centralización creciente de la economía y la destrucción del aparato productivo, tanto público como privado y también a través del establecimiento de una política de Estado orientada a reprimir, perseguir, amedrentar e incluso aniquilar físicamente cualquier expresión de disidencia, desconociendo abiertamente los derechos humanos y contraviniendo la Constitución vigente.

En diferentes ocasiones, mediante la publicación de numerosos pronunciamientos, hemos hecho conocer al país nuestra posición crítica y de rechazo frente a las violaciones sistemáticas de la Constitución, la ilegítima convocatoria de la asamblea nacional constituyente, los abusos de poder, la acción represiva contra las manifestaciones pacíficas, las fatales consecuencias de las medidas económicas, así como sobre otros muchos aspectos que afectan el normal desenvolvimiento de la vida de los venezolanos.

En esta oportunidad, hemos considerado de primera importancia hacer un llamado especial a todas las instituciones y organizaciones democráticas del país, a fin de actuar todos unidos en una sola dirección y bajo una misma orientación, con el OBJETIVO SUPREMO de lograr un cambio político que permita recuperar y conducir al país hacia un gobierno democrático y respetuoso del Estado de Derecho.

Es desde este impostergable OBJETIVO SUPREMO, que pedimos a las instituciones y organizaciones democráticas del país trabajar en función de lograr una acción colectiva que supere la decepcionante desunión que ha prevalecido y que permita a todos los ciudadanos desde sus propios espacios unir esfuerzos con el fin de rechazar de manera rotunda la propuesta de Constitución, que a espaldas de los venezolanos y desde la ilegitimidad de la Asamblea Nacional Constituyente, se piensa ofrecer al país con el único fin de darle un espurio soporte a la continuidad de este régimen, totalmente contrario en su naturaleza y en sus prácticas a la tradición republicana y democrática, que con tanto esfuerzo han construido y defendido los venezolanos a través de su historia.

Para conseguir este impostergable OBJETIVO SUPREMO, se considera igualmente necesario urgir a las instituciones y organizaciones democráticas de todo el país a unirse en una sola voz, a fin de elaborar un plan de acción inmediato que impida la ilegítima continuación en el poder de Nicolás Maduro, más allá del 10 de enero de 2019, fecha en la cual concluye el período constitucional para el cual fue elegido y juramentado hace casi 6 años. No puede por tanto prolongarse en el poder ya que el proceso electoral realizado el 20 de mayo de 2018 se hizo al margen de lo establecido en la Constitución vigente y no obtuvo el reconocimiento ni de los actores políticos nacionales ni de una importante y significativa cantidad de países ampliamente representativos de la comunidad internacional.

En atención a lo antes expuesto, las Academias Nacionales hacen suyo el clamor de la nación y por lo tanto consideran impostergable que desde las distintas instituciones y organizaciones democráticas hagamos un esfuerzo extraordinario que nos permita alcanzar el OBJETIVO SUPREMO de establecer un nuevo gobierno respetuoso del Estado de Derecho y de los derechos humanos, y representativo de todos los venezolanos, sin exclusiones.

Caracas, 24 de octubre de 2018.

Horacio Biord Castillo, Presidente Academia Venezolana de la Lengua

Inés Quintero, Directora Academia Nacional de la Historia

Leopoldo Briceño Iragorry, Presidente Academia Nacional de Medicina

Gabriel Ruan, Presidente Academia de Ciencias Políticas y Sociales

Gioconda Cunto de San Blas, Presidenta Academia de Ciencias Físicas, Matemáticas y Naturales

Sary Levi, Presidenta Academia Nacional de Ciencias Económicas

Gonzalo Morales, Presidente Academia Nacional de la Ingeniería y el Hábitat

http://www.acienpol.org.ve/cmacienpol/Resources/Pronunciamientos/Carta%20de%20las%20academias%20nacionalesVersi-%C3%B3n%20final.pdf

XVII. LAS ACADEMIAS NACIONALES FRENTE A LA SITUACIÓN NACIONAL

(Violación de DDHH por la represión frente al descontento popular reflejada en veintidós muertes y quinientas detenciones, por los eventos iniciados y defensa de las acciones tomadas por la Asamblea Nacional).

27.01.2019

Las Academias Nacionales, en cumplimiento de un apremiante deber de conciencia y frente a la difícil y compleja situación que atraviesa Venezuela, que vuelve a colocar la violencia como forma equivocada de resolver los conflictos de la sociedad y amenaza con ampliar su efecto destructivo y trágico, hacen un llamado urgente para que cese la represión frente al descontento popular, representada según el Foro Penal Venezolano en más de 22 muertos y cerca de 500 detenidos, desde el pasado 21 de enero y hasta la fecha, en su mayoría de los barrios populares, por la sola circunstancia de hacer uso de sus derechos constitucionales a la protesta.

Por tanto, exigimos que se respete la vida y la integridad física de quienes protestan cívicamente, se preserven los derechos humanos y se adopte como solución el fiel y honesto cumplimiento de la Constitución y los mecanismos democráticos allí contenidos, para poder superar la situación de anormalidad actual, mediante la vía prevista en el art. 233 de la Constitución.

En tal sentido, respaldamos las acciones de la Asamblea Nacional electa democráticamente en diciembre de 2015 y de su Junta Directiva, actos enmarcados dentro de las normas constitucionales. Aspiramos así recuperar el Estado de Derecho que restituya la institucionalidad, como única vía para lograr la verdadera paz, mediante el imperio de la libertad y la justicia.

En Caracas, a los 27 días del mes de enero de 2019

Horacio Biord Castillo, Presidente de la Academia Venezolana de la Lengua

Inés Quintero Montiel, Directora de la Academia Nacional de la Historia

Gabriel Ruan Santos, Presidente de la Academia de Ciencias Políticas y Sociales

Leopoldo Briceño-Iragorry, Presidente de la Academia Nacional de Medicina 2

Gioconda Cunto de San Blas, Presidenta de la Academia de Ciencias Físicas, Matemáticas y Naturales

Humberto García Larrald, Presidente de las Academia Nacional de Ciencias Económicas

Gonzalo Morales, Presidente de la Academia Nacional de Ingeniería y el Hábitat

XVIII. PRONUNCIAMIENTO ANTE LA SENTENCIA DE CONDENA CONTRA LA JUEZA MARÍA LOURDES AFIUNI POR SUPUESTA "CORRUPCIÓN ESPIRITUAL"

(Condena de cinco años por la comisión del delito de corrupción; el Ministerio Público señala que la Jueza no obtuvo algún beneficio económico durante la investigación ni posteriormente a cambio de la libertad bajo medida cautelar que otorgó; condena motivada subjetivamente y de índole "espiritual"; violación del Principio de Legalidad y Separación de Poderes. Proceso penal viciado de inconstitucionalidad por ser aprehendida ésta sin orden judicial y ser sometida a tratos violatorios de D.D.H.H; falta de independencia del Poder Judicial).

22.03.2019

La Academia de Ciencias Políticas y Sociales, en cumplimiento de los deberes establecidos en su ley de creación y con ocasión de la sentencia recaída en el caso de la jueza María Lourdes Afiuni, considera su obligación dirigirse a la colectividad en la oportunidad de exponer lo siguiente:

En fecha 21 de marzo de 2019 fue dictada la decisión del Juzgado 17° de Juicio del Área Metropolitana de Caracas a cargo del juez Manuel Antonio Bognanno, por medio de la cual se condena a la jueza María Lourdes Afiuni a cumplir la pena de 5 años de prisión por la comisión del delito de corrupción propia, previsto en el artículo 62 de la Ley contra la Corrupción vigente para el momento de los hechos, el cual dispone textualmente: *"El funcionario público que por retardar u omitir algún acto de sus funciones, o que por efectuar alguno que sea contrario al deber mismo que ellas impongan, reciba o se haga prometer dinero u otra utilidad, bien por si mismo o mediante otra persona, para sí o para otro, será penado con prisión de tres (3) a siete (7) años y multa de hasta el cincuenta por ciento de (50%) del beneficio recibido o prometido…".*

Al momento de llevarse a cabo el acto de audiencia preliminar el Ministerio Publico, a cargo de la fiscal Emilce Ramos Julio, manifestó textualmente, y así fue asentado en el acta de audiencia, que: *"…no se desprende que la ciudadana MARÍA LOURDES AFIUNI haya obtenido algún dinero o beneficio económico, no se ha determinado que la misma haya recibido dinero o algo…".* Así las cosas, tal como lo afirmara el Ministerio Publico, jamás, ni durante el curso de la investigación, ni posterior a ella, se encontró evidencia alguna de que la Juez Afiuni hubiera recibido dinero o promesa de este, ni ninguna otra utilidad o beneficio, a cambio de la libertad bajo medida cautelar que le otorgó al ciudadano Eligio Cedeño, cuya detención, como igualmente es sabido, había sido calificada de arbitraria por el Grupo de Trabajo sobre Detenciones Arbitrarias de la Organización de Naciones Unidas, quienes requirieron su libertad inmediata.

Por lo tanto, dicha condena se llevó a cabo con sedicentes motivaciones exclusivamente subjetivas signadas por la arbitrariedad y ajenas de un todo a las exigencias típicas del tipo de delito de corrupción propia y de supuesta índole "espiritual", en manifiesta violación del principio de legalidad, pilar fundamental del derecho penal, conforme a las exigencias del artículo 49 de la Constitución.

De otra parte, esta Academia evidencia que esta decisión pretende cerrar, luego de casi una década, un proceso judicial penal que desde su inicio y durante toda su sustanciación fue arbitrario y violatorio de los derechos humanos y del debido proceso establecidos en la Constitución. Sin embargo, esta sentencia debe ser revocada por arbitraria y violatoria de la Constitución, la ley y los instrumentos sobre derechos humanos.

En efecto, el inicio del proceso penal que sirvió para enjuiciar a la jueza Afiuni estuvo viciado de inconstitucionalidad desde que esta fue aprehendida sin orden judicial el 10 de diciembre de 2009, luego de lo cual, el ex Presidente Hugo Chávez, a través de una alocución presidencial en cadena de radio y televisión exigió: "… *dureza con esa jueza, incluso le dije a la presidenta del Tribunal*

Supremo (...) habrá que meterle pena máxima a esta jueza. 30 años de prisión pido yo a nombre de la dignidad del país".

La jueza Afiuni fue encarcelada durante tres años, tiempo en el cual fue sometida a tratos violatorios de los derechos humanos, incluida su violación; y, posteriormente, fue sometida por más de cinco años, a otras medidas restrictivas de libertad como prisión preventiva, arresto domiciliario y libertad condicional. En los últimos años, la jueza Afiuni ha estado sometida a un régimen restrictivo de presentaciones periódicas, prohibición de salida del país y prohibición de manifestarse por medios y redes sociales.

Como lo ha expresado recientemente el Relator de las Naciones Unidas para la independencia de los jueces y abogados, el proceso contra la jueza Afiuni y ahora su condena, es otro lamentable ejemplo de la violación del principio de separación de poderes, de la falta absoluta de independencia del Poder Judicial en Venezuela y, en general, de la violación de los derechos y garantías constitucionales de los ciudadanos. Lamentablemente dicho proceso ha tenido sobre el resto del poder judicial venezolano un efecto inhibitorio y de sujeción, que se conoce en el medio de los tribunales como el "efecto Afiuni", el cual ha sido documentado en diversos informes internacionales.

La Academia de Ciencias Políticas y Sociales rechaza una vez más la utilización del sistema judicial y penal venezolano como instrumento de amenaza, persecución y castigo contra aquellas personas que disienten y funcionarios que no cumplen órdenes dadas desde el poder; y exhorta a los órganos del Poder Judicial a la realización de las funciones inherentes a sus cargos, con apego único y exclusivo a la Constitución, a las leyes y a los instrumentos internacionales.

En Caracas, a los 22 días del mes de marzo de 2019.

Humberto Romero-Muci, Presidente
Julio Rodríguez Berrizbeitia, 1er.Vice-presidente
Luciano Lupini Bianchi 2do.Vice-Presidente
Rafael Badell Madrid, Secretario
Cecilia Sosa Gómez, Tesorera
Carlos Ayala Corao, Bibliotecario

XIX. PRONUNCIAMIENTO DE LAS ACADEMIAS NACIONALES CON OCASIÓN DE LOS GRAVES SUCESOS QUE LLEVARON A LA MUERTE DEL CAPITÁN DE CORBETA RAFAEL ACOSTA ARÉVALO

(Pronunciamiento de las Academias Nacionales para expresar su rechazo e indignación por los graves hechos en que ocurrió la muerte del Capitán de Corbeta de la Fuerza Armada Nacional, Rafael Acosta Arévalo, en la madrugada del 29 de junio 2019, condenan la práctica generalizada y sistemática de detenciones arbitrarias y de torturas imputables a los órganos de seguridad del Estado).

02.07.2019

Las Academias Nacionales en cumplimiento de los mandatos legales de creación y, en acatamiento de los mandatos imperativos de las conciencias de sus miembros, expresan su profunda consternación por las circunstancias en que ocurrió la muerte del Capitán de Corbeta de la Fuerza Armada Nacional, Rafael Acosta Arévalo, en la madrugada del 29 de junio del presente año.

Según los datos de que se dispone y que son de conocimiento público, el Capitán de Corbeta Acosta Arévalo habría sido detenido, ilegal y arbitrariamente, por los organismos de inteligencia del Estado, el 21 de junio pasado. En ese momento, aún se encontraba en el país la señora Michelle Bachelet, Alta Comisionada de Naciones Unidas para los Derechos Humanos, invitada oficialmente en el marco de su evaluación de la situación de los derechos humanos en Venezuela, a los fines de presentar su informe ante el Consejo de Derechos Humanos con las conclusiones y recomendaciones necesarias.

El Capitán de Corbeta Acosta Arévalo fue detenido sin una orden judicial, sin que se le sorprendiera "in fraganti" en la comisión de un delito, y sin que se le pusiera a disposición judicial dentro de las 48 horas siguientes, como lo exige la Constitución de conformidad con los instrumentos internacionales sobre derechos humanos. En realidad, desde el momento de su detención, el Capitán Acosta Arévalo estuvo incomunicado y desaparecido, al igual que otros militares y civiles detenidos el mismo día.

El jueves 20 de junio, el señor Tarek William Saab, designado de manera inconstitucional como Fiscal General de la República por la Asamblea Nacional Constituyente, acusó al Capitán de Corbeta Acosta Arévalo de estar implicado en un supuesto intento de magnicidio. Acosta Arévalo permaneció detenido en la Dirección General de Contrainteligencia Militar (DGCIM) y fue presentado en la noche del viernes 21 de junio ante el Tribunal Militar Tercero de Control del Circuito Judicial Penal Militar, con sede en Fuerte Tiuna. Conforme a las informaciones públicas de sus abogados, Acosta Arévalo llegó a tribunales en silla de ruedas, presentando graves signos de torturas, no hablaba y sólo pedía auxilio a su abogado. No entendía ni escuchaba bien. Dado su estado físico, el tribunal militar lo envió al Hospital Militar, en donde falleció a la 1 de la madrugada del día siguiente. A varios días de la muerte de Rafael Acosta Arévalo las autoridades no han informado sobre las causas que motivaron el deceso del oficial, ni han entregado el cuerpo a su esposa, Waleska Pérez, para poder realizar una autopsia independiente y poder darle sepultura conforme a sus creencias religiosas.

El Capitán de Corbeta Acosta Arévalo estuvo detenido y su deceso se produjo estando bajo la custodia de agentes del Estado. Por lo tanto, son las autoridades del Estado, al más alto nivel, las que deben dar explicaciones serias sobre quién ordenó la detención de Acosta Arévalo, por qué, cómo es que apareció una semana después con evidentes signos de tortura, y cuál fue la causa de la muerte.

La información disponible revela graves hechos que constituyen una práctica generalizada y sistemática de detenciones arbitrarias y de torturas, para no mencionar ejecuciones sumarias, todos los cuales son suficientes para manifestar la protesta de las Academias Nacionales y su más enérgico rechazo a esta nueva atrocidad.

La gravedad de los hechos exige una investigación efectiva y en su caso, sancionar a los responsables. Pero, para ello, es indispensable que esa investigación tenga carácter internacional, para que garantice su carácter independiente e imparcial y en la que participen, entre otros, médicos forenses que merezcan credibilidad nacional e internacional. Para este fin, la Oficina de la Alta Comisionada de Naciones Unidas para los Derechos Humanos debería promover ese mecanismo especial internacional, toda vez que su titular, Michelle Bachelet, se encontraba junto con su equipo en visita oficial en el país cuando ocurrieron esos hechos. En este sentido, debe comenzarse por hacer valer las seguridades y garantías que le ofreció el señor Nicolás Maduro en esa ocasión; incluida la facilidad a los dos funcionarios de la Oficina de la Alta Comisionada de la ONU que aún permanecen en el país, para acceder a los lugares y a las personas que puedan aportar información sobre este caso, en el marco de la situación de los derechos humanos en Venezuela.

Además de lo anterior, en esta oportunidad tendrá singular significación en la determinación de estos hechos y su credibilidad, la intervención de los mecanismos no convencionales del sistema de Naciones Unidas (Procedimientos Especiales), como son principalmente, el Grupo de Trabajo sobre Detenciones Arbitrarias, el Grupo de Trabajo sobre Desapariciones Forzadas, el Relator Especial contra la Tortura, el Relator Especial para la Independencia de Jueces y Abogados.

Junto con su rechazo e indignación por estos graves hechos, las Academias Nacionales hacen llegar su solidaridad y su pesar a los familiares y amigos del Capitán de Corbeta Rafael Acosta Arévalo.

Caracas, 02 de julio de 2019.

Horacio Biord Castillo
Presidente de la Academia Venezolana de la Lengua

Inés Quintero Montiel
Directora de la Academia Nacional de la Historia

Leopoldo Briceño-Iragorry Calcaño
Presidente de la Academia Nacional de Medicina

Humberto Romero Muci
Presidente de la Academia de Ciencias Políticas y Sociales

Gioconda Cunto de San Blas
Presidenta de la Academia de Ciencias Físicas, Matemáticas y Naturales

Humberto García Larralde
Presidente de las Academia Nacional de Ciencias Económicas

Gonzalo Morales
Presidente de la Academia Nacional de Ingeniería y el Hábitat

Sobre el mismo tema de **DERECHOS HUMANOS**, véanse también los siguientes pronunciamientos de la Academia publicados en el Tomo I, de la obra *Doctrina Académica Institucional. Pronunciamientos (1980-2012)*, Centro de Investigaciones Jurídicas, Academia de Ciencias Políticas y Sociales, Caracas 2013, (ISBN: 978-980-6396-92-0), 213 pp.:

PRONUNCIAMIENTO SOBRE LA PRESUNTA EXTINCIÓN DE LA CONCESIÓN DE LA TELEVISORA RCTV, 23.05.2007, pp. 57 ss;

PRONUNCIAMIENTO ANTE LA ENTRADA EN VIGENCIA DEL DECRETO-LEY DEL SISTEMA NACIONAL DE INTELIGENCIA Y CONTRAINTELIGENCIA, DE FECHA 28 DE MAYO DE 2008, 06.06.2008, pp. 79 ss;

PRONUNCIAMIENTO SOBRE EL ALCANCE DE LA PROPIEDAD SOCIAL EN: "DECLARACIÓN SOBRE EL DERECHO DE PROPIEDAD COMO VALOR CONSTITUCIONAL Y COMO DERECHO FUNDAMENTAL", 19.05.2009, pp. 101 s.;

DECLARACIÓN EN DEFENSA DE LA LIBERTAD DE EXPRESIÓN, 04.08.2009, pp. 119 ss; PRONUNCIAMIENTO DE LAS SIETE ACADEMIAS NACIONALES EN PRO DE LA PAZ COMO VALOR Y DEBER UNIVERSAL, 21.11.2009, p. 125 ss;

EL RESPETO A LA CONSTITUCIÓN Y AL DERECHO INTERNACIONAL IMPONEN EL CUMPLIMIENTO DE LAS SENTENCIAS DE LA CORTE INTERAMERICANA DE DERECHOS HUMANOS. 21.10.2011, pp. 171 ss;

PRONUNCIAMIENTO SOBRE EL RETIRO DE VENEZUELA DE LA COMISIÓN INTERAMERICANA DE DERECHOS HUMANOS (CIDH), 14.05.2012, pp. 197 ss.;

y PRONUNCIAMIENTO SOBRE LA REFORMA DEL CÓDIGO ORGÁNICO PROCESAL PENAL. 19.06.2012, pp. 205 ss.

SEGUNDA PARTE
FINANZAS Y PATRIMONIO PÚBLICO

I. PRONUNCIAMIENTO ACERCA DE LA APROBACIÓN DEL PRESUPUESTO NACIONAL PARA EL AÑO 2017, SIN LA INTERVENCIÓN, POR LEY FORMAL, DE LA ASAMBLEA NACIONAL

(Eliminación del control inter-orgánico que ejerce el Poder Legislativo al Poder Ejecutivo mediante sentencia No. 814 de la Sala Constitucional del TSJ, al determinar que el acto de presentación del presupuesto nacional se haría ante el Tribunal Supremo de Justicia y no ante la Asamblea Nacional para su aprobación o no).

20.10.2016.

En Venezuela el Poder Político debe ejercerse en los términos consagrados en la Constitución y en la ley (artículo 137), para que de tal manera se pueda limitar el ejercicio del Poder por parte de los gobernantes y garantizar los derechos de los gobernados. En efecto, la Constitución expresamente señala que Venezuela se configura como un Estado Democrático, de Derecho y de Justicia, que propugna como valores superiores de su ordenamiento jurídico la justicia y la democracia y en general la preeminencia de los derechos humanos y la democracia (artículo 2).

En este contexto, la Constitución como norma suprema del ordenamiento jurídico (artículo 7) establece los principios generales que rigen la aprobación del presupuesto anual mediante Ley. La norma constitucional es contundente al señalar que la administración económica y financiera del Estado se regirá por un presupuesto aprobado anualmente mediante "Ley" por la Asamblea Nacional (art. 187, num, 6). En este sentido, la Constitución establece que el Ejecutivo Nacional presentará el proyecto de Ley de Presupuesto a la Asamblea Nacional, quien es competente para aprobarlo, o rechazarlo, y en caso de que el mismo sea rechazado seguirá vigente el presupuesto del ejercicio fiscal en curso (artículos 311 al 313).

En el plano constitucional y legal sólo la Asamblea Nacional es el órgano del Poder Público que mediante Ley puede aprobar el régimen presupuestario del Estado. Lo descrito constituye el cauce formal mediante el cual el Estado elabora y aprueba el presupuesto nacional, formas que, en criterio de esta Academia de Ciencias Políticas y Sociales, son de naturaleza "esencial", de obligatoria observancia por aquellos órganos del Poder Político, y su finalidad es establecer la transparencia en el manejo de los fondos públicos, evitando de esta manera arbitrariedades, y en consecuencia daños al patrimonio nacional, mediante un equilibrado control y contrapeso de Poderes que garantice y preserve a la misma Democracia venezolana.

Por otra parte, es sabido que actualmente, y como consecuencia del triunfo electoral de la denominada Mesa de la Unidad Democrática (MUD) en las elecciones parlamentarias realizadas el 06 de diciembre del año 2015, existe un conflicto de Poderes en Venezuela, que ha pretendido ser resuelto o dirimido por varias sentencias de la Sala Constitucional del Tribunal Supremo de Justicia que han pretendido dejar sin efecto las facultades constitucionales propias del Poder Legislativo Nacional (Ver sentencia n° 07 de fecha 11 de febrero de 2016).

En este contexto se produjo la declaración del Presidente de la República, según la cual consultó al Tribunal Supremo de Justicia sobre las vías más expeditas para aprobar el Presupuesto de la Nación 2017, sin la participación del Poder Legislativo, ante el pretendido "desacato" de la Asamblea Nacional. En este sentido, la consulta fue para determinar si en el marco del Estado de Excepción económico actualmente vigente en Venezuela (Decreto n° 2.452 publicado en la Gaceta Oficial n° 6.256 Extraordinario de 13 de septiembre de 2016), se podría soslayar o no la intervención de la Asamblea Nacional en la aprobación del presupuesto anual 2017 por Ley formal y en ejercicio de sus competencias constitucionales.

Esta Academia observa que el citado Decreto 2.452 expresamente señala –de manera inconstitucional- en su artículo 2, numeral 4, que el Presidente (artículo 3° de ese Decreto) está autorizado para dictar normativa excepcional para la asignación de recursos presupuestarios que regirán para el año 2017, si por situaciones de hecho o impedimentos jurídicos resultare imposible "tramitar" el presupuesto 2017, oportunamente.

Con fundamento en lo antes expuesto y en el presunto "desacato" en el que ha incurrido la Asamblea Nacional a sentencias dictadas por la Sala Electoral del Tribunal Supremo de Justicia, la Sala Constitucional de nuestro máximo Tribunal, en respuesta a la solicitud del Presidente de la República dictó la sentencia número 814, de fecha 11 de octubre de 2016, mediante la cual determinó que: *"se reitera lo declarado por esta Sala en la sentencia n.° 808 del 2 de septiembre de 2016, en la que, entre otros pronunciamientos, se declaró "que resultan manifiestamente inconstitucionales y, por ende, absolutamente nulos y carentes de toda vigencia y eficacia jurídica, los actos emanados de la Asamblea Nacional, incluyendo las leyes que sean sancionadas, mientras se mantenga el desacato a la Sala Electoral del Tribunal Supremo de Justicia" " y "que en esta oportunidad el Presidente la República deberá presentar el presupuesto nacional ante esta máxima instancia de la jurisdicción constitucional, dentro de los cinco (5) días siguientes a la notificación de la presente decisión, bajo la forma de decreto que tendrá rango y fuerza de ley, la cual ejercerá el control de ese acto del Poder Ejecutivo Nacional, conforme a lo previsto en el Texto Fundamental, todo ello en garantía de los principios constitucionales que rigen la materia presupuestaria"*,

Sin embargo, es criterio de esta Academia de Ciencias Políticas y Sociales, considerando que la Constitución es la piedra angular sobre la que se fundamenta el Estado de Derecho, tomando en consideración que el referido Estado de Excepción fue rechazado por la Asamblea Nacional mediante Acuerdo Legislativo de fecha 22 de enero de 2016, no obstante haber sido convalidado por la Sala Constitucional del Tribunal Supremo de Justicia mediante la sentencia N° 07 de fecha 11 de febrero de 2016, de dudosa constitucionalidad, y que "la declaratoria del estado de excepción no interrumpe el funcionamiento de los órganos del poder Público" (art. 339), que jurídicamente debió ser rechazada categóricamente la pretensión del Presidente de la República.

Esta Academia de Ciencias Políticas y Sociales, en cumplimiento de su deber como órgano consultivo del Estado, debe señalar que desconocer las facultades constitucionales expresas e inderogables de la Asamblea Nacional en materia presupuestaria, mediante sentencias de la Sala Constitucional del Tribunal Supremo de Justicia, constituye una inadmisible usurpación de funciones, que rompe la tradición republicana desde 1811, por cuanto el constituyente ya ha delineado con claridad las normas atributivas de competencia en esta materia de especial trascendencia nacional donde está comprometida la noción misma de Democracia. Desconocer las facultades constitucionales de la Asamblea Nacional en materia presupuestaria afecta gravemente la cláusula de estado democrático, entendida por el propio constituyente como "valor superior" del ordenamiento jurídico, y por la jurisprudencia de la Sala Plena de la Corte Suprema de Justicia, como un valor incluso "supraconstitucional" que no puede desaplicar ni siquiera la Sala Constitucional del Tribunal Supremo de Justicia (sentencia de la Sala Plena de la Corte Suprema de Justicia de fecha 6 de octubre de 1999, caso: Henrique Capriles).

Por último, esta Academia de Ciencias Políticas y Sociales comparte en todas y cada una de sus partes, las razones de carácter técnico expuestas por la Academia Nacional de Ciencias Económicas en su pronunciamiento de 13 de octubre de 2016, para rechazar la sentencia antes mencionada de la Sala Constitucional de 11 de octubre de 2016, en el entendido de que limitar las funciones constitucionalmente asignadas a la Asamblea Nacional mediante actos judiciales del Tribunal Supremo de Justicia, constituye la negación misma de la Democracia, y podría producir graves consecuencias a la economía nacional por ser la Ley de Presupuesto un elemento central de la política pública para el desarrollo económico de cualquier país.

La Academia hace un llamado al respeto de la Constitución por parte de todos los órganos del Poder Público para preservar el Régimen Democrático y la convivencia entre todos los venezolanos.

Caracas, veinte de octubre de 2016

Eugenio Hernández-Bretón, Presidente
Julio Rodríguez Berrizbeitia, Secretario

http://www.acienpol.org.ve/cmacienpol/Resources/Pronunciamientos/Pronunciamiento%20Presupuesto%202017%20ACIEN-POL.pdf.

II. LAS ACADEMIAS NACIONALES SE DIRIGEN A TODOS LOS VENEZOLANOS CON OCASIÓN DE LOS ACTOS VÁNDÁLICOS OCURRIDOS EN EL PALACIO DE LAS ACADEMIAS

(Hurto de objetos tecnológicos como computadoras, video-beams, destrozos materiales a las instalaciones del Palacio de las Academias; denuncia formulada ante la Fiscalía del Ministerio Público y comunicación de los hechos al C.I.C.P.C.).

18.1.2017.

En horas de la noche del día viernes 13 y en la madrugada del sábado 14 de enero del presente año, el Palacio que es sede de las distintas Academias Nacionales, ubicado en el centro de Caracas, en la Avenida Universidad, entre las esquinas de Bolsa y San Francisco, vecino de los edificios sede de la Asamblea Nacional, la Alcaldía del municipio Libertador, los Tribunales del Área Metropolitana de Caracas, el Consejo Nacional Electoral y de la sede de varios ministerios ubicados en el Centro Simón Bolívar, fue objetivo de la delincuencia, la cual es notorio que de manera generalizada e impune afecta a todos los sectores de la sociedad venezolana.

La acción criminal se concretó principalmente en el hurto de una gran cantidad de equipos de computación, donde se almacena información científica, jurídica, histórica, estadística, literaria y administrativa de incalculable valor, además de objetos electrónicos, tales como, video-beams y otros instrumentos de trabajo, propios de las actividades desempeñadas por las Academias Nacionales. Así mismo, se produjeron destrozos materiales en las instalaciones del Palacio de las Academias, que es un edificio de importante valor histórico. Sin embargo, no se dañaron objetos culturales o la vasta existencia de libros y publicaciones científicas y literarias que se conservan en el Palacio. En virtud de lo anterior, las Academias Nacionales se dirigen a todo el país en la oportunidad de denunciar la gravedad del hecho y repudiar estos actos vandálicos concretados contra el Palacio de las Academias y los bienes allí resguardados.

Tan pronto como fueron conocidos los graves acontecimientos, se procedió a informar a las autoridades del Cuerpo de Investigaciones Científicas, Penales y Criminalísticas, las cuales se apersonaron inmediatamente en el Palacio de las Academias en horas del mediodía de ese día, levantando las pruebas y haciendo el reconocimiento del caso. Asimismo, se formuló denuncia ante la Fiscalía del Ministerio Público, en particular la Fiscalía Octava del Área Metropolitana, la cual diligentemente ha iniciado las averiguaciones correspondientes.

Consideran su deber las Academias denunciar la inmensa magnitud de la situación de inseguridad que afecta a todos los sectores del país. Lamentan las Academias que el Estado venezolano no esté cumpliendo su primera y más elemental obligación con sus habitantes y sus bienes, que es la de brindarles seguridad y paz, antes y por el contrario, observan las Academias que con cada vez mayor frecuencia y violencia se llevan a cabo actos contra la vida y bienes de las personas, que se hallan indefensas y sin protección alguna contra una delincuencia que parece actuar con comodidad, complicidad e impunidad. Esta vez le correspondió la desgracia al patrimonio cultural y científico de todos los venezolanos.

Las Academias Nacionales quieren ratificar, no obstante el ultraje del que ha sido objeto sus oficinas y sus bienes y la amenaza que de ello puede deducirse, que su compromiso con la sociedad venezolana permanece inalterable y en ese sentido reiteran que continuarán cumpliendo la misión que el ordenamiento jurídico y la conciencia patria les impone a cada una de ellas. Las Academias Nacionales ya están operativas nuevamente, aunque las huellas de la violación del recinto son todavía visibles.

Además, exigen y esperan las Academias que las autoridades nacionales competentes lleven adelante las acciones e investigaciones pertinentes a fin de someter a la justicia a los autores de los hechos punibles, determinar el móvil de los delitos, recuperar los objetos hurtados y establecer responsabilidades por los daños causados. En virtud del valor arquitectónico e histórico del Palacio de las Academias, las Academias Nacionales exigen al gobierno nacional realizar las actuaciones pertinentes a fin de garantizar su preservación e inviolabilidad.

Finalmente, consideran oportuno las Academias exigir a las autoridades que se haga efectiva, con carácter general, urgente y de máxima prioridad, una política nacional de seguridad dirigida a garantizar los derechos personales y patrimoniales de todos los habitantes de la República Bolivariana de Venezuela.

Las Academias Nacionales están al servicio de todos los venezolanos, a quienes invitan a valerse de los recursos y colecciones científicas, históricas y culturales que se albergan en el Palacio de las Academias.

En Caracas, a los 18 días del mes de enero de 2017.

Horacio Biord Castillo, Presidente, Academia Venezolana de la Lengua

Por Inés Quintero, Directora; Edgardo Mondolfi, Secretario Academia Nacional de la Historia

Por Alfredo Díaz Bruzual, Presidente, Otto Rodríguez Armas

Vicepresidente, Academia Nacional de Medicina

Eugenio Hernández Bretón, Presidente Academia de Ciencias Políticas y Sociales

Gioconda Cunto de San Blas, Presidenta

Academia de Ciencias Físicas, Matemáticas y Naturales

Humberto García Larralde, Presidente Academia Nacional de Ciencias Económicas

Gonzalo Morales, Presidente, Academia Nacional de la Ingeniería y el Hábitat

http://www.acienpol.org.ve/cmacienpol/Resources/Pronunciamientos/LAS%20ACADEMIAS%20NACIONALES%20SE-%20DIRIGEN%20A%20TODOS%20LOS%20VENEZOLA.pdf

III. DECLARACIÓN DE LAS ACADEMIAS NACIONALES A LA OPINIÓN PÚBLICA ANTE LOS ANUNCIOS EN MATERIA MONETARIA DEL GOBIERNO NACIONAL.

(Sobre reconversión del bolívar y uso de criptoactivos)

10.4.2018.

Las Academias Nacionales, en cumplimiento de su función asesora de los poderes públicos y de sus responsabilidades ante el país, se dirigen a la Nación para comunicarle su opinión ante los recientes anuncios en materia monetaria[1].

La reconversión monetaria

La reconversión monetaria anunciada por el presidente de la República a ser aplicada a partir del 4 de junio consistirá en la eliminación de tres ceros a las denominaciones en bolívares con un cono de nuevos billetes y monedas que se llamarán "Bolívares Soberanos" (Bs. S) para distinguirlos de los actualmente circulantes. Tal iniciativa no tendrá efecto alguno sobre la terrible hiperinflación que aceleradamente empobrece hoy a los venezolanos. Tampoco acabará con la inaudita escasez de efectivo que hoy perjudica a consumidores y pequeños comerciantes por igual.

La hiperinflación actual tiene su causa en la emisión de dinero sin respaldo por parte del Banco Central de Venezuela (BCV), para financiar un déficit que ha superado el 9% del Producto Interno Bruto (PIB) durante los últimos ocho años. El ente emisor aumentó en más de 20 veces la emisión monetaria en 2017, lo que explica la hiperinflación de 2.616% registrada por la Comisión Permanente de Finanzas y Desarrollo Económico de la Asamblea Nacional en 2017. En las primeras ocho semanas de 2018 tal emisión monetaria

---

1 Este documento es versión corta de un comunicado enviado al presidente de la República, al ministro del Poder Popular de Economía y Finanzas y al presidente del Banco Central de Venezuela por las Academias Nacionales, que podrá ser leído en http://www.acienpol.org.ve/

había superado los Bs. 771 billones, un incremento adicional de 540%. De no atajarse cuanto antes este flagelo, el billete de mayor denominación del nuevo cono, el de Bs. S. 500, tendrá para la fecha de su puesta en vigencia un poder de compra similar al que hoy tiene el de Bs. 100.000. Cabe señalar que todo lo referente a emisión de nuevas monedas es de la reserva legal y, por tanto, corresponde a la Asamblea Nacional su aprobación.

Lo anterior habrá de agravar las terribles penurias que la hiperinflación impone a los venezolanos, al destruir sus capacidades de sustento. Impide, además, el cálculo económico confiable, genera incertidumbre y fuga de capitales, y arruina aún más a la economía, con severas pérdidas de empleo e ingresos. El necesario redondeo de precios para ajustarse a la nueva escala y el ajuste obligado en el precio de la gasolina podrán repercutir en una mayor inflación.

El Petro

Se trata de un cripto activo emitido por el estado venezolano y respaldado por activos petroleros. No es en estricto sentido una criptomoneda. Estas no son emitidas por ningún gobierno y las respalda exclusivamente la confianza que otorga la inviolabilidad de su formulación digital. Son medios de pago fiduciarios por excelencia. El Petro, al ser emitido por un gobierno que ha sido declarado en default selectivo por agencias calificadoras de riesgo, pretende generar un crédito garantizado con recursos minerales del subsuelo para generar confianza, violando así el artículo 12 de la Constitución. Es también un título de deuda pública de írrita legalidad, constituido a partir de una franca usurpación de las competencias constitucionales de la Asamblea Nacional para legislar sobre materia monetaria.

La puesta en circulación del Petro con respaldo del Estado introduciría un bimonetarismo al margen del mandato constitucional que podría degenerar en una dualidad –como ocurre en la economía cubana– entre un medio de pago con convertibilidad externa por su respaldo supuesto en el precio del barril de petróleo, y otro, envilecido por la hiperinflación, sin convertibilidad práctica. Tal distorsión implicaría una discriminación odiosa a favor de aquellos que se benefician del intercambio externo y perjudicaría a quienes sólo tienen bolívares no convertibles para sus transacciones.

Las Academias Nacionales insisten una vez más en que la verdadera solución a la pérdida de efectividad del actual cono monetario, de la escasez de efectivo y de las limitaciones financieras que afectan al Ejecutivo Nacional, como a toda la población, depende de políticas que abatan perentoria y eficazmente la terrible inflación que hoy arruina a los venezolanos. Esto implica sanear las cuentas del sector público, eliminar sus déficits y la necesidad de su financiamiento monetario, unificar y liberar el tipo de cambio con el respaldo de un generoso financiamiento externo, y levantamiento de los controles y regulaciones que asfixian a la economía, en un marco de seguridades jurídicas y de respeto al ordenamiento constitucional que inspire confianza y atraiga inversiones.

Caracas, 10 de abril de 2018.

Horacio Biord Castillo, Presidente de la Academia Venezolana de la Lengua

Inés Quintero Montiel, Directora de la Academia Nacional de la Historia

Alfredo Díaz Bruzual, Presidente de la Academia Nacional de Medicina

Gabriel Ruan Santos, Presidente de la Academia de Ciencias Políticas y Sociales

Gioconda Cunto de San Blas, Presidenta de la Academia de Ciencias Físicas, Matemáticas y Naturales

Humberto García Larralde, Presidente de las Academia Nacional de Ciencias Económicas

Gonzalo Morales, Presidente de la Academia Nacional de Ingeniería y el Hábitat

http://www.acienpol.org.ve/cmacienpol/Resources/Pronunciamientos/Comunicado%20conjunto%20corto%20%20Nuevo%20-cono%20monetario%20%20y%20Petro%20(I).pdf

IV. LAS ACADEMIAS NACIONALES SE DIRIGEN AL PRESIDENTE DE LA REPÚBLICA, AL MINISTRO DEL PODER POPULAR DE ECONOMÍA Y FINANZAS Y AL PRESIDENTE DEL BANCO CENTRAL DE VENEZUELA ANTE LOS ANUNCIOS EN MATERIA MONETARIA DEL GOBIERNO NACIONAL.

(Economía; hiperinflación; criptomonedas; Petro; reconversión monetaria; monetización de la economía).

16.4.2018.

Las Academias Nacionales, en cumplimiento de su función asesora de los poderes públicos y de su responsabilidad ante el país, se dirigen al presidente de la República, al ministro del Poder Popular de Economía y Finanzas y al presidente del Banco Central de Venezuela, para comunicarles su opinión ante los recientes anuncios en materia monetaria.

La reconversión monetaria

El presidente Nicolás Maduro informó el jueves 22 de marzo de una reconversión monetaria que se aplicaría a partir del 4 de junio, consistente en la eliminación de tres ceros a las denominaciones en bolívares. Para ello se adoptará un cono de nuevos billetes de 2, 5, 10, 20, 50, 100, 200 y 500 bolívares y de nuevas monedas de 1 bolívar y de 50 céntimos, que se llamarán "Bolívares Soberanos" (Bs. S) para distinguirlos de los que están actualmente en circulación. Tal medida, que repite una similar de 2007 y sucede a la introducción de billetes de mayor denominación en 2016, no detendría la terrible hiperinflación que de manera acelerada y lamentable empobrece hoy a los venezolanos. Tampoco es seguro que pudiera acabar con la generalizada escasez de efectivo que hoy perjudica a consumidores y pequeños comerciantes por igual.

La hiperinflación actual tiene su causa en la emisión de dinero sin respaldo por parte del Banco Central de Venezuela con la intención de cerrar la enorme brecha entre gastos e ingresos del sector público, ya que no se dispone de posibilidades de financiamiento internacional. Estos déficits han superado el 9% del Producto Interno Bruto (PIB) durante los últimos ocho años. En la forma de créditos a las empresas públicas no financieras, el ente emisor aumentó en más de 20 veces esta emisión monetaria en 2017, la cual pasó de Bs. 5,6 billones el 30 de diciembre de 2016 a más de Bs. 120 billones un año más tarde. Tal incremento explica la hiperinflación de 2.616% registrada por la Comisión Permanente de Finanzas y Desarrollo Económico de la Asamblea Nacional en 2017.

La reconversión decretada obvia la necesaria eliminación de la desacertada práctica de emitir dinero sin respaldo, que desafortunadamente continúa. En las primeras ocho semanas de 2018 tal emisión monetaria había superado los Bs. 771 billones, un incremento adicional de 540%. Según la Comisión de Finanzas de la Asamblea Nacional, la inflación de 2018 hasta finales de marzo ya era de 453,7%. De no controlarse cuanto antes este flagelo, el billete de mayor denominación del nuevo cono, el de Bs. S. 500, tendrá para la fecha de su puesta en vigencia un poder de compra similar al que hoy tiene el de Bs. 100.000. A la tasa de cambio oficial del seis de abril de 2018, éste sólo equivalía USD 2. De continuar la inflación como en el primer trimestre, se aproximará para finales de año al 100.000%, haciendo necesario un nuevo cono monetario, pues el poder adquisitivo de Bs. S 500 sería apenas el que tienen hoy Bs 20.000 de los existentes.

Lo anterior agravará las terribles penurias que la hiperinflación impone a los venezolanos al destruir sus capacidades de sustento. Impedirá, además, el cálculo económico confiable, generará incertidumbre y fuga de capitales y arruinará aún más la economía, con severas pérdidas de empleo e ingresos. La reconversión monetaria, con un costo de varios millones de USD que podrían haberse dedicado a suplir las insuficiencias de comida y medicamentos que sufre la población, quedará anulada. Cabe señalar, en particular, lo dispendioso de acuñar monedas nuevas que rápidamente perderían toda función práctica.

La ausencia de información sobre las cantidades emitidas del nuevo cono y los lapsos programados para que suplante a los billetes actuales genera, adicionalmente, angustias a una población que ya vivió una situación de zozobra al verse conminada a deshacerse de sus billetes de Bs. 100 en diciembre de 2016. Finalmente, el necesario redondeo de precios para ajustarse a la nueva escala y el ajuste obligado en el precio de la gasolina podrán repercutir en una mayor inflación.

Finalmente, de acuerdo con la Constitución de la República, todo lo referente a la emisión de nuevas monedas y reconversión de las existentes es de la reserva legal y, por tanto, corresponde a la Asamblea Nacional su aprobación. Asimismo, es competencia del Banco Central de Venezuela todo lo referente a la política monetaria, la cual no puede ser ejercida por el Ejecutivo Nacional ni por una Asamblea Nacional Constituyente cuya legitimidad ha sido cuestionada.

El Petro

Las Academias Nacionales se consideran obligadas a emitir también su opinión sobre el lanzamiento de un nuevo medio de pago denominado PETRO. Según el White Paper del PETRO de fecha 30 de enero de 2018, se trata de un cripto activo emitido por el estado venezolano y respaldado por activos petroleros. Conforme a la normativa emitida por el Ejecutivo Nacional y por la Asamblea Nacional Constituyente, El PETRO deberá servir como un medio de intercambio de bienes y servicios por parte del Estado y la ciudadanía en general, y ser aceptado como medio para la liberación de obligaciones con el Estado, incluidos tributos y servicios públicos. Además, tendrá convertibilidad externa porque podrá ser intercambiado en bolívares o en otras divisas por el contravalor que represente el precio internacional del barril de petróleo.

Debe señalarse que, no obstante emitirse el PETRO con base en la tecnología blockchain, no es en estricto sentido una criptomoneda. Éstas no son emitidas por ningún gobierno y las respalda exclusivamente la confianza que otorga la inviolabilidad de su formulación digital.

Son medios de pago fiduciarios por excelencia. Por el contrario, el PETRO, al ser emitido por un gobierno que ha sido declarado en default selectivo por agencias calificadoras de riesgo, pretende adoptar la forma de un crédito garantizado con recursos minerales del subsuelo para generar confianza. Esto viola el artículo 12 de la Constitución que señala que los recursos del subsuelo son "del dominio público y, por tanto, inalienables e imprescriptibles". Esta previsión constitucional compromete la validez del PETRO como medio de pago por la indisponibilidad jurídica del pretendido subyacente, consistente en el compromiso de su intercambio como contrato de compraventa de un barril de petróleo de la cesta de crudo venezolano, permutable por petróleo en físico. Además, configura un volumen importante de crédito público no aprobado por la Asamblea Nacional, con violación de la Constitución de la República.

De esta manera, el PETRO obliga a su redención futura por parte del Estado. Representa, por tanto, un título de deuda pública de írrita legalidad, pues su colateral viola lo establecido en la Constitución y no cuenta con la aprobación de la Asamblea Nacional como corresponde a toda operación de crédito público. Además, es de dudosa calidad financiera, ya que su valor depende, en última instancia, de la capacidad de extracción de un barril de petróleo y/o de otros minerales que pretendidamente le sirven de garantía, en momentos de notorio colapso de la industria petrolera nacional y cuando están en entredicho las inversiones para explotar las reservas minerales del país por ser contratos de interés nacional que deben ser autorizados también por la Asamblea Nacional. En tal sentido, el PETRO constituye un activo financiero cuya aceptación como medio de pago es susceptible de enormes descuentos, dada la desconfianza inherente a su emisión y a sus pretendidas garantías.

El empeño en promover este medio de pago parece representar un ejercicio de ingeniería financiera dirigido a esquivar la asfixia financiera impuesta por las sanciones de Estados Unidos, la Unión Europea y Canadá al sector público venezolano y a algunos de sus altos personeros por violaciones a derechos humanos, así como del ordenamiento democrático.

Las anteriores consideraciones suscitan una preocupación adicional por la posibilidad de que el gobierno, en su intento de obtener divisas, desestime las previsiones requeridas para evitar que el anonimato asociado con la formulación del PETRO sea aprovechado para captar dineros provenientes de operaciones de origen dudoso a nivel mundial, abocadas al lavado de capitales. Tal posibilidad habrá de suscitar mayor vigilancia sobre el país por parte de los órganos internacionales competentes para erradicar estos ilícitos y obliga al Estado venezolano a ser muy cuidadoso en la materia.

Preocupan adicionalmente declaraciones recientes del Presidente de la República promoviendo el uso del PETRO para el pago de servicios y otras transacciones con el gobierno, así como para la compraventa de inmuebles y otros activos. En tal sentido, es menester enfatizar que la moneda de curso legal de la República Bolivariana de Venezuela es el bolívar, como lo establece el artículo 318 de la Constitución. La puesta en circulación del PETRO con respaldo del Estado introduciría un bimonetarismo al margen del mandato constitucional que podría degenerar en una dualidad –como ocurre en la economía cubana– entre un medio de pago con convertibilidad externa por su respaldo supuesto en el precio del barril de petróleo, y otro, depreciado por la hiperinflación, sin convertibilidad práctica. Tal distorsión implicaría una discriminación odiosa a favor de aquellos que se benefician del intercambio externo y perjudicaría a quienes solo tienen bolívares no convertibles para sus transacciones.

Por último, la ilegítima creación de un medio de pago alternativo constituye una franca usurpación de las competencias constitucionales de la Asamblea Nacional para legislar sobre materia monetaria, así como las del Banco Central de Venezuela como autoridad monetaria única, en infracción de los artículos 318 de la Constitución y 7, 106 y 107 de la Ley del Banco Central de Venezuela.

En suma, la creación del PETRO constituye una decisión inconstitucional e ilegal del Presidente de la Republica, así como también de la ilegítima Asamblea Nacional Constituyente –que emitió recientemente un "Decreto Constitucional Sobre Criptoactivos y la Criptomoneda Soberana Petro"- que compromete la validez jurídica de cualquier transacción que implique su uso, por convertirlo en un objeto de intercambio ilícito y de endeudamiento ilegítimo. Adicionalmente instituye un perturbador bimonetarismo al introducir un medio de pago alternativo a la moneda de curso legal que distorsionará aún más la inestable economía venezolana, contribuyendo a la fatal disfunción del bolívar como unidad monetaria del país.

Conclusión

Las Academias Nacionales insisten en que la verdadera solución a la pérdida de efectividad del actual cono monetario, de la escasez de efectivo y de las limitaciones financieras que afecta no solo al Ejecutivo Nacional sino a toda la población, depende de políticas que abatan perentoria y eficazmente la terrible inflación que hoy arruina a los venezolanos. Esto implica sanear las cuentas del sector público, eliminar sus déficits y la necesidad de su financiamiento monetario, unificar y liberar el tipo de cambio con el respaldo de financiamiento externo, y levantar los controles y regulaciones que asfixian a la economía, en un marco de seguridades jurídicas y de respeto al ordenamiento constitucional que inspire confianza y atraiga inversiones.

Las Academias Nacionales manifiestan su perplejidad ante el hecho de que tales acciones, recomendadas de manera reiterada por ellas en distintas oportunidades y por otros profesionales altamente calificados, sean ignoradas por el gobierno a favor de políticas que han mostrado fehacientemente causar daño a la economía y el bienestar de los venezolanos.

Caracas, 16 de abril de 2018.

Horacio Biord Castillo, Presidente de la Academia Venezolana de la Lengua

Inés Quintero Montiel, Directora de la Academia Nacional de la Historia

Alfredo Díaz Bruzual, Presidente de la Academia Nacional de Medicina

Gabriel Ruan Santos, Presidente de la Academia de Ciencias Políticas y Sociales

Gioconda Cunto de San Blas, Presidenta de la Academia de Ciencias Físicas, Matemáticas y Naturales

Humberto García Larralde, Presidente de las Academia Nacional de Ciencias Económicas

Gonzalo Morales, Presidente de la Academia Nacional de Ingeniería y el Hábitat

http://www.acienpol.org.ve/cmacienpol/Resources/Pronunciamientos/Comunicado%20conjunto%20%20Nuevo%20cono-%20monetario%20%20y%20Petro%20Final-1.pdf

V. PRONUNCIAMIENTO DE LAS ACADEMIAS NACIONALES SOBRE LAS MEDIDAS ECONÓMICAS ANUNCIADAS EL VIERNES 17 DE AGOSTO DE 2018.

(Usurpación de las funciones de la Asamblea Nacional y del Banco Central de Venezuela por parte del Ejecutivo Nacional destacando el "anclar" la moneda al Petro, propiciar la disciplina fiscal y eliminar la emisión de dinero "no orgánico").

20.8.2018.

Las Academias Nacionales, comprometidas con el país y su desarrollo sostenible y sin inequidades, actuando según los dictados de la conciencia de sus integrantes y en conformidad con sus respectivos mandatos legales se dirigen a todos los venezolanos, preocupadas por las consecuencias de las medidas económicas anunciadas por el presidente de la República el pasado 17 de agosto de 2018.

Tales medidas han sido adoptadas sin respetar los debidos procedimientos constitucionales y con usurpación de las funciones de la Asamblea Nacional y del Banco Central de Venezuela, lo cual agravará la incertidumbre y el desconcierto de la población generados por el contenido de las decisiones ejecutivas.

Dicho paquete de medidas reconoce de forma implícita desaciertos de las políticas gubernamentales al expresar la necesidad de "anclar" la moneda, propiciar la disciplina fiscal y eliminar la emisión de dinero "no orgánico" en aras de "un nuevo equilibrio" económico. No obstante, lo anunciado tendrá repercusiones contrarias a tales propósitos.

El "anclaje" del bolívar al "petro", para evitar un deterioro aún mayor de su valor ahora que se introduce un nuevo cono monetario, se desvirtúa por ser este un activo cuestionado y no aceptado en la zona del dólar. De lo anunciado se infiere un precio implícito del dólar cercano a BsF. 6 millones, o BsS. 60. Ello convalida la dolarización de los precios internos de los bienes y servicios ejercida a través del mercado paralelo. Ante la escasez de divisas y las expectativas adversas provocadas por la inconsistencia de las medidas anunciadas, es de prever una desestabilización aún mayor del mercado cambiario, con una mayor depreciación del bolívar, ahora llamado "soberano". Pretender "controlar" esta situación con subastas del DICOM perpetuará irremediablemente un mercado negro, imposibilitando la unificación de un tipo de cambio estable.

Incrementar 60 veces el salario mínimo de manera inconsulta destruirá a la empresa privada con incalculables secuelas de pérdida de empleos e ingresos, ya que esta difícilmente podrá compensar semejante aumento en sus costos con mayores precios de los bienes y servicios que produce. La propuesta de financiar durante los próximos tres meses la nómina de la pequeña y mediana industria, en el mejor de los casos solo logrará posponer una eventual debacle. Por demás, el sector público no tiene cómo cubrir sus propios aumentos. En una economía tan devastada como la venezolana, subir el IVA en cuatro puntos y cobrar impuestos especiales a las grandes empresas generará escasos ingresos reales, pulverizados rápidamente por la hiperinflación reinante. Se esfumaría así la ansiada disciplina fiscal, más cuando hace poco el gobierno divulgó la exoneración para el año 2018 del ISLR a PDVSA, su contribuyente más importante.

Junto a la entrega de un "bono de adaptación" a la reconversión monetaria, los aumentos anunciados arrojarán a la circulación una enorme masa de dinero "no orgánico" por parte del BCV, en contra de lo expresado por el Presidente. Con esta medida se impulsa aún más la hiperinflación, lo que en muy poco tiempo disolverá el incremento salarial, empobreciendo en mayor medida a la población no sin antes trastocar severamente el ya debilitado tejido económico del país.

Enfatizamos una vez más que la única manera de mejorar el salario real en beneficio de los trabajadores es abatir la inflación y crear condiciones propicias para mejorar la productividad laboral.

Ello requiere de un programa coherente y factible de estabilización macroeconómica en el marco de instituciones que inspiren confianza sobre la vigencia plena del Estado de Derecho, acompañado de las reformas necesarias para promover la inversión y la actualización tecnológica. Con un programa así, se podría estabilizar el precio del dólar en un monto significativamente menor. Solo de tal forma se contribuiría a reducir el costo del componente importado del consumo nacional y a bajar en definitiva los precios que debe pagar el consumidor. La escasez de divisas y los ingentes compromisos internacionales de pago obligan a negociar un fuerte empréstito con los organismos multilaterales, pero el gobierno se niega a hacerlo.

Finalmente, el incremento todavía desconocido del precio de la gasolina, atado a la intención de continuar subsidiándola para los poseedores del carnet de la patria, produce confusión, amén de que introduce una indebida y odiosa discriminación por razones políticas. Del precio que se establezca y la extensión del subsidio podrá inferirse su incidencia en las finanzas públicas.

Las Academias Nacionales lamentan señalar que las consecuencias de las medidas anunciadas el pasado 17 de agosto serán contrarias a los objetivos propuestos, amenazando seriamente la sobrevivencia económica de los ciudadanos. Al no poder cumplir con la disciplina fiscal ni eliminar la emisión de dinero sin respaldo, habrá de acentuarse la hiperinflación, empeorando los terribles padecimientos que hoy afectan a la inmensa mayoría de venezolanos principalmente por falta de alimentos y medicamentos y por el creciente colapso de los servicios públicos, hundiéndonos más en las inaceptables condiciones de miseria, hambre y deterioro que condicionan actualmente la vida de los venezolanos.

En Caracas, a los 20 días del mes de agosto de 2018

Horacio Biord Castillo, Presidente de la Academia Venezolana de la Lengua.

Inés Quintero Montiel, Directora de la Academia Nacional de la Historia.

Leopoldo Briceño Iragorry, Presidente de la Academia Nacional de Medicina.

Gabriel Ruan Santos, Presidente de la Academia de Ciencias Políticas y Sociales.

Gioconda Cunto de San Blas, Presidenta de la Academia de Ciencias Físicas, Matemáticas y Naturales.

Humberto García Larralde, Presidente de las Academia Nacional de Ciencias Económicas.

Gonzalo Morales, Presidente de la Academia Nacional de Ingeniería y el Hábitat.

http://www.acienpol.org.ve/cmacienpol/Resources/Pronunciamientos/Pronunciamiento%20versi%C3%B3n%20final.pdf.

VI. PRONUNCIAMIENTO DE LA ACADEMIA DE CIENCIAS POLÍTICAS Y SOCIALES EN RECHAZO A "LEY CONSTITUCIONAL QUE CREA EL IMPUESTO A LOS GRANDES PATRIMONIOS" DICTADA POR INCONSTITUCIONAL ASAMBLEA NACIONAL CONSTITUYENTE.

(Pronunciamiento de la ACPS que condena la inconstitucional pretensión de la usurpadora ANC de legislar en materia de impuesto al patrimonio neto, en violación del principio de supremacía constitucional usurpando competencias del Poder Legislativo, desconociendo conceptos elementales de la técnica jurídica y atentando contra la noción de progresividad y efectiva vigencia de los derechos humanos, la protección al sistema tributario y a la economía nacional, convirtiéndose en un instrumento de desviación ilegítima con fines meramente recaudatorios, sancionatorios y persecutorios que alimentarán la corrupción)

10.07.2019.

1. La Academia de Ciencias Políticas y Sociales, en cumplimiento de sus atribuciones legales, se dirige a la sociedad venezolana para manifestar su absoluto rechazo a la denominada "Ley Constitucional que crea el impuesto a los grandes patrimonios", publicado en la Gaceta Oficial N° 41.667 del 3 de julio de 2019, y alerta a la ciudadanía de la nulidad e ineficacia del mencionado acto con el que pretende crearse un impuesto al patrimonio neto en violación de los más elementales derechos y garantías constitucionales que presiden la tributación en Venezuela, siendo además una pretensión asistemática, injusta e inmoral.

2. La Academia de Ciencias Políticas y Sociales reitera una vez más su criterio sobre la ilegitimidad de origen de la ANC[1] y sobre la espuria intención de anular y suprimir a la Asamblea Nacional, único órgano del Poder Público legitimado por el pueblo venezolano mediante elecciones libres, universales, directas y secretas, para legislar en las materias de competencia Nacional[2]. Consecuentemente, condena la inconstitucional pretensión de la usurpadora ANC de legislar sobre materias de la reserva legal y sustituirse en las competencias legislativas en materia tributaria de exclusiva y excluyente atribución de la Asamblea Nacional como legislador nacional.

3. La llamada "Ley Constitucional que crea el impuesto a los grandes patrimonios" prevé un pretendido impuesto que grava con una alícuota comprendida entre 0,25% y 1,50%, el patrimonio neto de los "sujetos pasivos especiales", cuyo patrimonio sea igual o superior a treinta y seis millones de unidades tributarias (36.000.000 U.T.) para las personas naturales y cien millones de unidades tributarias (100.000.000 U.T.) para las personas jurídicas, que se causará anualmente sobre el valor del patrimonio neto al cierre de cada período, por la porción del patrimonio que supere los montos indicados.

4. Sin menoscabo de la radical inconstitucionalidad e inexistencia de origen de la pretendida "Ley Constitucional", se trata de unas normas que carecen de certeza y determinación, lo que deslegaliza inconstitucionalmente elementos esenciales de la regulación de la obligación tributaria, comprometiendo su legitimidad y haciéndola inaplicable e inútil desde un punto de vista práctico.

a. Son indeterminados los criterios normativos para (i) identificar los contribuyentes del pretendido impuesto utilizando la figura de los "sujetos pasivos especiales" de por sí discriminatoria, (ii) la deslegalización de las reglas especiales sobre valo-

---

1   Ver Pronunciamiento de las Academias Nacionales de fecha 15 de agosto de 2017

2   Ver Pronunciamiento de esta Academia de 5 de diciembre de 2017 sobre la "Ley Constitucional contra el odio, por la convivencia pacífica y la tolerancia" dictada por la Asamblea Nacional Constituyente"

ración de bienes y derechos, (iii) la ilegítima atribución de facultades exorbitantes y discrecionales a la Administración Tributaria, para designar agentes de retención o de percepción, (iv) la pretensión de practicar un control discrecional sobre los denominados "activos no declarados o subvaluados", incluyendo las normas sobre declaración y pago, así como el cobro ejecutivo y el embargo inmediato de bienes sin intervención judicial. La regulación de estas materias esenciales a la obligación tributaria es indisponible por el legislador y su delegación a la administración tributaria es insubsanable a través de la potestad reglamentaria.

Por tanto, cualquier acto que pretenda ejecutarse será no sólo nulo e ineficaz, sino inejecutable.

B. Por otra parte, la pretensión de aplicación para los ejercicios en curso vulnera las reglas constitucionales y legales sobre la vigencia de las normas y las fuentes del derecho y con ello la seguridad, la certeza, la previsibilidad del Derecho.

5. El inconstitucional impuesto al patrimonio es asistemático, al impedir su (i) deducibilidad como gasto del impuesto sobre la renta, (ii) contemplar la posibilidad de ser objeto de absurdas retenciones y percepciones que producirían el fenómeno de la doble tributación, al convertirse en una especie de sobretasa del impuesto sobre la renta, (iii) alterar las reglas sobre determinación de residencia y sobre establecimientos permanentes establecidas en el Código Orgánico Tributario y en la Ley de impuesto sobre la Renta y (iv) omitir toda medida unilateral para evitar doble tributación internacional o nacional mediante mecanismo de crédito de impuesto. Por tanto, esta llamada "Ley Constitucional" contraría la exigencia de coherencia de un sistema tributario que debe procurar la justa distribución de las cargas públicas según la capacidad económica del contribuyente, atendiendo al principio de progresividad, así como la protección de la economía nacional y la elevación del nivel de vida de la población, conforme al artículo 316 de la Constitución.

6. El inconstitucional y pretendido impuesto al patrimonio es injusto e inmoral en las circunstancias actuales de devastación

económica y regresión institucional, porque la tributación sólo se justifica ética y jurídicamente cuando es efectivamente destinada al crecimiento económico y a la elevación del nivel de vida de la población.

7. Las Academias Nacionales han puesto de relieve "**...la gravedad y emergencia que representa el terrible colapso político, económico y social que se está viviendo en Venezuela, consecuencia directa de la actuación de un régimen cuya naturaleza dictatorial se expresa cotidianamente en la instauración de mecanismos de control económico, político y social sobre la población, mediante la centralización creciente de la economía y la destrucción del aparato productivo, tanto público como privado...**"[3].

8. En este escenario de terrible contracción del PIB, hiperinflación, con un retroceso en las capacidades productivas, cierre de miles de empresas en marcha, cualquier intento de crear un tributo a la propiedad, se convierte en mera expoliación injustificada para radicalizar la destrucción de la poca actividad económica formal en operación. Resulta paradójico que el régimen y partido de gobierno que por dos décadas se empecinó en acabar con los grandes y pequeños patrimonios y con el poder adquisitivo de todos los venezolanos, ahora pretenda poner en pie un tributo para gravar una fuente de riqueza prácticamente aniquilada. El destino de este pretendido tributo es inconsistente con el bien común.

9. El pretendido impuesto creado en esta "Ley Constitucional" no es otra cosa que un nuevo producto degenerado en instrumento de control social, apalancado en la coercitividad de su ilegítima forma jurídica y en la amenaza coactiva de la recaudación fiscal y sancionadora. En este caso, el régimen aplica la misma fuerza con

---

3   Ver Carta de las Academias Nacionales a las Instituciones y Organizaciones Democráticas de Venezuela. (Manifiesto de las Academias a las instituciones democráticas acerca del estado de la institucionalidad en Venezuela, así como el colapso político y económico del país). 24/10/2018, consultado en:http://www.acienpol.org.ve/cmacienpol/Resources/Pronunciamientos/Carta%20de%20las%20academias%20na cionales-Versi%C3%B3n%20final.pdf.

la que mantiene el impuesto hiperinflacionario que desdice de la más elemental garantía de un sistema fiscal justo y eficiente.

10. En conclusión, la inconstitucional ANC demuestra nuevamente que ignora el principio de supremacía constitucional y los principios democráticos, usurpa competencias del Poder Legislativo, desconoce conceptos elementales de la técnica jurídica y atenta contra la noción de progresividad y efectiva vigencia de los derechos humanos, de protección al sistema tributario y a la economía nacional, convirtiéndose en un instrumento de desviación ilegítima con fines meramente recaudatorios, sancionatorios y persecutorios que alimentarán la corrupción.

En Caracas, a los 10 días del mes de julio de 2019.

Humberto Romero-Muci
Presidente

Rafael Badell Madrid
Secretario

Sobre el mismo tema de **FINANZAS Y PATRIMONIO PÚBLICO**, véase también los siguientes pronunciamientos de la Academia publicados en el Tomo I, de la obra: *Doctrina Académica Institucional. Pronunciamientos (1980-2012)*, Centro de Investigaciones Jurídicas, Academia de Ciencias Políticas y Sociales, Caracas 2013, (ISBN: 978-980-6396-92-0), 213 pp.:

DECLARACIÓN SOBRE LA ACTUAL SITUACIÓN DE LA INDUSTRIA PETROLERA VENEZOLANA. 15.07.1983, pp. 17 ss.;

OPINIÓN SOBRE EL PEDIMENTO DEL PODER EJECUTIVO NACIONAL AL BANCO CENTRAL DE VENEZUELA PARA DISPONER, CON PROPÓSITOS DE FINANCIAMIENTO DEL SISTEMA AGROPECUARIO NACIONAL, DE 1000 MILLONES DE $ DE LAS RESERVAS MONETARIAS INTERNACIONALES Y OTRAS FORMAS DE FINANCIAMIENTO, SIN LA CONTRAPRESTACIÓN CORRESPONDIENTE EN BOLÍVARES. 05.02.2004, pp. 33 ss.;

VENEZUELA ANTE LA CRISIS: DOCUMENTO QUE PRESENTAN A LA OPINIÓN PÚBLICA NACIONAL LA ACADEMIA NACIONAL DE CIENCIAS ECONÓMICAS Y LA ACADEMIA DE CIENCIAS POLÍTICAS Y SOCIALES. 01.07.2009, pp. 107 ss.;

PRONUNCIAMIENTO ANTE EL EJECUTIVO NACIONAL DE DISPONER LA ENTREGA DEL ARCHIVO DEL LIBERTADOR SIMÓN BOLÍVAR Y DEL GENERALÍSIMO FRANCISCO DE MIRANDA, MEDIANTE DECRETO N° 7.375 DEL 13 DE ABRIL DE 2010. 04.05.2010, pp. 139 ss.;

DECLARACIÓN FRENTE A LA SENTENCIA DE LA SALA CONSTITUCIONAL DEL TRIBUNAL SUPREMO DE JUSTICIA DE FECHA 28 DE NOVIEMBRE DE 2011, QUE NIEGA EL CARÁCTER DE CONTRIBUCIONES PARAFISCALES A LOS APORTES DEBIDOS AL FONDO DE AHORRO OBLIGATORIO DE VIVIENDA Y LOS CONSIDERA IMPRESCRIPTIBLES. 06.12.2011, pp. 183 ss.

TERCERA PARTE
SISTEMA ELECTORAL

I. PRONUNCIAMIENTO DE LA ACADEMIA CIEN-
CIAS POLITICAS Y SOCIALES SOBRE LAS ELEC-
CIONES DEL 14 DE ABRIL DE 2013.

(Violación del derecho al sufragio; irregularidades en el proceso electoral; solicitud de recuento de votos).

16.04.2013.

La Academia de Ciencias Políticas y Sociales, en su condición de organismo integrado principalmente por profesores de ciencias jurídicas y políticas que han alcanzado los más elevados niveles en el escalafón universitario y que está obligada a expresar opinión sobre los asuntos públicos del más alto interés nacional, quiere expresar su parecer en torno al acto electoral del pasado domingo 14 de abril de 2013:

1. El proceso electoral que culminó el 14 de abril no guarda correspondencia con los criterios internacionales de elecciones libres y democráticas.

2. Las elecciones del día 14 de abril, acto culminante del proceso, estuvieron teñidas por numerosas denuncias de irregularidades –llamados incidentes electorales– por la oposición democrática.

3. Ante el resultado ofrecido por el árbitro electoral, el cual muestra una diferencia mínima en favor del candidato oficial, la

oposición ha solicitado un recuento de los votos, cosa que fue aceptada públicamente por el candidato gubernamental la misma noche de la elección. Esta es la fórmula idónea para resolver este tipo de discrepancias. Sin embargo, el árbitro electoral ha negado esta posibilidad y ha procedido apresuradamente a declarar vencedor al candidato oficial y le ha entregado su credencial al día siguiente de las elecciones. Con este proceder se ha creado en el país una delicada crisis política.

4. El argumento principal del árbitro electoral hace privar los aspectos técnicos de emisión, transmisión y resguardo electrónico del voto sobre los soportes físicos de la "papeleta electoral" o boleta consignada en las cajas o urnas electorales. Esta posición es contraria a los principios generales y universales de interpretación del derecho de las nuevas tecnologías, el cual ha consagrado el principio de equivalencia funcional –recogido en la Ley sobre Mensajes de Datos y Firmas Electrónicas– para indicar que el registro informático surte los mismos efectos que el registro físico. Sin embargo, esa equivalencia funcional no implica que, en el supuesto que haya un respaldo material físico del registro electrónico, el material físico quede sustituido íntegramente por el electrónico. Al contrario, cuando se presenta una discrepancia entre un documento elaborado en forma física y su soporte electrónico, la discrepancia se resuelve acudiendo a los originales contenidos en el formato físico. Eso es lo que hay que hacer en el caso de la discrepancia de cifras electorales que tienen los candidatos: ir, entre otros, a "las papeletas" o boleta consignada, es decir, ir a los soportes físicos materiales originales. Afirmar, como lo hizo la Presidenta del árbitro colectivo electoral, que tal cosa sería regresar al antiguo sistema de conteo de papeletas es desconocer que la papeleta o boleta consignada sigue siendo parte del sistema electoral venezolano. Tan cierto es lo dicho que, la Ley orgánica de procesos electorales se refiere expresamente y exige considerar la papeleta o boleta de consignada como elemento de prueba de las posibles inconsistencias que pueden justificar la nulidad del acta de escrutinio (art. 219). Adicionalmente, se le encomienda a la Fuerza Armada Nacional Bolivariana su custodia, traslado y resguardo. Si la papeleta fuera un elemento inútil o inservible que más nunca va a ser utilizado con

propósito alguno sería un despropósito que sirva de elemento de convicción ante una eventual verificación de inconsistencias o encomendar su custodia a la autoridad militar. Tan importante es la papeleta, además, que la verificación ciudadana que se realiza al finalizar el escrutinio de los votos, se lleva a cabo leyendo cada una de ellas, registrando el nombre que en ella aparece, tomando nota del total de todas ellas y contrastando su número con los datos del cuaderno de votación. Todos estos actos demuestran que el legislador se inclinó por darle preferencia a la prueba material por encima de la prueba virtual, respetando, de esa manera, los preceptos constitucionales que regulan el derecho de la prueba.

5. El problema planteado por los ajustados resultados electorales del 14 de abril es un gravísimo asunto político que debe recibir una inmediata solución política. Sin embargo, cuando los asuntos políticos se mueven en los extremos de la dimensión jurídica, la tendencia predominante en los países con ordenamientos jurídicos democráticos es ofrecer al débil jurídico, al integrante de la minoría o al aparentemente derrotado, vías a través de las cuales se pueda canalizar pacíficamente su insatisfacción. El recuento de los votos, junto a las protestas y a las manifestaciones pacíficas, es uno de los medios legítimos de la convivencia democrática. Negarlos es cerrar una vía de escape al desacuerdo. Referir a los opositores al ejercicio de recursos ante los órganos jurisdiccionales no es la solución más efectiva acorde con la situación jurídica y política planteada.

Dado y firmado en el Salón de Sesiones de la Academia de Ciencias Políticas y Sociales, Palacio de las Academias, a los dieciséis (16) días del mes de abril de dos mil trece (2013).

LUIS COVA ARRIA, Presidente

HUMBERTO ROMERO MUCI, Secretario

http://www.acienpol.org.ve/cmacienpol/Resources/Pronunciamientos/PRONUNCIAMIENTO%20ACPS%20SOBRE%20-ELECCIONES%2014%20ABRIL%202013.pdf.

II. DECLARACIÓN DE LAS ACADEMIAS NACIONALES CON OCASIÓN DE LOS COMICIOS DEL 6-D.

(Mensaje de las Academias Nacionales, sobre la importancia de la participación ciudadana en las elecciones parlamentarias ocurridas el 6-D. Venezuela no necesita confrontación, violencia ni guerra para solucionar sus controversias, sino la unión de todos los venezolanos para desarrollar y lograr objetivos comunes).

18.12.2015.

Una vez totalizadas las actas electorales y proclamados los resultados de la participación ciudadana en los comicios del pasado 6D, las Academias Nacionales manifiestan su opinión públicamente para destacar la actitud cívica y democrática del pueblo venezolano, expresada, en otros elementos, mediante altos niveles de asistencia a las urnas electorales. La manifestación de la voluntad popular ha encontrado también el respaldo institucional por parte del personal del Plan República.

En este momento los poderes públicos deben atender el llamado del pueblo por el trabajo conjunto de todos los actores políticos, dentro del marco de la más estricta legalidad, juntando esfuerzos, en procura de un mejor futuro, que permita el pleno desarrollo de la personalidad de cada uno de los venezolanos. En este sentido, las Academias Nacionales, una vez más, ofrecen el concurso de sus competencias, recordando su carácter de órganos asesores de los poderes públicos. Las Academias Nacionales están al servicio del país y de todas sus instituciones republicanas en la tarea de la construcción de una Patria grande y generosa para todos los venezolanos.

Corresponde a las máximas autoridades políticas facilitar los procesos de transición a que hubiese lugar, teniendo como norte el mayor beneficio del país, respetando las instituciones y la voluntad del pueblo expresada en elecciones, resultados que fueron inmediatamente reconocidos por el Presidente de la República.

En el pronunciamiento de las siete Academias Nacionales en Pro de la Paz como Valor y Deber Universal de 21 de noviembre de 2009 se expresó: "No necesitamos confrontación, violencia ni guerra. La resolución de nuestros grandes problemas y la superación de nuestras más apremiantes carencias requieren la reconciliación y unión de todos los venezolanos en pos de objetivos comunes, única forma de labrar un destino nacional con el que todos nos podamos sentir comprometidos".

En esta oportunidad deseamos reiterar este mensaje al pueblo venezolano.

Dado en Caracas, a los dieciocho días del mes de diciembre de 2015.

Horacio Biord Castillo, Academia Venezolana de la Lengua

Inés Quintero, Academia Nacional de la Historia

Harry Acquatella, Academia Nacional de Medicina

Eugenio Hernández-Bretón, Academia de Ciencias Políticas y Sociales

Gioconda San Blas, Academia de Ciencias Físicas, Matemáticas y Naturales

Humberto García Larralde, Academia Nacional de Ciencias Económicas

Gonzalo J. Morales, Academia Nacional de la Ingeniería y el Hábitat

http://www.acienpol.org.ve/cmacienpol/Resources/Pronunciamientos/Declaraci%C3%B3n%206D-1082576-v1-CARDMS.pdf

III. LAS ACADEMIAS NACIONALES SE DIRIGEN A TODOS LOS VENEZOLANOS.

(Informando de las situaciones graves por la que transcurre la democracia y las instituciones en el país, llamando al Soberano para que actúe desde sus distintas áreas).

13.6.2016.

Las Academias Nacionales consideran su indeclinable deber ciudadano dirigirse a todos los venezolanos, sin distinción alguna, en un delicado momento de la historia venezolana que demanda de todos el máximo esfuerzo y una entrega patriótica para la superación de los más graves problemas que aquejan a toda la población del país.

Durante los últimos años las Academias Nacionales, individualmente o en conjunto, han venido alertando a los venezolanos y a los entes del Poder Público acerca de las decisiones que han afectado y afectan los destinos del país en las más diversas áreas.

Hemos expresado nuestro dolor ante la trágica situación del sector salud. Muy recientemente nos hemos solidarizado con las pautas económicas brindadas por la Academia Nacional de Ciencias Económicas. Nos hemos referido al estado de los servicios públicos y hemos propuesto acciones para su mejoría. Hemos alertado sobre el cuido de nuestros recursos naturales y las amenazas que se ciernen sobre el ambiente. Hemos hecho firmes señalamientos sobre el uso de la historia y los peligros que entraña para la conciencia histórica de los venezolanos, nos hemos pronunciado acerca del delicado problema de las fronteras y en particular sobre el tema del Esequibo. Nos sumamos a la angustia colectiva ante la inseguridad personal y los peligros que atentan contra los bienes públicos y privados. Hemos clamado por correctivos y mejoras del proceso educativo en todos los niveles, que comprende no solo la enseñanza, sino el soporte para que ella ocurra satisfactoriamente, desde la buena alimentación de los educandos, hasta la planta física requerida para impartirla. Hemos exhortado a mantener un discurso elevado en el debate de los asuntos públicos. La universidad ha sido objeto de nuestro más firme respaldo en sus justas demandas y la celosa defensa de su autonomía. Hemos alertado sobre el deterioro notable en la actividad científica de la nación, medida en términos de productividad intelectual, aplicaciones tecnológicas e innovaciones.

Las Academias estamos conscientes de la responsabilidad moral, ética, ciudadana, institucional que nos corresponde en las circunstancias que afronta nuestra patria. Por ello hacemos un exhorto a todos los venezolanos, en todos los rincones del país, de todas las tendencias políticas, de credos religiosos, a dejar de lado todas las actuaciones que conduzcan a enfrentamientos y violencia; más bien, dedicarnos con fortaleza a vencer la desesperanza y la resignación. Debemos asumir con vigor y certeza nuestra capacidad para encontrarnos en la tarea común de procurarnos bienestar, felicidad colectiva y solidaridad.

Es el momento de rendir el mayor respeto a la Constitución, a su letra, sin interpretaciones particulares. En este sentido, es menester velar por que la autonomía y equilibrio de poderes sea garante de los derechos ciudadanos frente a posibles abusos de poder. La representación popular expresada en la Asamblea Nacional debe ser respetada en sus competencias de aprobar leyes, evaluar la gestión del Ejecutivo y exigir las rendiciones de cuenta que considere pertinentes, aprobar el presupuesto y otras que aseguren el ejercicio democrático y los intereses de los representados. El Tribunal Supremo de Justicia debe entender su papel como equilibrio de los poderes y su rol como garante del Estado de Derecho. El Poder Electoral tiene una tarea fundamental para hacer de la voluntad popular una realidad democrática y debe facilitar la expresión del querer político de los venezolanos. El pleno ejercicio de los derechos ciudadanos es la política que se impone a todos los Poderes Públicos.

La democracia se debe ganar, probar y defender cada día. Cada día los gobernantes deben sentir y obedecer el reclamo democrático de sus electores y saber rendirse ante ellos. Cuando los ciudadanos reclaman la satisfacción de sus más indispensables necesidades, es obligación del Gobierno establecer políticas que cumplan con la demanda de un irrenunciable y legítimo derecho a una vida digna en un Estado Democrático y de Derecho.

Es preciso recurrir al soberano para que exprese libremente, dentro del marco de la Constitución su voluntad política sobre la conducción de los destinos del país, dentro de un sistema que se ajuste a lo que señala, sin más sesgo ideológico, la Constitución de la República Bolivariana de Venezuela al definirnos como Estado democrático y social de Derecho y de Justicia (Art. 2). Para lograrlo, nuestra Carta Magna estipula procedimientos democráticos, pacíficos y electorales que al ser activados permitirán a la nación y sus ciudadanos superar las dificultades del momento y construir la nación civil y civilizada a la que todos aspiramos.

A nuestro llamado de exigir esos derechos, se suma nuestra obligación de trabajar activamente en pro de su concreción, teniendo presente nuestro papel de asesores de los Poderes Públicos en las materias de nuestras especialidades, así establecidos en nuestros respectivos Estatutos de creación.

Caracas, a los trece días del mes de junio de 2016.

Alfredo Díaz Bruzual, Presidente de la Academia Nacional de Medicina

Eugenio Hernández-Bretón, Presidente de la Academia de Ciencias Políticas y Sociales

Gioconda Cunto de San Blas, Presidenta de la Academia de Ciencias Físicas, Matemáticas y Naturales

Humberto García Larralde, Presidente de las Academia Nacional de Ciencias Económicas

Inés Quintero Montiel, Directora de la Academia de la Historia

Horacio Biord Castillo, Director de la Academia Venezolana de la Lengua

Gonzalo Morales, Presidente de la Academia Nacional de la Ingeniería y el Hábitat.

http://www.acienpol.org.ve/cmacienpol/Resources/Pronunciamientos/Comunicado%20de%20las%20Academias%20Nacionales%20%20(A%20todos%20los%20venezolanos)%2013-06-2016.pdf.

IV. PRONUNCIAMIENTO DE LA ACADEMIA DE CIENCIAS POLÍTICAS Y SOCIALES ANTE EL INCUMPLIMIENTO DEL ARTÍCULO 72 DE LA CONSTITUCIÓN POR PARTE DEL CONSEJO NACIONAL ELECTORAL (CNE).

(El CNE violenta el derecho al sufragio al impedir u obstaculizar la solicitud de revocación del mandato de los funcionarios que ostentan cargos públicos de elección popular).

5.10.2016.

La Academia de Ciencias Políticas y Sociales manifiesta su preocupación ante el incumplimiento por parte del Consejo Nacional Electoral ("CNE") de las disposiciones constitucionales y legales que regulan el ejercicio del derecho consagrado en el artículo 72 del Texto Fundamental.

De acuerdo con lo dispuesto en el artículo 72 de la Constitución, todos los cargos y magistraturas de elección popular son revocables, y en tal sentido transcurrida la mitad del período para el cual fue elegido el funcionario o funcionaria, podrá ser solicitada la revocación de dichos mandatos por un número no menor del veinte por ciento (20%) de los electores inscritos en la correspondiente circunscripción.

Conforme a la reglamentación vigente, los partidos políticos de oposición agrupados en el partido MUD han solicitado al CNE la activación de los instrumentos necesarios para la recolección de las solicitudes de los electores inscritos en el Registro Electoral Nacional, a fin de que proceda a convocar un referendo revocatorio del mandato del Presidente de la República. Se ha exigido el ejercicio de esta competencia obligatoria y, en tal virtud, el CNE debe de forma expedita, y ajustándose al contenido exacto del artículo 72, realizar todos los trámites necesarios para que se convoque, de manera oportuna, el referendo revocatorio solicitado.

El CNE debe, además, cumplir con los criterios vinculantes establecidos en la sentencia de la Sala Constitucional del Tribunal Supremo de Justicia, de fecha 5 de junio de 2002, mediante la cual se dispuso que el artículo 72 de la Constitución debe aplicarse conforme a los siguientes parámetros:

1. Presentada la solicitud de convocatoria a referéndum revocatorio, el ente comicial, "se encuentra sometido a las reglas previstas en el artículo 72 de la Constitución, sin que deje ningún margen de discrecionalidad que autorice al Consejo Nacional Electoral a emitir pronunciamiento alguno sobre el mérito o conveniencia de la solicitud formulada, ni a establecer –en las normativas de carácter sublegal que dicte–, nuevas condiciones para la procedencia de la revocación del mandato, no contempladas en el marco constitucional vigente".

2. "Dicha iniciativa popular debe estar constituida por un número no menor del veinte por ciento (20%) de los electores inscritos en el Registro Electoral en la correspondiente circunscripción".

3. Las condiciones para que se estime válida la revocación del mandato dispuestas como necesarias por el artículo 72, únicamente son: i) que "igual o mayor número de electores y electoras que eligieron al funcionario o funcionaria hubieren votado a favor de la revocatoria", y ii) que "haya concurrido al referendo un número de electores y electoras igual o superior al veinticinco por ciento de los electores y electoras inscritos para el momento de la celebración de los comicios referendarios, y además, que la votación favorable a la revocación debe ser igual o mayor que la que el funcionario obtuvo cuando fue electo, sin que puedan someterse tales condiciones numéricas a procesos de ajuste o de proporción alguno".

Se trata, por tanto, del deber del Estado y en concreto del CNE de garantizar el ejercicio efectivo del derecho constitucional a la participación política en los asuntos públicos, en este caso, directamente, mediante el referendo revocatorio, lo cual comporta la "obligación del Estado y deber de la sociedad" de facilitar la generación de las condiciones más favorables para su práctica. (art. 62).

De conformidad con lo anterior, la Academia de Ciencias Políticas y Sociales exhorta al CNE a dar cumplimiento a su deber constitucional de facilitar la generación de las condiciones más favorables para el ejercicio efectivo del derecho constitucional al referendo revocatorio del mandato del Presidente de la República y respetar el contenido obligatorio y vinculante de los criterios establecidos en la citada sentencia de la Sala Constitucional del Tribunal Supremo de Justicia.

En Caracas, a los cinco días del mes de octubre de 2016.

Eugenio Hernández-Bretón, Presidente
Julio Rodríguez Berrizbeitia, Secretario

http://www.acienpol.org.ve/cmacienpol/Resources/Pronunciamientos/Pronunciamiento%20ante%20el%20inclumplimiento-%20del%20art.%2072.pdf.

V. PRONUNCIAMIENTO ANTE EL RETARDO EN EL DEBER DEL CONSEJO NACIONAL ELECTORAL DE CONVOCAR A ELECCIONES DE GOBERNADORES Y LEGISLADORES ESTADALES.

(Retraso en la convocatoria de elecciones regionales de gobernadores y legisladores estadales por parte del CNE para el periodo de 2017-2020).

5.10.2016.

La Academia de Ciencias Políticas y Sociales hace pública su preocupación motivada por el retardo del Consejo Nacional Electoral ("CNE") en cumplir con su deber de rango constitucional de convocar a los procesos electorales para elegir gobernadores y miembros de los Consejos Legislativos de los Estados, cuyos períodos constitucionales de cuatro (4) años vencerán próximamente, de conformidad con lo dispuesto en los artículos 160, 162 y 293 de la Constitución, y de acuerdo con lo establecido en el 42 de la Ley Orgánica de Procesos Electorales.

Según lo previsto en la Constitución, es competencia del CNE la organización, administración, dirección y vigilancia de todos los actos relativos a la elección de los cargos de representación popular de los poderes públicos. Además, el CNE debe también cumplir lo establecido en la Ley de Regularización de los Períodos Constitucionales y Legales de los Poderes Públicos Estadales y Municipales, con el objeto de preservar la uniformidad y simultaneidad del inicio y culminación ordinaria de los períodos constitucionales y legales de los cargos de elección popular de gobernadores y legisladores de los Consejos Legislativos de los Estados, cuyas elecciones deben efectuarse conjuntamente (artículo 2 de la Ley) y en la oportunidad correspondiente (artículo 4 de la Ley). El período correspondiente al que alude tanto la Ley Orgánica de Procesos Electorales como la Ley de Regularización de los Períodos Constitucionales y Legales de los Poderes Públicos Estadales y Municipales, de acuerdo a lo establecido en los mencionados artículos 160 y 162 de la Constitución, es de cuatro (4) años, por lo cual el Consejo Nacional Electoral está en el deber de convocar elecciones para dichos cargos, las cuales deben ser celebradas a más tardar el mes de diciembre de 2016, a fin de que las autoridades electas tomen posesión para el nuevo período 2017-2020 al inicio del año próximo.

En efecto, los gobernadores y los legisladores estadales electos en diciembre de 2012, iniciaron su período de cuatro años en enero de 2013, y habrán de culminarlo en enero de 2017; motivo por el cual, antes de esa fecha, es decir en diciembre de 2016, deben celebrarse los comicios para la elección de aquéllos (gobernadores y legisladores estadales) que ejercerán sus funciones para el próximo período 2017-2020.

Se trata además del cumplimiento, por parte del Consejo Nacional Electoral, de un deber constitucional fundamental como es garantizar la efectividad del ejercicio de la soberanía popular a través del sufragio, por los órganos que ejercen el Poder Público (art. 5). Ello configura por mandato constitucional un requisito indispensable para la democracia de las entidades políticas que componen el gobierno de la República Bolivariana de Venezuela, específicamente su carácter electivo y alternativo (art. 6). Por ello, el CNE como órgano que ejerce el Poder Público a quien corresponde organizar los procesos electorales, debe respetar y hacer efectiva la Constitución como norma suprema y fundamento del ordenamiento jurídico (art. 7).

La Academia de Ciencias Políticas y Sociales quiere ratificar que en un Estado democrático de derecho como el que contempla la Constitución, la democracia es un valor fundamental, de forma que a los derechos de elegir y ser electo, asociarse en partidos políticos, ocupar cargos públicos y la participación política, se une también el derecho a que se convoquen y celebren, dentro del período constitucional correspondiente, elecciones periódicas, libres, justas y basadas en el sufragio universal y secreto como expresión de que la soberanía reside en el pueblo.

Por las razones expuestas, la Academia de Ciencias Políticas y Sociales, en ejercicio de sus competencias legales, exhorta al CNE a cumplir con su deber de organizar, dirigir y vigilar, sin retrasos, todos los actos relativos a la elección de los cargos de representación popular de los poderes públicos y, de forma específica, al cumplimiento de su deber de convocar, para diciembre de este año 2016, el proceso electoral para elegir gobernadores y miembros de los Consejos Legislativos de los Estados, cuyos períodos constitucionales vencen en enero del año 2017.

En Caracas, a los cinco días del mes de octubre de 2016.

Eugenio Hernández-Bretón, Presidente
Julio Rodríguez Berrizbeitia, Secretario

http://www.acienpol.org.ve/cmacienpol/Resources/Pronunciamientos/PRONUNCIAMIENTO%20ANTE%20EL%20RETARDO%20DEL%20CNE%20A%20CONVOCAR%20ELECCIONES%20DE%20GOBERNADORES%20Y%20LEGISLADORES.pdf

VI. LAS ACADEMIAS NACIONALES SE DIRIGEN A TODOS LOS VENEZOLANOS CON OCASIÓN DE LAS DECISIONES DICTADAS POR ALGUNOS TRIBUNALES PENALES Y POR EL CONSEJO NACIONAL ELECTORAL (CNE) QUE AFECTAN LA CONTINUACIÓN DEL PROCESO DEL REFERÉNDUM REVOCATORIO DEL MANDATO DEL PRESIDENTE DE LA REPÚBLICA.

((i) **Tribunales penales de primera instancia se entrometen inconstitucionalmente en las funciones del Poder Electoral, al suspender cualquier acto que genere el referéndum revocatorio del mandato Presidencial de la República.** *(ii)* **Desviación de poder por el CNE al acatar dichas sentencias)**

21.10.2016.

El 20 de octubre de 2016, el CNE hizo del conocimiento público su decisión de acoger las medidas cautelares dictadas por varios tribunales penales del país, por medio de las cuales se ordenó posponer cualquier acto que se hubiere generado como consecuencia de la recolección del 20% de manifestaciones de voluntad requeridas para cumplir con el trámite de la solicitud del referéndum revocatorio del mandato del Presidente de la República.

Las Academias Nacionales consideran su deber pronunciarse en virtud de la grave desviación de poder, que evidencia que se ha puesto la justicia al servicio de una posición política para cercenar de esa manera el derecho constitucional a que se refiere el artículo 72 de la Constitución, que permite la revocatoria del mandato de los cargos de elección popular, incluido el de Presidente de la República.

Los tribunales penales carecen de competencia en materia electoral, tanto más cuando de conformidad con la Constitución de 1999, lo electoral pasó a ser competencia exclusiva de un poder autónomo e independiente y el juzgamiento de sus decisiones también competencia exclusiva de una Sala especial del Tribunal Supremo de Justicia, su Sala Electoral (artículo 297 de la Constitución).

En este sentido, es pertinente destacar la ruptura del orden constitucional que se ha producido al inmiscuirse la justicia penal en el tema electoral, para por la vía de medidas cautelares imponer el objetivo político y no jurídico de evitar la realización del referido referéndum revocatorio. Asimismo, consideran las Academias que es de extrema gravedad la posición asumida por el órgano electoral que abstracción hecha de su rango constitucional, procedió a acoger de forma automática e inmediata decisiones judiciales de la justicia penal ordinaria de primera instancia, en lugar de impugnarlas y cuestionarlas, a pesar de su evidente incompetencia y de la ruptura de la unidad electoral que se garantiza con la justicia contencioso electoral de igual rango constitucional.

Como parte de las acciones tomadas por órganos del Poder Judicial, ocho ciudadanos entre quienes se encuentra el académico Arnoldo José Gabaldón Berti, han sido objeto de una prohibición de salida del país, sin que se expongan razones para esa medida que afecta la libertad de movimiento garantizada en el artículo 50 de la Constitución.

La intromisión de tribunales penales en las funciones constitucionales del poder electoral y la conducta del CNE al admitir la interrupción de su funcionamiento, conducen a la suspensión misma del Estado democrático de derecho, al negarse con ello la posibilidad de la decisión soberana de los millones de venezolanos que integran el registro electoral y tienen derecho a decidir su destino común, comprometiéndose con esta arbitraria suspensión la existencia misma de la República.

No pueden dejar de señalar estas Academias la circunstancia de que las referidas decisiones judiciales de tribunales penales de primera instancia se hayan producido de forma coincidente tanto en el tiempo como en el contenido y alcance, en distintos estados del país, fijando el claro objetivo de interrumpir el procedimiento electoral en curso, proceder que confirma las reiteradas denuncias del uso de la justicia con fines políticos y de allí la inexistencia de un Estado sometido a derecho, antes bien, la realidad de un Estado que usa el poder público para la concreción de los intereses políticos de un grupo.

Las Academias Nacionales denuncian la ruptura del orden constitucional producido y reclaman de todas las autoridades el más celoso acatamiento de la Constitución, a fin de que se restablezca a la brevedad el ejercicio de los derechos políticos de los venezolanos.

Las Academias Nacionales, en virtud de la gravedad de los hechos que se denuncian a través del presente Acuerdo, han decidido remitir copia de éste a todas las Embajadas acreditadas en el país, para que por su conducto, sean informadas de su contenido, las respectivas Academias de estos países.

En Caracas, a los veintiún días del mes de octubre de 2016.

Horacio Biord Castillo, Presidente de la Academia Venezolana de la Lengua

Inés Quintero Montiel, Directora de la Academia Nacional de la Historia

Alfredo Díaz Bruzual, Presidente de la Academia Nacional de Medicina

Eugenio Hernández Bretón, Presidente de la Academia de Ciencias Políticas y Sociales

Gioconda Cunto de San Blas, Presidenta de la Academia de Ciencias Físicas, Matemáticas y Naturales

Humberto García Larralde, Presidente de las Academia Nacional de Ciencias Económicas

Gonzalo Morales, Presidente de la Academia Nacional de Ingeniería y el Hábitat

http://www.acienpol.org.ve/cmacienpol/Resources/Pronunciamientos/LAS%20ACADEMIAS%20NACIONALES%20SE-%20DIRIGEN%20A%20LOS%20VENEZOLANOS-DEF.pdf

VII. DECLARACIÓN DE LAS ACADEMIAS NACIONALES ANTE LA CONVOCATORIA PRESIDENCIAL A UNA ASAMBLEA NACIONAL CONSTITUYENTE ES UN FRAUDE A LA DEMOCRACIA.

(Qué es la Asamblea Nacional Constituyente; *(i)* convocatoria, *(ii)* etapas para su creación. Critica al Decreto 2.830. (Usurpación de la soberanía popular, ilegitimidad; control político).

6.5.2017.

Las Academias Nacionales exponen su posición en relación a los decretos N° 2.830 y N° 2.831, de fecha 1° de mayo de 2017, dictados por el presidente de la República, mediante los cuales pretende convocar a una Asamblea Nacional Constituyente para que proceda "a decidir el futuro de la patria" y crea una comisión presidencial para que elabore una propuesta de bases comiciales y de conformación y funcionamiento de dicha Asamblea.

Sobre todo ello, las Academias Nacionales declaran lo siguiente:

1.- De conformidad con el artículo 347 de la Constitución, le corresponde de manera exclusiva al pueblo venezolano la convocatoria de una Asamblea Nacional Constituyente. Es solo mediante el voto universal, directo, secreto y libre, a través de un referendo consultivo, que los ciudadanos pueden decidir sobre dicha convocatoria. En esa misma oportunidad debe el pueblo aprobar las bases comiciales que rijan la organización, funcionamiento y límites de la Constituyente.

2.- El proceso constituyente tiene una naturaleza compleja desarrollada en cuatro etapas que involucran el ejercicio de la soberanía, a saber, (1) la convocatoria, competencia exclusiva del pueblo por ser el titular de la soberanía; (2) la elección de los constituyentes que en apego a lo estipulado en la bases comiciales previamente aprobadas deberán elaborar el nuevo texto constitucional; (3) las deliberaciones de la Asamblea Nacional Constituyente siguiendo el mandato de los electores; y (4) la aprobación o rechazo del pueblo, mediante votaciones libres, universales, directas y secretas, del texto fundamental elaborado por la Asamblea Nacional Constituyente. Ninguno de los poderes constituidos puede arrebatar al pueblo el ejercicio directo de la soberanía que, de acuerdo a la Constitución, solo a este se atribuye, de acuerdo con lo dispuesto en su artículo 5: "La soberanía reside intransferiblemente en el pueblo, quien la ejerce directamente en la forma prevista en esta Constitución y en la ley, e indirectamente mediante el sufragio, por los órganos que ejercen el Poder Público".

3.- Como lo expresa la Exposición de Motivos del texto constitucional vigente, la incorporación de la facultad de convocar la Constituyente por el pueblo es consecuente "con la idea de que es el pueblo el legítimo depositario del poder constituyente originario." La incorporación del artículo 348 se hizo precisamente para normar la convocatoria al Poder Constituyente por el pueblo "sin acudir a la interpretación, que produjo esta Constitución". Se califica la atribución de esta convocatoria al pueblo en la referida Exposición de Motivos como "expresiva de la más acertada definición democrática en torno a la soberanía popular." Por ello, el presidente de la República solo puede tomar la iniciativa para convocar la Constituyente mediante referendo consultivo. En virtud de ello, el decreto 2.830 al convocar directamente la Constituyente usurpa la soberanía popular, viola de manera flagrante, directa e inmediata lo establecido en la Constitución y constituye, por ende, un fraude a la democracia.

4.- No solo el presidente de la República, sino también la Asamblea Nacional, los concejos municipales y los propios ciudadanos (un 15% de los electores inscritos en el Registro Civil y Electoral) tienen iniciativa para proponerle al pueblo la realización de una Constituyente (artículo 348 de la Constitución), pero solo el pueblo, mediante referendo, puede decidir si la convoca.

5.- Destacamos la grave violación constitucional en la que incurre también el Consejo Nacional Electoral, que a través de su presidenta, ha iniciado el trámite de la solicitud formulada por el presidente de la República a través de las vías de hecho, de forma inmediata, sin la debida deliberación del organismo y en violación directa y flagrante de los artículos 292 y siguientes de la Constitución vigente. Reiteran las Academias que el Consejo Nacional Electoral, como ente rector del Poder Electoral y de acuerdo con lo ordenado por la Constitución, debe actuar basado en los principios de independencia orgánica e imparcialidad, en obsequio siempre de la participación ciudadana y en defensa de la voluntad del pueblo, que se expresa a través del voto. Contrariamente a lo ocurrido, el Consejo Nacional Electoral, para proteger y preservar la voluntad del pueblo, ha debido advertirle al presidente de la República que su iniciativa debe ser sometida a referendo consultivo en aras de no usurpar la soberanía popular.

6.- Las Academia Nacionales consideran que el desafío actual de los venezolanos no es cambiar la Constitución sino rescatar la democracia, hacer cumplir la constitución vigente y restablecer el orden constitucional y el Estado de derecho vulnerado.

Por lo anterior, las Academias Nacionales emiten este pronunciamiento conjunto con la intención de orientar a la opinión pública venezolana:

I.- Los decretos presidenciales 2830 y 2831, de fecha 1° de mayo de 2017, no están acordes a nuestra Constitución y son un fraude a la misma porque la propuesta de convocatoria a una Asamblea Nacional Constituyente, de la manera como está contenida en esos decretos, usurpa la soberanía del pueblo y los derechos fundamentales de los ciudadanos.

II.- La pretensión de convocar una Asamblea Nacional Constituyente sin cumplir los extremos legales puede interpretarse como una maniobra para eliminar todos los poderes actuales de la República. Parecería que la finalidad es instaurar un estado antidemocrático, omnipotente y exclusivo, cambiando para ello el orden democrático de nuestra actual Constitución.

III.- Solicitamos a los órganos del Poder Público Nacional, a los que corresponde velar por la vigencia y supremacía de la Constitución, pronunciarse sobre el necesario restablecimiento del orden constitucional y democrático.

IV.- Exigimos al Consejo Nacional Electoral que actúe con plena independencia y en consecuencia, rechace, niegue y se oponga, en protección de la soberanía popular, al intento del presidente de la República de convocar una Asamblea Constituyente en usurpación de la soberanía popular, esto es, sin cumplir con lo dispuesto en el artículo 347 de la Constitución.

V.- Alertamos a la comunidad internacional y a sus diversas organizaciones para que continúen su cooperación orientada al restablecimiento del orden constitucional y democrático en Venezuela.

En Caracas, a los seis días del mes de mayo de 2017

Horacio Biord Castillo, Presidente de la Academia Venezolana de la Lengua

Inés Quintero Montiel, Directora de la Academia Nacional de la Historia

Gabriel Ruán, Presidente de la Academia de Ciencias Políticas y Sociales

Alfredo Díaz Bruzual, Presidente de la Academia Nacional de Medicina

Gioconda Cunto de San Blas, Presidenta de la Academia de Ciencias Físicas, Matemáticas y Naturales

Humberto García Larralde, Presidente de las Academia Nacional de Ciencias Económicas

Gonzalo Morales, Presidente de la Academia Nacional de Ingeniería y el Hábitat

http://www.acienpol.org.ve/cmacienpol/Resources/Pronunciamientos/2017-05-05%20Pronunciamiento%20conjunto%20-sobre%20ANC%20-%20final.pdf

VIII. LAS ACADEMIAS NACIONALES LLAMAN A SUSPENDER LA CONVOCATORIA DE UNA ASAMBLEA NACIONAL CONSTITUYENTE.

(Solicitud de revocatoria sobre la convocatoria a la Asamblea Nacional constituyente; violación a la soberanía nacional; vulneración a la voluntad popular; distorsión del sistema electoral; control ilegítimo por parte de las minorías; violación de la representación territorial por municipios sin proporción a la base poblacional; exclusión de electores).

5.7.2017.

La Academia Venezolana de la Lengua, la Academia Nacional de la Historia, la Academia Nacional de Medicina, la Academia de Ciencias Políticas y Sociales, la Academia de Ciencias Físicas, Matemáticas y Naturales, la Academia Nacional de Ciencias Económicas y la Academia de la Ingeniería y el Hábitat, han decidido declararse en sesión permanente ante la gravísima situación del país.

De acuerdo con todas las encuestas calificadas de opinión, la mayoría de la población venezolana está en desacuerdo con la convocatoria irregular e inconstitucional de una asamblea nacional constituyente sesgada. El análisis de las bases comiciales hecho por especialistas en derecho constitucional ha revelado una distorsión del sistema electoral constitucional y legal, de modo tal que el empleo combinado de los ámbitos "territorial" y "sectorial" permitirá a una minoría controlar un cuerpo (la supuesta "asamblea nacional constituyente") que, por el contrario, debería expresar verdaderamente la voluntad popular, es decir, el sentir de la mayoría. Contra esa forma de convocatoria ya se han pronunciado instituciones tan serias y equilibradas como la Conferencia Episcopal Venezolana, universidades públicas y privadas, facultades de ciencias jurídicas, colegios de abogados y organismos gremiales de diverso orden, así como estas Academias. Personalidades como el papa Francisco, jefes y ex jefes de estado y de gobierno de países amigos, instituciones como la Organización de Naciones Unidas, Mercosur y la OEA han expresado su preocupación.

Si desoyendo la voz del pueblo y de la comunidad internacional se mantiene la convocatoria de una asamblea nacional constituyente para el 30 de julio tal como se ha hecho, el país se encaminaría al supuesto descrito en el artículo 333 de la Constitución, valga decir, hacia la derogación de la Constitución vigente por un medio distinto al previsto en ella. Tal hecho colocaría a los ciudadanos ante el deber de colaborar para el restablecimiento de la efectiva vigencia de la Constitución derogada. Provocar esa situación es un inadmisible e indeseable llamado a un conflicto con dimensión trágica.

Las Academias Nacionales exigen al Poder Ejecutivo Nacional revocar la convocatoria de esa asamblea nacional constituyente en los términos efectuados, a fin de evitar un agravamiento de la delicada situación existente y mantener, en cambio, la paz de la República.

En Caracas, a los cinco días del mes de julio de 2017.

Horacio Biord Castillo, Presidente de la Academia Venezolana de la Lengua

Inés Quintero Montiel, Directora de la Academia Nacional de la Historia

Alfredo Díaz Bruzual, Presidente de la Academia Nacional de Medicina

Gabriel Ruán Santos, Presidente de la Academia de Ciencias Políticas y Sociales

Gioconda Cunto de San Blas, Presidenta de la Academia de Ciencias Físicas, Matemáticas y Naturales

Humberto García Larralde, Presidente de las Academia Nacional de Ciencias Económicas

Gonzalo Morales, Presidente de la Academia Nacional de Ingeniería y el Hábitat.

http://www.acienpol.org.ve/cmacienpol/Resources/Pronunciamientos/Versi%C3%B3n%20definitiva%202017-07-05%20-Nuevo%20comunicado%20de%20las%20Academias%20Nacionales.pdf

IX. PRONUNCIAMIENTO DE LAS ACADEMIAS NACIONALES ANTE LA ILEGÍTIMA ASAMBLEA NACIONAL CONSTITUYENTE.

(Ilegitimidad de la Asamblea Nacional constituyente; inconstitucionalidad e ilegalidad de las Bases Comiciales; violación de la soberanía popular).

15.8.2017.

Las Academias Nacionales, en cumplimiento de sus mandatos de creación y en su deseo de contribuir a la mejor conducción de nuestro país, se pronuncian una vez más sobre la ilegitimidad de una mal llamada asamblea nacional constituyente, resultado de unas elecciones no solicitadas por el pueblo soberano, según lo exige la Constitución vigente en su artículo 63 en cuanto a los principios que debe regir todo sufragio para cargos populares, elecciones que además han sido admitidas como fraudulentas por el propio prestador de servicios informáticos del Consejo Nacional Electoral (CNE).

Las circunstancias de la convocatoria en violación del texto constitucional y el empeño de proseguir con una intención constituyente han sido tan patentes que han merecido el desconocimiento y la condena internacionales. Desde su instalación, esta asamblea ha pretendido constituirse en un poder supraconstitucional, asumiendo funciones propias de los poderes establecidos del Estado venezolano y decidiendo materias sobre las cuales carece de atribuciones.

Entre otras facultades usurpadas, esta asamblea ha destituido y nombrado -a conveniencia partidista- funcionarios diversos del Poder Moral, amenaza la inmunidad parlamentaria y está interfiriendo en las elecciones regionales que están claramente definidas en el texto constitucional y otras leyes al respecto, elecciones que no son una concesión gratuita del gobierno, ni mucho menos de esa asamblea, sino un derecho constitucional aplazado intencionalmente por el CNE desde el año pasado. Las actuaciones de dicha asamblea, radicalmente nulas y que apuntan al desmantelamiento de las instituciones republicanas y a instaurar una dictadura, han merecido el repudio de la Unión Europea, el Secretario General de la Organización de Estados Americanos, un grupo importante de gobiernos hemisféricos y organizaciones diversas ocupadas en temas de derechos humanos, libertad y democracia en todo el mundo.

Este quebrantamiento buscado del orden constitucional no conlleva solución alguna a los gravísimos problemas económicos y sociales que aquejan a la población venezolana en términos de inflación, seguridad, nutrición, salud, educación y ciudadanía, dentro de lo cual debemos enfatizar el irrespeto a derechos humanos fundamentales. Por el contrario, conduce a un mayor deterioro del estado de derecho sobre el cual se fundamenta el progreso justo, sano y próspero de cualquier país que se precie de desarrollado o en vías de serlo.

En tal razón, las Academias Nacionales claman por la verdadera paz para el pueblo venezolano y una vez más hacen un llamado a los poderes fácticos para que retornen al orden constitucional establecido en la Carta Magna aprobada por el pueblo en 1999, lo cual ha sido una exigencia masiva de la sociedad venezolana, apoyada por numerosas organizaciones civiles y políticas dentro y fuera de Venezuela. En la defensa de ese texto está contenida la salvaguardia de la convivencia social y política requerida para el fortalecimiento de las instituciones, de los derechos humanos, de la democracia y la libertad.

En Caracas, a los quince días del mes de agosto de 2017

Horacio Biord Castillo, Presidente de la Academia Venezolana de la Lengua

Inés Quintero Montiel, Directora de la Academia Nacional de la Historia

Alfredo Díaz Bruzual, Presidente de la Academia Nacional de Medicina

Gabriel Ruán Santos, Presidente de la Academia de Ciencias Políticas y Sociales

Gioconda Cunto de San Blas, Presidenta de la Academia de Ciencias Físicas, Matemáticas y Naturales

Humberto García Larralde, Presidente de las Academia Nacional de Ciencias Económicas

Gonzalo Morales, Presidente de la Academia Nacional de Ingeniería y el Hábitat

http://www.acienpol.org.ve/cmacienpol/Resources/Pronunciamientos/2017-08-15%20Pronunciamiento%20Academias%-20ante%20ilegitima%20ANC.pdf.

X. DECLARACIÓN DE LAS ACADEMIAS NACIONALES ANTE LA CONVOCATORIA A ELECCIONES PRESIDENCIALES PARA EL 22 DE ABRIL DE 2018.

(Elecciones presidenciales; imparcialidad del Poder Electoral; violación de los derechos políticos; Ilegitimidad de la Asamblea Nacional constituyente).

20.2.2018.

Las Academias nacionales se dirigen a la opinión pública en este momento trágico de la vida política venezolana para sumar su rechazo a la precipitada convocatoria a elecciones presidenciales el próximo 22 de abril, ya expresada por autorizados sectores del país y por numerosos gobiernos e instancias internacionales.

La ilegalidad de la convocatoria ha sido analizada a profundidad en el pronunciamiento de la Academia de Ciencias Políticas y Sociales el pasado 15 de febrero de 1018 (Decreto Constituyente sobre la convocatoria de las Elecciones para la Presidencia de la República Bolivariana de Venezuela, (http://www.acienpol.org.ve/cm-acienpol/Resources/Noticias/PronuciamientoAcademiaConvocatoria-eleccionespresidencialesDEFINITIVO1.pdf), al cual nos adherimos.

Las elecciones son el mecanismo fundamental de expresión de la voluntad popular. Pero recurrir a ellas bajo criterios de ilegalidad arbitrariamente impuestos para convalidar la perpetuación en el poder, es inaceptable para los ciudadanos. Al desestimarse las garantías constitucionales y legales de obligatorio cumplimiento por el Estado venezolano, se vulnera el Estado de Derecho y los derechos políticos consagrados en la Constitución de la República, las leyes y tratados internacionales, además de constituir una práctica repudiable y contraria a los principios y estándares internacionales en materia electoral.

No podría haber elecciones libres ni justas con presos políticos, con partidos y líderes opositores proscritos, con una autoridad electoral parcializada, con condiciones desiguales de participación, sin un cronograma electoral consensuado, sin un registro electoral confiable, sin libertad absoluta de prensa, con amenazas a la población y sin procurar un genuino ambiente de paz y respeto, todas ellas condiciones que fueron rechazadas por el gobierno en las recientes negociaciones con representantes de la oposición.

Venezuela atraviesa una situación estructural de múltiples dificultades. Luce falaz organizar un proceso comicial solicitado por un ente ilegítimo, sin las condiciones antes mencionadas, de tanta importancia para el restablecimiento del orden democrático, un evento que tal como ha sido planteado carece de adecuados controles que garanticen la imparcialidad del organismo encargado de su ejecución, la neutralidad del Estado como un todo y la ausencia de presiones indebidas, así como la plena participación de todos los venezolanos mayores de edad, residentes dentro y fuera del país, y el efectivo aval de una observación internacional.

Hacemos, en consecuencia, un respetuoso llamado:

(a) a los representantes del Poder Electoral a actuar en estricto apego a la Constitución, las leyes y la imparcialidad e independencia que lo han de caracterizar;

(b) al gobierno venezolano a respetar la Constitución, el Estado de Derecho y los derechos políticos de los ciudadanos, así como garantizar la neutralidad del Estado en un tema tan delicado para la vida institucional, como lo es generar credibilidad de los resultados dentro y fuera de las fronteras patrias;

(c) a los dirigentes, organizaciones políticas, actores diversos de la sociedad civil y a los electores, víctimas de la terrible situación que padecemos, a convertir este momento en poderosa fuerza impugnadora del orden actual, a unirnos en un frente único que de manera dinámica rechace la participación electoral en las condiciones actuales, por ser unas elecciones cuestionadas y apresuradas, de negativa proyección para el futuro del país, la convivencia política, la paz social y la estabilidad económica.

En Caracas, a los 20 días del mes de febrero de 2018.

Horacio Biord Castillo, Presidente de la Academia Venezolana de la Lengua

Inés Quintero Montiel, Directora de la Academia Nacional de la Historia

Alfredo Díaz Bruzual, Presidente de la Academia Nacional de Medicina

Gabriel Ruan Santos, Presidente de la Academia de Ciencias Políticas y Sociales

Gioconda Cunto de San Blas, Presidenta de la Academia de Ciencias Físicas, Matemáticas y Naturales

Humberto García Larralde, Presidente de las Academia Nacional de Ciencias Económicas

Gonzalo Morales, Presidente de la Academia Nacional de Ingeniería y el Hábitat

http://www.acienpol.org.ve/cmacienpol/Resources/Pronunciamientos/2018-02-18%20Comite%20interacademico%20-%20-Ante%20las%20elecciones%2022%20abril.pdf

XI. DICTAMEN SOBRE LA NECESARIA INDEPENDENCIA E IMPARCIALIDAD DEL CONSEJO NACIONAL ELECTORAL COMO GARANTÍA ESENCIAL PARA LA REALIZACIÓN DE ELECCIONES LIBRES Y DEMOCRÁTICAS.

(*(i)* Rechazo al Decreto Constituyente de fecha 23 de enero de 2018 convocando a elecciones presidenciales anticipadas; *(ii)* desinstitucionalización del CNE al estar integrado por rectores vinculados a partidos políticos y haber sido nombrados inconstitucionalmente).

3.3.2018.

La Academia de Ciencias Políticas y Sociales, con fundamento en las atribuciones que le confiere el artículo 3 de la Ley de su creación, a fin de orientar en la correcta interpretación de las normas y principios constitucionales vigentes para lograr el restablecimiento de las garantías de elecciones libres y justas como expresión de la soberanía del pueblo, el régimen plural de partidos y la separación e independencia de los poderes públicos como elementos esenciales del Estado Constitucional de Derecho y de la democracia, necesarios por demás para superar la grave crisis política, económica y social que atraviesa el país, ofrece las siguientes consideraciones jurídicas y advierte sobre el impostergable rescate de la independencia e imparcialidad del Poder Electoral.

I. DE LAS CIRCUNSTANCIAS QUE MOTIVAN EL PRESENTE DICTAMEN

El presente dictamen está motivado por los hechos que han puesto en evidencia la ausencia de las garantías electorales bajo los estándares constitucionales e internacionales, la cual se ha puesto de relieve con particular énfasis con la convocatoria a elecciones por la inconstitucional Asamblea Nacional Constituyente; la ausencia de la autoridad electoral independiente e imparcial; el incumplimiento del procedimiento para designación de los rectores del Consejo Nacional Electoral y la inconstitucional conformación del actual Consejo Nacional Electoral. Ello ha causado desde la misma entrada en vigencia de la Constitución de 1999 la politización partidista de dicho órgano electoral por su falta de independencia e imparcialidad, la cual ha sido objeto de rechazo no solo por la sociedad venezolana en sus diversas expresiones sino incluso por la comunidad internacional.

1. *La convocatoria inconstitucional a elecciones por la inconstitucional Asamblea Nacional Constituyente*

El decreto constituyente sobre la convocatoria de elecciones presidenciales en el primer cuatrimestre del año 2018, publicado en la Gaceta Oficial N° 6.361 Extraordinario, de fecha 23 de enero de 2018, emanado de la inconstitucional Asamblea Nacional Constituyente, así como las actuaciones posteriores de la pretendida Asamblea Nacional Constituyente -en las que aspiraba incluso la elección anticipada de los diputados a la Asamblea Nacional- y su obediente ejecución mediante la decisión del Consejo Nacional Electoral, anunciada el 1 de marzo de 2018, de convocar y organizar para el 20 de mayo la elección presidencial y los comicios para escoger a los integrantes de los consejos legislativos estadales y concejos municipales, hacen necesario analizar la inexistencia de las garantías electorales en Venezuela y las posibilidades reales de ejercicio pleno de los derechos políticos. En particular, en el presente informe se analizará la garantía electoral fundamental de un árbitro electoral independiente e imparcial como (i) elemento esencial del derecho al voto y (ii) de las directrices constitucionales exigidas para la integración del Consejo Nacional Electoral como órgano del Poder Electoral.

Esta Academia de Ciencias Políticas y Sociales se ha pronunciado en reiteradas oportunidades sobre la inconstitucionalidad de la mal llamada Asamblea Nacional Constituyente y de sus pretendidos actos, la cual deriva de no haber sido válidamente convocada, de los vicios en la elección de sus integrantes y de la usurpación de las funciones de los poderes públicos constitucionales, siendo por tanto írritas todos sus decisiones, como lo son todos los actos relativos a su convocatoria, elección, instalación y funcionamiento, nulos de nulidad absoluta, conforme al artículo 138 de la Constitución, por lo que no pueden ser objeto de convalidación alguna.

2. *De la ausencia de la autoridad electoral independiente e imparcial*

Actualmente en Venezuela no existe garantía de ejercicio efectivo de los derechos políticos y de legalidad electoral, ya que el Poder Electoral es ejercido por unas autoridades inconstitucionales no electas conforme a los requisitos, procedimientos y competencias dispuestas por la Constitución. Estas autoridades han incurrido en graves irregularidades en el ejercicio de sus atribuciones, generando desconfianza en la sociedad y en particular en los sectores políticos opuestos al gobierno, en la sociedad civil y en un porcentaje mayoritario de los electores[1] lo que hace que la convocatoria a las elecciones del próximo 20 de mayo de 2018 no haya sido recibida por la sociedad venezolana ni por la comunidad internacional, como una oportunidad para que la ciudadanía pueda expresar su voluntad política soberana.

---

[1] Véase entre otros el Comunicado de la Presidencia de la Conferencia Episcopal Venezolana de fecha 29 de enero de 2018: http://www.cev.org.ve/index.php/noticias/276-comunicado-de-la-presidencia-de-la-cevante-la-convocatoria-a-las-elecciones-presidenciales-adelantadas en el cual se lee: "6.- Para ello se necesitan instituciones del Estado que respeten la voluntad del pueblo. El CNE es la institución llamada a velar por las garantías electorales de los ciudadanos, de ahí la necesidad de su reestructuración para que "cumpla con la imparcialidad que le pi de la Constitución vigente. Solo así actuará con transparencia y equidad en sus funciones y garantizará el respeto a las decisiones del pueblo" (n. 7). Aunado a esto debemos recordar que si realmente vivimos en democracia, la institución electoral –CNE debe mantener su autonomía y servir al pueblo elector". En el Pronunciamiento emitido por las Academias Nacionales ante la ilegítima Asamblea Nacional Constituyente en fecha 15 de agosto de 2017, las Academias advertimos sobre la violación al derecho al sufragio consagrado en los artículo 63 de la Constitución, refiriendo la denuncia de fraude electoral en la elección de los integrantes de la Asamblea Nacional Constituyente, por el propio prestador de servicios informáticos del Consejo Nacional Electoral (CNE): http://www.acienpol.org.ve/cmacienpol/Resources/Pronunciamientos/2017-08- 15%20Pronunciamiento%20Academias%20ante%20ilegitima%20ANC.pdf

2.1. *El incumplimiento del procedimiento para designa-*
ción de los rectores del Consejo Nacional Electoral
es una causa principal de la politización partidista de
ese órgano por su falta de independencia e imparcia-
lidad

La Constitución de 1999 elevó expresamente a rango constitucional al órgano electoral, al crear el Poder Electoral con el Consejo Nacional Electoral como órgano en la cúspide de la jerarquía de esa nueva rama del Poder Público Nacional. Ese nuevo poder, según se lee en la exposición de motivos de la Constitución, se regiría por "los principios de independencia orgánica, autonomía funcional y presupuestaria y despartidización de los organismos electorales, imparcialidad y participación ciudadana...". En consecuencia, el artículo 294 constitucional dispone:

Artículo 294. Los órganos del Poder Electoral se rigen por los principios de independencia orgánica, autonomía funcional y presupuestaria, despartidización de los organismos electorales, imparcialidad y participación ciudadana; descentralización de la administración electoral, transparencia y celeridad del acto de votación y escrutinios.

A fin de garantizar esos principios, la Constitución dispuso un mecanismo abierto y de participación plural en la postulación de los rectores del Consejo Nacional Electoral y la competencia de la Asamblea Nacional para su designación por la mayoría calificada de sus diputados. Dicho mecanismo fue establecido en los artículos 294 y 295 de la Constitución en los siguientes términos:

Artículo 295. El Comité de Postulaciones Electorales de candidatos o candidatas a integrantes del Consejo Nacional Electoral estará integrado por representantes de los diferentes sectores de la sociedad, de conformidad con lo que establezca la ley.

Artículo 296. El Consejo Nacional Electoral estará integrado por cinco personas no vinculadas a organizaciones con fines políticos; tres de ellos o ellas serán postulados o postuladas por la sociedad civil, uno o una por las facultades de ciencias jurídi cas y políticas de las universidades nacionales y uno o una por el Poder Ciudadano.

Los o las tres integrantes postulados o postuladas por la sociedad civil tendrán seis suplentes en secuencia ordinal y cada designado o designada por las universidades y el Poder Ciudadano tendrá dos suplentes, respectivamente. La Junta Nacional Electoral, la Comisión de Registro Civil y Electoral y la Comisión de Participación Política y Financiamiento, serán presididas cada una por un o una integrante postulado o postulada por la sociedad civil. Los o las integrantes del Consejo Nacional Electoral durarán siete años en sus funciones y serán elegidos o elegidas por separado: los tres postulados o postuladas por la sociedad civil al inicio de cada período de la Asamblea Nacional, y los otros dos a la mitad del mismo.

Los o las integrantes del Consejo Nacional Electoral serán <u>designados o designadas por la Asamblea Nacional con el voto de las dos terceras partes de sus integrantes</u>. Los o las integrantes del Consejo Nacional Electoral escogerán de su seno a su Presidente o Presidenta, de conformidad con la ley.

Los o las integrantes del Consejo Nacional Electoral serán removidos o removidas por la Asamblea Nacional, previo pronunciamiento del Tribunal Supremo de Justicia. (Subrayados añadidos).

Ese mecanismo dispuesto en la Constitución no ha sido observado, razón por la que no se ha alcanzado el objetivo de lograr un órgano electoral independiente, imparcial y despartidizado.

Brewer-Carías, en su obra *Historia Constitucional de Venezuela*, relata:

"En cuanto al Poder Electoral, por último, la Asamblea Nacional Constituyente, careciendo totalmente de competencia para ello y en forma ilegítima, en el Decreto del 22-12-99 se auto-atribuyó competencias para designar a los integrantes del Consejo Nacional Electoral (artículo 40), designaciones que realizó días después, con carácter provisorio, al nombrar a personas todas vinculadas al nuevo poder y a los partidos que apoyaban al gobierno, lo que incluso no garantizaba la imparcialidad electoral necesaria, burlándose del artículo 296 de la Constitución." [2]

Ese acto de la Asamblea Nacional Constituyente de diciembre de 1999, por el cual fueron nombrados los Directivos del Consejo Nacional Electoral –así como el Fiscal General de la República, Contralor General de la República, Magistrados del Tribunal Supremo de Justicia, Defensora del Pueblo y miembros del "Congresillo"–, denominado Decreto sobre el Régimen de Transición del Poder Público fue objeto de un recurso de nulidad declarado improcedente por la Sala Constitucional del Tribunal Supremo de Justicia, mediante sentencia N° 4 del 26 de enero del año 2000[3].

Entre los fundamentos del recurso, según se lee en la narrativa de la sentencia, el accionante argumentó *"[q]ue a los fines de tales designaciones, el ciudadano Luis Miquilena, Presidente de la Asamblea Nacional Constituyente, recibió instrucciones directas del Presidente de la República Hugo Chávez Frías, en abierta violación al principio de separación de poderes"*. A la petición de nulidad de esas designaciones, el recurrente acumuló la pretensión de amparo constitucional, alegando la amenaza de violación de los derechos constitucionales, por el riesgo "de no garantizársele imparcialidad en la administración de las elecciones". Esos argumentos, sin embargo, fueron esgrimidos ante unos Magistrados que habían sido designados por el mismo acto impugnado, circunstancia que no se obvia en el texto de la sentencia, por el contrario se analiza expresamente en los siguientes términos:

Con carácter previo, debe esta Sala referirse insoslayablemente a la especial situación en la que se encuentran los Magistrados de esta Sala, en virtud de que su nombramiento ha sido igualmente cuestionado, lo cual, en principio podría colocarlos en una situación de interés particular frente a la decisión que habrá de dictarse, concretamente la prevista en el numeral 4 del

---

2   Brewer Carías, Allan R. *Historia Constitucional de Venezuela*, Caracas, Editorial Alfa, 2008, Tomo II, p. 267

3   http://historico.tsj.gob.ve/decisiones/scon/enero/04-260100-00-009.HTM

artículo 82 del Código de Procedimiento Civil. No obstante, como ha sido cuestionado el nombramiento de todos los Magistrados del Tribunal Supremo de Justicia y en virtud de que no han sido designados los suplentes y conjueces respectivos –los cuales aun siendo designados estarían en la misma circunstancia de los titulares– no podría aplicarse la solución que otorga el artículo 72 de la Ley Orgánica de la Corte Suprema de Justicia, de manera que la consecuencia de lo antes dicho, sería la imposibilidad de decidir el recurso planteado.

Dicho lo cual, los Magistrados que no ofrecían garantía alguna de imparcialidad y que habían sido designados por el mismo acto impugnado, desecharon el recurso, declarando su improcedencia.

Luego, en noviembre del año 2002, se publicó en Gaceta Oficial la Ley Orgánica del Poder Electoral en la cual se desarrollaron las disposiciones constitucionales relativas al Comité de Postulaciones Electorales. Esa regulación contempla la conformación de ese Comité con un número mayoritario de diputados para asegurar el control por parte del partido de gobierno.[4] En ese sentido, Brewer Carías ha afirmado:

> Esos Comités son órganos intermedios, algunos permanentes, que obligatoriamente deben estar integrados *por representantes de los diferentes sectores de la sociedad.* Son diferentes a la Asamblea Nacional y los representantes populares no pueden formar parte de los mismos. Sin embargo, lamentablemente este postulado constitucional ha sido violado al regularse la conformación del Comité de Postulaciones Electorales en la Ley Orgánica del Poder Electoral, y el Comité de Postulaciones Judiciales en la Ley Orgánica del Tribunal Supremo de Justicia, los cuales se han integrado con diputados a la Asamblea Nacio-

---

4   El artículo 19 de la Ley Orgánica del Poder Electoral, publicada en la *Gaceta Oficial* N° 37.573 del 19-11-2002, dispone que el Comité de Postulaciones Electorales estará conformado por 21 miembros de los cuales 11 son diputados.

nal, como <u>Comisiones Parlamentarias ampliadas</u>.[5] (Subrayados agregados).

Las organizaciones internacionales también han advertido que en las leyes dictadas para desarrollar las disposiciones constitucionales relativas a los Comités de Postulaciones,

[…] se contradice el espíritu y los principios constitucionales sobre este tema, se crean obstáculos, se usurpa, se confisca y se tutela la legítima participación ciudadana y el efectivo control de la sociedad organizada.[6]

5   Brewer Carías, Allan, *Ley Orgánica del Tribunal Supremo de Justicia, Procesos y procedimientos constitucionales y contencioso-administrativos*, Caracas, EJV CE-CLA, 2004, p. 15.

6   Documento Comité de Postulaciones: Participación y control social en la preselección de candidatos a ocupar cargos de los poderes públicos nacionales Judicial, Ciudadano y Electoral, elaborado en julio de 2003, por el Instituto Latinoamericano de Investigaciones Sociales (Raúl Pinto Peña): http://library.fes.de/pdf-files/bueros/caracas/03843.pdf En ese mismo informe se hace una relación de los mecanismos de designación de los rectores del Consejo Nacional Electoral, desde el año 2000, cuando se prescindió de la conformación del Comité de Postulaciones Electorales y luego en la inconstitucional regulación de ese Comité en la Ley Orgánica del Poder Electoral, desconociendo los objetivos de despartidización, dispone su conformación mayormente por diputados de la Asamblea Nacional. En ese mismo sentido se ha pronunciado reiteradamente la Comisión Interamericana de Derechos Humanos en sus informes desde el año 2003, en el último, se lee en los párrafos 127 al 129 lo siguiente: "*la información al alcance de la CIDH indica que existe una falta de independencia del CNE. Esta situación se debería, entre otros factores, al incumplimiento reiterado del procedimiento establecido en la Constitución para la elección de sus integrantes. De acuerdo a la Constitución, los candidatos son propuestos por el Comité de Postulaciones Electorales, compuesto por sociedad civil y son elegidos con el voto de las dos terceras partes de la AN. Sin embargo, desde 1999, sus miembros habrían sido elegidos de manera distinta. 128. En efecto, los primeros integrantes del CNE fueron designados por la Asamblea Constituyente de 1999. En el 2000, fueron elegidos por la Comisión Legislativa Nacional. En tres ocasiones (en los años 2003, 2005 y 2014) fueron designados por la Sala Constitucional del TSJ, quien se arrogó dicha función por la omisión legislativa en la que consideró había incurrido la AN por no nombrarlos a tiempo. En dos ocasiones (en los años 2006 y 2010), fueron elegidos por una AN oficialista que negó la participación de un Comité de Postulaciones electoral efectivamente compuesto por la sociedad civil. Más recientemente, en el 2016, la Sala Constitucional del TSJ volvió a designar a las y los rectores del CNE, pero esta vez afirmó que se debía al desacato de la AN214. 129. Otro aspecto determinante para la falta de independencia de este órgano constitucional es que sus miembros no cumplirían con el requisito de no estar vinculados a organizaciones con fines políticos, exigido por la Constitución. En efecto, según ha sido advertido, muchos de los rectores del CNE serían o habrían sido operadores de confianza del Gobierno y su personal técnico sería militante en el partido oficialista*".

Estas disposiciones constitucionales han sido violadas sistemáticamente desde la entrada en vigencia de la Constitución de 1999, vicio que afecta de manera particular la designación de los cinco "rectores" que actualmente lo integran, lo cual ha derivado en la absoluta politización partidista del Consejo Nacional Electoral como un órgano parcializado y dependiente del Poder Ejecutivo Nacional y el partido de gobierno (PSUV).

En efecto, el artículo 296 de la Constitución establece que el Consejo Nacional Electoral estará integrado por cinco rectores, no vinculados a organizaciones con fines políticos, tres (3) de ellos postulados por la sociedad civil, uno por las facultades de ciencias jurídicas y políticas de la Universidades nacionales y uno por el Poder Ciudadano.

Estos nombramientos de los rectores del Consejo Nacional Electoral están previstos como una atribución propia y exclusiva de la Asamblea Nacional mediante votación calificada, a partir de la lista de postulados que le presenten la sociedad civil, las facultades de ciencias jurídicas y políticas y el Poder Ciudadano, según corresponda (penúltimo aparte del artículo 296 constitucional).

En efecto, conforme a lo previsto en el penúltimo aparte del artículo 296 de la Constitución, los rectores del Consejo Nacional Electoral son designados "por la Asamblea Nacional con el voto de las dos terceras partes de sus integrantes", duran siete (7) años en el ejercicio de sus funciones y sus designaciones se hacen por separado: los tres postulados por la sociedad civil, al inicio de cada período de la Asamblea Nacional; y los otros dos rectores, a la mitad del período de dicho órgano parlamentario.

2.2. *De la inconstitucional conformación del actual Consejo Nacional Electoral*

Los actuales rectores del Consejo Nacional Electoral fueron inconstitucionalmente designados por el Tribunal Supremo de Justicia, mediante decisiones políticas adoptadas por la Sala Constitucional, usurpando las funciones constitucionales propias y exclusivas de la Asamblea Nacional.

Los tres (3) rectores que debían ser designados por la Asamblea Nacional mediante voto calificado a partir de las postulaciones presentadas por la sociedad civil, fueron en su lugar indebidamente designados por la Sala Constitucional del Tribunal Supremo de Justicia mediante una sentencia del 26 de diciembre de 2014[7]. En efecto, al no contar el partido de gobierno (PSUV) con la mayoría parlamentaria calificada para hacer unilateralmente la designación de esos tres rectores conforme a lo dispuesto por la Constitución, en su lugar optó por acudir al Tribunal Supremo de Justicia controlado por el Poder Ejecutivo, para así lograr el nombramiento inconstitucional de sus candidatos por dicho Tribunal. En esa "sentencia" la Sala Constitucional se auto-declaró competente para conocer de la solicitud planteada por quien para entonces se desempeñaba como diputado Presidente de la Asamblea Nacional, Diosdado Cabello Rondón, referente a la declaratoria de la supuesta omisión por parte de dicho órgano legislativo, y en consecuencia, usurpando las competencias constitucionales de la Asamblea <u>Nacional procedió al nombrar los tres Rectores del Consejo Nacional Electoral,</u>

> [...] *en atención a la solicitud de declaratoria de omisión por parte de la Asamblea Nacional de designar los Rectores y Rectoras del Consejo Nacional Electoral, conforme a las postulaciones realizadas por la sociedad civil se procede a designar 3 rectores principales: Tibisay Lucena, Sandra Oblitas y Luis Emilio Rondón y como sus suplentes a Abdón Rodolfo Hernández, Alí Ernesto Padrón Paredes, Carlos Enrique Quintero Cuevas, Pablo José Durán, Marcos Octavio Méndez y Andrés Eloy Brito.* (Subrayados agregados).

De la misma manera, posteriormente, cuando el partido de gobierno (PSUV) perdió la mayoría parlamentaria –e incluso la oposición había ganado en diciembre de 2015 la mayoría calificada de diputados de la Asamblea Nacional–, ante una demanda intentada esta vez por el diputado del PSUV Héctor Rodríguez, <u>la Sala Cons-</u>

---

7 http://historico.tsj.gob.ve/decisiones/scon/diciembre/173497-1865-261214-2014-14-1343.HTML

titucional mediante sentencia del 13 de diciembre de 2016[8], nuevamente invocando una supuesta –pero inexistente– omisión legislativa, procedió a declarar la nulidad de las actuaciones realizadas por la Asamblea Nacional y el Comité de Postulaciones Electorales y a designar a las dos (2) Rectoras Principales del Consejo Nacional Electoral Socorro Elizabeth Hernández Hernández y Tania D' Amelio Cardiet, y los Rectores Suplentes Iván Zerpa Guerrero y Gustavo Guevara Sifontes. Para cometer esta usurpación de las funciones de la Asamblea Nacional, la Sala Constitucional invocó además del argumento de la inexistente omisión legislativa, el supuesto desacato parlamentario a una sentencia de la Sala Electoral del mismo Tribunal Supremo de Justicia, aduciendo que su consecuencia era el vaciamiento y nulidad de todas las competencias constitucionales de dicha Asamblea Nacional, por lo que debían permanecer en sus cargos ahora con un nuevo nombramiento judicial, *las rectoras Principales del Consejo Nacional Electoral Socorro Elizabeth Hernández Hernández y Tania D' Amelio Cardiet, y los Rectores Suplentes Iván Zerpa Guerrero y Gustavo Guevara Sifonte*[9]:

[…] la falta de diligencia en el trámite de la nueva designación respectiva, aunado a que el órgano parlamentario nacional

---

8   http://historico.tsj.gob.ve/decisiones/scon/diciembre/193866-1086-131216-2016-16-1191.HTML

9   Las rectoras Socorro Elizabeth Hernández Hernández y Tania D' Amelio Cardiet habían sido designadas en diciembre del año 2009 por la Asamblea Nacional, para esa fecha con mayoría parlamentaria del PSUV, ello a pesar de que su postulación había sido impugnada con motivo de su militancia en el partido de gobierno. En esa oportunidad SUMATE expresó que de procederse a la designación de esas ciudadanas como rectoras "se estarían anulando potencialmente las actuaciones de los futuros rectores por provenir de una autoridad usurpada en fraude a las normas constitucionales y por ser personas inelegibles en su origen, con lo cual queda viciada su futura competencia en el dictamen de resoluciones para la convocatoria de elecciones, las variadas normativas electorales, la fijación de las circunscripciones electorales, la inscripción de nuevas organizaciones con fines políticos (partidos), la administración del registro electoral y civil, o la promulgación de autoridades electas por el sufragio de los ciudadanos, entre otras de las muchas competencias que le estarían asignadas. Con el fin de prevenir esta inseguridad jurídica, Súmate insta a la Sala Político-Administrativa del TSJ a actuar oportunamente con el fin de corregir las ilegalidades cometidas por el Comité de Postulaciones Electorales en la tramitación de las candidaturas para los dos rectores principales y los cuatro suplentes del CNE". (Subrayados agregados). Ver: http://www.sumate.org/noticias/2009/20091130-sumate-exhorta-al-tsj-a-suspenderdesignacion-de-rectores-del-cne.html

se encuentra en desacato a la decisión N° 108 de fecha 01 de Agosto de 2016, emanada de la Sala Electoral del Tribunal Supremo de Justicia; situación ésta que de acuerdo al criterio del solicitante, hace que los actos relacionados con la designación de rectores y rectoras del Consejo Nacional Electoral, se encuentren viciados de nulidad absoluta y por lo tanto sean inválidos, inexistentes e ineficaces, por mandato expreso del fallo antes descrito. (Omisis).

Tal desacato aún se mantiene de forma ininterrumpida, razón por la que todos los actos dictados por la Asamblea Nacional y todas las actuaciones emanadas de cualquier otra persona jurídica o natural, relacionados con el proceso de designación de los nuevos funcionarios o las nuevas funcionarias que deben sustituir en el ejercicio de sus cargos a las Rectoras Principales del Consejo Nacional Electoral Socorro Elizabeth Hernández Hernández y Tania D' Amelio Cardiet, y los Rectores Suplentes Iván Zerpa Guerrero y Gustavo Guevara Sifontes, carecen de validez, eficacia y existencia jurídica; incluyendo, por ejemplo, el írrito acto de designación del comité de postulaciones para la escogencia de nuevos rectores del CNE, efectuado por la Asamblea Nacional en sesión del 11 de agosto de 2016 (*fecha anterior a la oportunidad en la que los ciudadanos ilegalmente incorporados a la Asamblea plantearon su desincorporación de ese cuerpo -15 de noviembre de 2016-, manifestación de voluntad que aún no ha sido debidamente tramitada y decidida por la Junta Directiva y la Plenaria de la Asamblea Nacional, en aras de, por ejemplo, realizar el correspondiente acto de desincorporación formal, por parte del órgano legislativo nacional*), razón por la que ese proceso de designación de rectoras o rectores del CNE es nulo desde sus actos originarios ... omisis En razón de lo antes expuesto, resulta absolutamente alejado de la verdad que algún órgano distinto a la Asamblea Nacional se encuentre en omisión inconstitucional respecto del referido proceso de designación de rectores o rectoras del CNE, pues ninguna persona jurídica ni natural debe participar ni cohonestar el referido desacato del parlamento nacional y, en caso de hacerlo, tendrá responsabilidad frente al Estado venezolano, tal como lo ha venido advirtiendo esta Sala cuando ha señalado que "*la participación o intervención directa o indirecta en las actuaciones desplegadas por la mayoría parlamentaria de la Asamblea Nacional, en contravención al ordenamiento constitucional y en contumacia a las decisiones emanadas por los órganos jurisdiccionales del país, generará las correspondientes responsabilidades y sanciones constitucionales, penales, civiles, administrativas, disciplinarias, éticas, políticas y sociales en general necesarias para salvaguardar la eficacia del Texto Fundamental que se ha dado democráticamente el pueblo venezolano, a través del proceso constituyente, para procurar su convivencia pacífica y promover su bienestar*" (ver, entre otras, sentencia n.° 808 del 2 de septiembre de 2016). Con ello queda evidenciada la ocurrencia de una nueva omisión por parte de la Asamblea Nacional, al no designar dentro del marco de la Constitución y las leyes a dichos rectores del Consejo Nacional Electoral, en el entendido de que a estos se les venció el período de los siete años para el cual fueron designados, el día 4 de diciembre de 2009, fecha en la que fue instalado formalmente el Consejo Nacional Electoral, con la presencia de esos Rectores –ver Gaceta Oficial n.° 39.321 de esa misma fecha– (adviértase que el artículo 296 del Texto Fundamental establece un tiempo preciso de duración del ejercicio de las funciones del cargo de rector o rectora del CNE – "Los o las integrantes del Consejo Nacional Electoral durarán siete años en sus funciones…"–), derivándose de allí la urgencia y necesidad de tales nombramientos para preservar el normal funcionamiento del Poder Electoral, quien tiene bajo su responsabilidad mantener vivo en los ciudadanos y ciudadanas, el afecto por la democracia, en cuanto al sistema más adecuado para una pacífica convivencia en sociedad. Así se decide.

Establecido lo anterior, por cuanto se ha verificado la omisión de la designación de Rectores y Rectoras del Consejo Nacional Electoral, en atención al mandato estatuido en los artículos 296, 335 y 336.7 de la Constitución de la República Bolivariana de

Venezuela, y 25.7 de la Ley Orgánica del Tribunal Supremo de Justicia, en correspondencia con la jurisprudencia reiterada (ver sentencia n.° 1865 del 26 de diciembre de 2014), esta Sala Constitucional decreta: 1. La designación se efectúa como medida indispensable, atendiendo al mantenimiento de la supremacía constitucional, así como a la estabilidad y a la paz de la República, por haber expirado el período constitucional correspondiente y por falta de diligencia en el trámite de la designación respectiva, aunado a que el órgano parlamentario nacional se encuentra en desacato al Poder Judicial, situación que determina la nulidad de todas sus actuaciones mientras se mantenga tal situación lesiva al orden constitucional. 2. La Sala designa, para el período que transcurre desde el 4 de diciembre de 2016 al 4 de diciembre de 2023, como primera Rectora principal a la ciudadana Socorro Elizabeth Hernández, titular de la cédula de identidad n.° 3.977.396, y como su suplente al ciudadano Iván Zerpa Guerrero, titular de la cédula identidad n.° 5.147.743; como segunda Rectora principal a la ciudadana Tania D' Amelio Cardiet, titular de la cédula de identidad n.° 11.691.429, y como su suplente al ciudadano Gustavo Guevara Sifontes, titular de la cédula identidad n.° 11.916.776; quienes ya fueron postulados e, inclusive, designados rectores del Consejo Nacional Electoral, por cumplir todos los requisitos previstos en la Constitución y en el resto del ordenamiento jurídico para desempeñar esa función pública que deberán ejercer, ahora por un nuevo período, puesto que no existe obstáculo para ello, en virtud de la designación que se efectúa en la presente sentencia, ante la manifiesta y persistente omisión parlamentaria en la que se encuentra la Asamblea Nacional. (Subrayados agregados).

De esta forma, la Sala Constitucional usurpando nuevamente las atribuciones constitucionales de la Asamblea Nacional, procedió a designar, a los otros dos (2) miembros del Consejo Nacional Electoral, ratificando en sus cargos a las rectoras Socorro Hernández y Tania D´Amelio, quienes habían sido designadas para en anterior período de siete años en diciembre 2009 con vencimiento en diciembre de 2016.

El fundamento invocado por la Sala Constitucional en esas sentencias son "*los artículos 336.7 de la Constitución de la República Bolivariana de Venezuela y 25.7 de la Ley Orgánica del Tribunal Supremo de Justicia, en virtud de la omisión parlamentaria advertida*". Sin embargo, esas disposiciones constitucionales y legislativas relativas a la acción por omisión inconstitucional del poder legislativo, invocadas como fundamento de ambas decisiones judiciales, no autorizan en modo alguno a usurpar las atribuciones constitucionales expresas, exclusivas y por tanto excluyentes de la Asamblea Nacional en cuanto a la designación de los rectores del Consejo Nacional Electoral, ya que dichas normas únicamente facultan a la Sala Constitucional para establecer el "plazo" y, de ser necesario, los "lineamientos de su corrección" por la omisión en que hubiere incurrido el cuerpo legislativo correspondiente, pero no para dictar los actos constitucionales propios de dicho órgano parlamentario.

De manera que estamos en presencia de un claro caso de usurpación de las funciones constitucionales expresas de la Asamblea Nacional por parte de la Sala Constitucional del Tribunal Supremo de Justicia, que determina la ineficacia y nulidad de esas designaciones, a tenor de lo dispuesto en el artículo 138 de la Constitución.

En relación con la segunda de las sentencias, la Sala Constitucional cuestionó las actuaciones preparatorias de la Asamblea Nacional y del Comité de Postulaciones Electorales, en virtud del supuesto "desacato" en que afirmó se encuentra el órgano parlamentario desde principios del año 2016, "desacato" que no solo no existe jurídicamente sino que ha sido el artificio inventado por el Tribunal Supremo de Justicia para impedir a la Asamblea Nacional electa en diciembre de 2015, el ejercicio de sus atribuciones constitucionales.

En ese caso concreto de las designaciones de las dos últimas rectoras del CNE mediante la arbitraria actuación del Tribunal Supremo de Justicia, además de acarrear la nulidad e ineficacia de esas designaciones, por disponerlo así expresamente el citado artículo 138 de la Constitución, viola con ello los derechos políticos fundamentales a la participación política y a acceder al ejercicio de cargos públicos, circunstancia que determina igualmente su nulidad a tenor de lo dispuesto en el artículo 25 de la Constitución.

Es importante resaltar, que conforme a las previsiones de la Constitución y a la Ley Orgánica del Poder Electoral, en el proceso adelantado por la Asamblea Nacional durante el año 2016, las autoridades universitarias de las Facultades de Ciencias Jurídicas y Políticas habían postulado candidatos, actuaciones que no podían quedar sin efecto por el inventado e inexistente "desacato" en que la Sala Constitucional declaró a la Asamblea Nacional.

Aún en el supuesto negado que la inejecución de un fallo judicial se configurase, ello no permite el vaciamiento de la soberanía popular y la Constitución, ni tampoco puede afectar la validez de las actuaciones constitucionales de la Asamblea Nacional, ni éstas podían trasladarse a otras instituciones o personas, quienes, en ejercicio del derecho que le confieren la Constitución y la Ley, postularon válidamente las candidaturas. Pero aun así, en desprecio de las atribuciones y procedimientos constitucionales, la Sala Constitucional designó (ratificó) a una ciudadana que no fue postulada para este nuevo período por las facultades de ciencias jurídicas y políticas de las universidades, por lo que no podía ser reelecta. Esta última circunstancia agrega a esa inconstitucional designación, la violación del derecho a acceder a ese destino público, de quienes sí habían sido postulados conforme a la Constitución, por las autoridades universitarias.

De manera que, con esa designación se violó además el derecho político fundamental de acceso a las funciones públicas, en condiciones generales de igualdad, consagrado en los artículos 5, 62 y 70 de la Constitución, en el artículo 20 de la Declaración Americana sobre Derechos Humanos y en el artículo 25 del Pacto Internacional de Derechos Civiles y Políticos.

En cuanto al rector que debía ser designado a partir de las postulaciones que presentare el Poder Ciudadano, se advierte que éste no presentó postulación alguna en el trámite adelantado por la Asamblea Nacional en el año 2016, ello a pesar que como toda atribución conferida al poder público es de obligatorio cumplimiento y no puede ser interpretada como de ejercicio potestativo.

La Ley Orgánica del Poder Electoral prevé el supuesto en que las postulaciones sean insuficientes en número, disponiendo en ese caso que deberá concederse una prórroga (artículo 26, último aparte), pero no regula el supuesto absurdo de la omisión absoluta de postulaciones. Tampoco está previsto respecto de esa omisión una alternativa, como si lo está, por ejemplo, respecto de la omisión de convocar oportunamente el Comité de Evaluación de Postulaciones del Poder Ciudadano, supuesto en el cual el artículo 23 de la Ley Orgánica del Poder Ciudadano faculta expresamente a la Asamblea Nacional para proceder a la designación de los titulares del Poder Ciudadano.

No se encuentra una disposición similar en la *Ley Orgánica del Poder Electoral* y por tratarse de normas atributivas de competencia, no debería aplicarse ni la analogía, ni las tesis de competencias implícitas, por lo que en todo caso, ante tal omisión, la Sala Constitucional ha debido adoptar los lineamientos para su corrección, es decir, las medidas y directrices tendientes a exigir al Poder Ciudadano el cumplimiento de los actos necesarios para el ejercicio efectivo de la atribución de postular candidaturas, inconstitucional e ilegalmente omitida, pero nunca sustituirla, usurpando las funciones de los otros Poderes Públicos.

3. Del rechazo de la comunidad internacional

3.1. *El Parlamento Europeo*

En la sesión plenaria del 8 de febrero de 2018, el Parlamento Europeo se pronunció sobre el llamado a elecciones en nuestro país, advirtiendo que sólo reconocería elecciones basadas en un calendario electoral viable y que respeten condiciones de participación: equitativa, justa y transparente.

El rechazo a la convocatoria a elecciones se fundamenta en el cuestionamiento de la decisión de la Asamblea Nacional Constituyente y en la ausencia de garantías electorales, señalando al respecto, la necesidad de que *el Consejo Nacional Electoral sea imparcial*:

1. Deplora la decisión unilateral de la ilegítima Asamblea Nacional Constituyente, carente de reconocimiento tanto interna-

cional como de la Unión Europea, de convocar elecciones presidenciales anticipadas para finales de abril de 2018; lamenta profundamente la reciente sentencia del Tribunal Supremo de Justicia de Venezuela por la que se prohíbe la participación de los candidatos de la MUD en las próximas elecciones; señala que son muchos los posibles candidatos que no podrán presentarse a las elecciones por estar en el exilio, en situación de inhabilitación administrativa, en arresto domiciliario o presos; insiste en que no deben imponerse condiciones ni levantarse obstáculos en lo que respecta a la participación de partidos políticos y pide a las autoridades venezolanas que restablezcan plenamente sus derechos a ser elegidos.

2. Insiste en que la Unión y sus instituciones, incluido el Parlamento Europeo, únicamente reconocerán unas elecciones que estén basadas en un calendario electoral viable y acordadas en el contexto del diálogo nacional con el conjunto de los actores pertinentes y partidos políticos en las que se cumplan unas condiciones de participación equitativas, justas y transparentes, lo que supone que se supriman las prohibiciones que pesan sobre políticos de la oposición, que no haya presos políticos, que se vele por que el Consejo Electoral Nacional tenga una composición equilibrada y sea imparcial, y que existan suficientes garantías, incluido el seguimiento por parte de observadores internacionales independientes; recuerda su disposición a enviar una misión de observación electoral en caso de cumplirse todos los requisitos.[10] (Subrayados añadidos).

En el numeral 5 del texto aprobado por el Parlamento Europeo, se insiste en el desconocimiento de la Asamblea Nacional Constituyente y en el apoyo a la Asamblea Nacional, afirmando que es el único órgano al que reconocen como Poder Legislativo válidamente constituido en Venezuela, expresando al respecto:

Condena en los términos más enérgicos la continua violación del orden democrático en Venezuela; hace una vez más patente su

---

10   http://www.europarl.europa.eu/sides/getDoc.do?pubRef=-//EP//TEXT+TA+P8-TA-2018-0041+0+DOC+XML+V0//ES

pleno apoyo a la Asamblea Nacional en cuanto único parlamento legalmente constituido y reconocido de Venezuela y pide al Gobierno del país que se le restablezca en su plena autoridad constitucional; rechaza cualquier decisión adoptada por la Asamblea Nacional Constituyente por constituir una violación de todas las reglas y normas democráticas; manifiesta su apoyo a una solución política en un contexto que incluya al conjunto de los actores pertinentes y partidos políticos; recuerda que la separación y la no interferencia entre los poderes del Estado es un principio esencial de los Estados democráticos que se rigen por el Estado de Derecho.

3.2. *El Grupo de Lima*

Pocos días antes, el 23 de enero de 2018[11], los cancilleres que conforman la Alianza del llamado Grupo de Lima habían reaccionado ante la decisión del Gobierno de Venezuela de convocar a elecciones presidenciales para el primer cuatrimestre de este año, rechazando la decisión por considerar que la misma *"imposibilita la realización de elecciones presidenciales democráticas, transparentes y creíbles, conforme a estándares internacionales y contradice los principios democráticos y de buena fe para el diálogo entre el gobierno y la oposición"*.

En virtud de lo cual exigen que *"las elecciones presidenciales sean convocadas con una adecuada anticipación, con la participación de todos los actores políticos venezolanos y con todas las garantías que corresponda, incluida la participación de observadores internacionales independientes. Unas elecciones que no cumplan éstas condiciones carecerán de legitimidad y credibilidad."*

Así mismo, reiteran su respaldo a la Asamblea Nacional, democráticamente electa, al tiempo que insisten en desconocer la validez de los actos adoptados por la Asamblea Nacional Constituyente, condenando todas sus actuaciones.

---

11 http://dossier33.com/nacional/pronunciamiento-del-grupo-de-lima-sobre-venezuela/

3.3. *La Comisión Interamericana de Derechos Humanos*

La Comisión Interamericana de Derechos Humanos (CIDH) en su último informe sobre la Situación de los Derechos Humanos en Venezuela, divulgado el pasado 12 de febrero de 2018, relaciona ampliamente las violaciones de todos los derechos humanos, incluidos los derechos políticos y censura la ausencia de garantías electorales, que hacen nugatorio el ejercicio y goce efectivo de los derechos a elegir y ser elegido, así como la Democracia y el Estado de Derecho, indicando en su recomendación N° 13, lo siguiente:

En relación con el Consejo Nacional Electoral, tomar las medidas necesarias para asegurar su independencia, a través de la aplicación del mecanismo de elección y requisitos establecidos constitucionalmente; así como el aseguramiento en sus decisiones de los derechos políticos de la población venezolana, sin interferencias indebidas.[12] (Subrayados agregados).

Esa recomendación está dirigida a los órganos del Poder Público y sectores de la sociedad civil, a quienes de conformidad con la Constitución vigente, les corresponde la postulación y designación de los rectores del Consejo Nacional Electoral.

En ese punto concreto, la sociedad civil, el sector académico y la Asamblea Nacional pueden avanzar en el rescate de una de las instituciones necesarias para el ejercicio democrático de los derechos políticos, sin la anuencia del Ejecutivo Nacional y con la colaboración de la comunidad internacional.

3.4. *El Consejo Permanente de la Organización de Estados Americanos*

El Consejo Permanente de la Organización de Estados Americanos adoptó el 23 de febrero de 2018 la Resolución CP/RES. 1095

---

12 http://www.oas.org/es/cidh/informes/pdfs/Venezuela2018-es.pdf. Esa recomendación está fundamentada en constataciones que se leen a lo largo del Informe, de manera particular en los numerales 16 y 120 al 131, en los cuales se cuestiona la independencia del Poder Electoral por la forma de designación de los rectores que integran el Consejo Nacional Electoral y por las decisiones que ese órgano ha adoptado afectando el ejercicio de los derechos políticos de venezolanos.

(2145/18), en cuyos considerandos se cuestiona la credibilidad del proceso electoral convocado, señalando lo siguiente:

[…] el anuncio del Gobierno venezolano de adelantar las elecciones presidenciales al 22 de abril de 2018 imposibilita la realización de elecciones democráticas, transparentes y creíbles de conformidad con las normas internacionales, y contradice los principios democráticos y la buena fe.[13]

En virtud de lo cual, tomando en cuenta el contenido del informe de la Comisión Interamericana de Derechos Humanos y entendiendo *"que un proceso electoral libre y justo es fundamental para resolver de manera pacífica y democrática la actual crisis, y el único camino posible para la vigencia del Estado de Derecho en Venezuela"*, exhorta:

[…] a que reconsidere la convocatoria de las elecciones presidenciales y presente un nuevo calendario electoral que haga posible la realización de elecciones con todas las garantías necesarias para un proceso libre, justo, transparente, legítimo y creíble, que incluya la participación de todos los partidos y actores políticos venezolanos sin proscritos de ninguna clase, observadores internacionales independientes, acceso libre e igualitario a los medios de comunicación, y con un Consejo Nacional Electoral cuya composición garantice su independencia y autonomía y que goce de la confianza de todos los actores políticos.[14] (Subrayados agregados).

II. DE LA NECESARIA INDEPENDENCIA E IMPARCIALIDAD DEL ÁRBITRO ELECTORAL COMO GARANTÍA ELECTORAL ESENCIAL

La realización de los procesos electorales exige que se ofrezcan a los ciudadanos garantías mínimas, sin las cuales no puede considerarse que los comicios constituyan un mecanismo legítimo para el

---

13 http://www.oas.org/documents/spa/press/CP-RES.1095(2145-18).pdf

14 http://www.oas.org/documents/spa/press/CP-RES.1095(2145-18).pdf

ejercicio libre y democrático del derecho al sufragio y la participación política.

Esas garantías están referidas al respeto de los derechos de asociación con fines políticos, el derecho individual a postularse como elegible, el ejercicio del derecho al sufragio mediante votaciones libres, universales, directas y secretas, así como la transparencia y equidad en los procesos previos de organización y campaña electoral, todos los cuales están siendo gravemente violados actualmente en Venezuela, siendo un elemento determinante de esas violaciones la ausencia de independencia en los órganos del Poder Judicial, del Poder Electoral y del Poder Ciudadano.

La separación de poderes es una garantía esencial de los derechos. Al respecto, Manuel García Pelayo expresaba:

El Derecho positivo y la teoría jurídica han distinguido entre declaraciones de derecho en sentido estricto y garantías de derechos; es decir, aquellas normas destinadas a asegurar la vigencia de los derechos fundamentales frente a las extralimitaciones de los órganos del Estado. Pero por encima de las garantías parciales de derechos individualizados, el Estado liberal cuidó también de asegurar el conjunto de la libertad mediante un sistema general de garantías que fue posible gracias a la estructuración de la constitución con arreglo a un esquema racional y que dio lugar a la división de poderes y al Estado de Derecho.[15] (Subrayados agregados).

La existencia de una autoridad electoral independiente es la primera garantía electoral, sin la cual el resto de los derechos se desvanecen.

En ese sentido, el Comité de Derechos Humanos de la Organización de Naciones Unidas, en la Observación General No. 25, adoptada en relación al derecho de participación en los asuntos públicos y el derecho de voto, en su 57º período de sesiones (1996) señala en sus párrafos 20 y 21 lo siguiente:

---

15 García Pelayo, Manuel, *Derecho Constitucional Comparado*, Caracas, Fundación García Pelayo, 2001, p. 154.

Debe establecerse una junta electoral independiente para que supervise el proceso electoral y garantice que se desarrolla en forma justa e imparcial y de conformidad con disposiciones jurídicas compatibles con el Pacto[16]. Los Estados deben tomar medidas para garantizar el carácter secreto del voto durante las elecciones, incluida la votación cuando se está ausente de la residencia habitual, si existe este sistema. Ello comporta la necesidad de que los votantes estén protegidos contra toda forma de coacción para revelar cómo van a votar o cómo han votado, y contra toda injerencia ilícita en el proceso electoral. La renuncia de estos derechos es incompatible con las disposiciones del artículo 25 del Pacto. Deberá garantizarse la seguridad de las urnas y los votos deben escrutarse en presencia de los candidatos o de sus agentes. Debe haber un escrutinio de los votos y un proceso de recuento independientes y con posibilidad de revisión judicial o de otro proceso equivalente a fin de que los electores tengan confianza en la seguridad de la votación y del recuento de los votos. La asistencia que se preste a los discapacitados, los ciegos o los analfabetos deberá tener carácter independiente. Deberá informarse plenamente a los electores acerca de estas garantías. 21. Aunque el Pacto no impone ningún sistema electoral concreto, todo sistema electoral vigente en un Estado Parte debe ser compatible con los derechos amparados por el artículo 25 y garantizar y dar efecto a la libre expresión de la voluntad de los electores.[17] (Subrayados agregados).

---

16   El documento se refiere al Pacto Internacional de Derechos Civiles y Políticos adoptado por la Asamblea General de la ONU el 16 de diciembre de 1966, en vigor desde 1976 y objeto de la Ley Aprobatoria publicada en la Gaceta Oficial de la República de Venezuela N° 2.146 de fecha 28 de enero de 1978. El artículo 25 del Pacto es del tenor siguiente: "Todos los ciudadanos gozarán, sin ninguna de la distinciones mencionadas en el artículo 2, y sin restricciones indebidas, de los siguientes derechos y oportunidades: a) Participar en la dirección de los asuntos públicos, directamente o por medio de representantes libremente elegidos; b) Votar y ser elegidos en elecciones periódicas, auténticas, realizadas por sufragio universal e igual y por voto secreto que garantice la libre expresión de la voluntad de los electores; c) Tener acceso, en condiciones generales de igualdad, a las funciones públicas de su país".

17   http://hrlibrary.umn.edu/hrcommittee/Sgencom25.html

La garantía de un órgano electoral independiente e imparcial, afirma Pedro Nikken, es *"indispensable para la idoneidad de los procesos electorales"*, haciendo énfasis en que:

> [...] los requisitos de competencia, imparcialidad e independencia, que el artículo 8 de la Convención Americana exige para jueces y tribunales en el marco del debido proceso son aplicables, de conformidad con la jurisprudencia de la Corte, a los organismos electorales, incluso cuando no sean formalmente tribunales ni formen parte del sistema judicial. ... (*Omisis*) por lo tanto, los organismos electorales, que a todas luces están facultados para determinar derechos de las personas que están dentro del ámbito de su competencia y que, en el desempeño de sus funciones pueden afectar derechos humanos (derechos políticos), deben cumplir con las garantías mínimas establecidas en el artículo 8 de la Convención Americana –similar al artículo 14 del PIDCP[18] – entre las cuales se encuentra la garantía de competencia, independencia e imparcialidad.[19]

La Constitución de 1961 establecía las bases para una regulación tendiente a garantizar la necesaria independencia del órgano electoral al disponer en el primer aparte del artículo 113:

Los organismos electorales estarán integrados de manera que no predomine en ellos ningún partido o agrupación política y sus componentes gozarán de los privilegios que la ley establezca para asegurar su independencia en el ejercicio de sus funciones".

Brewer Carías, al comentar esa norma afirmaba que en ella se establecía,

> [...] el principio del pluralismo en la integración de los organismos electorales y se asegura, además, que «sus componentes gozarán de los privilegios que la ley establezca para asegurar su

---

18 Pacto Internacional de Derechos Civiles y Políticos, *cit.*.

19 Nikken, Pedro, *Los derechos políticos como derechos humanos*, en: **VI Congreso Internacional de Derecho Procesal Constitucional y IV Congreso de Derecho Administrativo homenaje al Profesor Carlos Ayala Corao**, noviembre 2016, Caracas, 2017, p. 401.

independencia en el ejercicio de sus funciones». Esta norma es la que permite considerar a los organismos electorales y, particularmente al Consejo Supremo Electoral, como un órgano estatal con autonomía funcional, que no depende de los clásicos poderes del Estado, ni el Poder Judicial, ni el Poder Legislativo, ni el Poder Ejecutivo, teniendo además potestad de autonormación y autonomía administrativa. [20]

En la exposición de motivos de la Constitución de 1999, con relación al Poder Electoral, se lee:

[...] como rama del Poder Público, el Poder Electoral se rige por los principios de independencia orgánica, autonomía funcional y presupuestaria, despartidización de los organismos electorales, imparcialidad y participación ciudadana, descentralización de la administración electoral, transparencia y celeridad del acto de votación y escrutinio, para lo cual se crea un Comité de Postulaciones Electorales integrado por representantes de diferentes sectores de la sociedad, organismo que tendrá a su cargo hacer viables las elecciones de los miembros del Consejo Nacional Electoral, que en un número de cinco, provienen tres de la sociedad civil, uno de las Facultades de Ciencias Jurídicas y Políticas de las Universidades Nacionales y no del Poder Ciudadano. (Subrayados agregados).

Sin embargo, en la ponencia presentada en el foro *"Llamado a elecciones por parte de la Asamblea Nacional Constituyente"*, celebrado el pasado 15 de febrero de 2018 en esta Academia de Ciencias Políticas y Sociales, el profesor Brewer Carías consideró necesario precisar:

[...] para que no haya duda, que a pesar de toda la propaganda oficial, en Venezuela, históricamente, con la Constitución de 1999 no se inició realmente ningún nuevo ciclo político constitucional, sino que la misma y los gobiernos subsecuentes que se instalaron en el poder del Estado lo que montaron fue un siste-

---

20 Brewer Carías, Allan R., "Fundamentos Constitucionales del sistema electoral venezolano", en **Revista de Derecho Público**, N° 15, Julio-Septiembre 1983, p. 13.

ma político para precisamente desmontar el Estado democrático centralizado de partidos, que ahora está en proceso definitivo de extinción. En esa forma, dicho sistema político solo ha sido un acaecimiento más, parte de la crisis política del ciclo político de dicho Estado democrático de partidos centralizado iniciado en 1961, en el cual se concentraron, desarrollaron y exacerbaron todos los vicios que se denunciaban en los años noventa del siglo pasado[21].

En su obra *Historia Constitucional de Venezuela*, Brewer-Carías, afirma:

> [...] éstos (los partidos políticos) siguen siendo el eje del proceso político, aun cuando desde 1999 se trate de nuevos partidos, entre ellos el del Presidente de la República. Se trata de un instrumento electoral y político, que en 2006 desde el propio Estado, y con una operación y política estatal conducida por los altos funcionarios del mismo, se comenzó a transformar en un partido socialista único ... La democracia venezolana, por tanto, sigue siendo esencialmente representativa de los partidos políticos, los cuales la controlan totalmente. Nada ha cambiado en el sistema, salvo que desde 2000 hay un nuevo partido, con nuevos nombres y nuevos líderes, y un Presidente de la República que impunemente ha actuado como Presidente del partido de gobierno. [22]

Esa hegemonía del partido de gobierno le permitió el control y secuestro de los Poderes Públicos, violando las disposiciones de la Constitución de 1999, los vicios que afectan la validez de las designaciones de los actuales rectores del Consejo Nacional Electoral hacen que la independencia e imparcialidad del árbitro electoral en Venezuela siga siendo un objetivo inalcanzado, por lo que, atendiendo a las exigencias de la sociedad venezolana y de la comunidad internacional, se plantea el necesario rescate y establecimiento

---

21   http://allanbrewercarias.com/conferencias-y-ponen/1207-conferencia-reflexiones-los-ciclos-politicos-la-historia-venezuela-la-apoptosis-regimen-dias-contados/
22   *Ob. cit.*, Tomo II, p. 287.

de la independencia del Poder Electoral como un objetivo inmediato para restablecer la Democracia y el Estado de Derecho, necesarias para lograr la garantía efectiva de los derechos políticos y los demás derechos humanos.

III. CONCLUSIÓN Y RECOMENDACIÓN

La conformación del Consejo Nacional Electoral como órgano del Poder Electoral de conformidad con la Constitución de 1999, debe regirse por los principios de independencia, autonomía, despartidización, imparcialidad y participación ciudadana, a fin de garantizar la convocatoria y realización de elecciones libres y justas.

No obstante, el Consejo Nacional Electoral está integrado irregularmente por rectores y rectoras que han sido designados inconstitucionalmente, no sólo por no cumplir los requisitos de postulación, procedimientos y trámites, sino por haber sido designados por una autoridad constitucionalmente incompetente para ello (Tribunal Supremo de Justicia). Esta integración irregular del Consejo Nacional Electoral, lo ha convertido en una instancia político partidista, que hace nugatorias las garantías constitucionales de igualdad, confiabilidad, imparcialidad, transparencia y eficiencia electoral, que dicho órgano debe hacer efectivas en todos los procesos electorales.

Para lograr el restablecimiento de las garantías de elecciones libres y justas como expresión de la soberanía del pueblo, el régimen plural de partidos y la separación e independencia de los poderes públicos como elementos esenciales del Estado Constitucional de Derecho y de la democracia, *es necesario e impostergable garantizar efectivamente la independencia e imparcialidad del Poder Electoral mediante su reinstitucionalización conforme a la Constitución.* **A tales fines, la Asamblea Nacional, como único órgano constitucionalmente competente para ello, debe proceder a efectuar la designación de los cinco (5) rectores y rectoras independientes e imparciales del Consejo Nacional Electoral, siguiendo para ello los requisitos de postulación, los procedimientos y las directrices establecidos expresamente en la Constitución.**

Por la Academia de Ciencias Políticas y Sociales, en Caracas, a los tres (3) días del mes de marzo de 2018.

Gabriel Ruan Santos, Presidente

Luciano Lupini, Secretario

http://www.acienpol.org.ve/cmacienpol/Resources/Pronuncia-mientos/ACPS_Dictamen%20independencia%20e%20impar-cialidad%20CNE_garant%C3%ADas%20electorales.pdf

XII. PRONUNCIAMIENTO DE LAS ACADEMIAS NACIONALES ANTE EL DESCONOCIMIENTO OFICIAL DE LOS RESULTADOS DE LAS ELECCIONES ESTUDIANTILES EN LA UNIVERSIDAD DE CARABOBO.

6.12.2018.

Las Academias Nacionales nos dirigimos a la comunidad universitaria y al país para protestar la arbitraria sentencia emitida por la Sala Electoral del Tribunal Supremo de Justicia, mediante la cual anula la decisión de la Comisión Electoral Estudiantil de la Universidad de Carabobo que declaró ganador por amplísima mayoría al Bachiller Marlon Díaz en el cargo de Presidente de la Federación de Centros Universitarios de esa Casa de Estudios en el proceso electoral estudiantil convocado para el día 14 de Noviembre del año 2018 y en su lugar proclamó como ganadora a la Bachiller Jessica Bello Barreto.

Al adherirnos a las detalladas expresiones de rechazo emitidas por autoridades universitarias y organizaciones diversas, reiteramos que mediante este procedimiento ilegal se desconoce la voluntad de los estudiantes de la Universidad de Carabobo expresada en el sufragio estudiantil, con lo cual nuevamente se ataca a la academia, a la universidad y su autonomía. La imposición antidemocrática de la Bachiller Jessica Bello Barreto por vía del atropello legal se suma a la práctica reiterada del gobierno nacional de crear instancias paralelas al ordenamiento constitucional y legal.

Una vez más hacemos un llamado al ejecutivo nacional y demás poderes públicos de velar por el cumplimiento de la constitución y las leyes, a la vez que felicitamos a los estudiantes de la Universidad de Carabobo por su decidida vocación democrática y plural que hizo posible el innegable triunfo que hoy se pretende desconocer.

Caracas, 06 de diciembre de 2018

Horacio Biord Castillo, Presidente de la Academia Venezolana de la Lengua

Inés Quintero Montiel, Directora de la Academia Nacional de la Historia

Leopoldo Briceño-Iragorry Calcaño, Presidente de la Academia Nacional de Medicina

Gabriel Ruan Santos, Presidente de la Academia de Ciencias Políticas y Sociales

Gioconda Cunto de San Blas, Presidenta de la Academia de Ciencias Físicas, Matemáticas y Naturales

Humberto García Larralde, Presidente de las Academia Nacional de Ciencias Económicas

Gonzalo Morales, Presidente de la Academia Nacional de Ingeniería y el Hábitat

http://www.acienpol.org.ve/cmacienpol/Resources/Pronunciamientos/Pronunciamiento%20elecciones%20estudiantiles%20-UC.pdf

Sobre el mismo tema del **SISTEMA ELECTORAL**, véase también los siguientes pronunciamientos de la Academia publicados en el Tomo I, de la obra *Doctrina Académica Institucional. Pronunciamientos (1980-2012)*, Centro de Investigaciones Jurídicas, Academia de Ciencias Políticas y Sociales, Caracas 2013, (ISBN: 978-980-6396-92-0), 213 pp.:

DICTAMEN SOBRE LA SENTENCIA NÚMERO 442 DEL 23 DE MARZO DE 2004, DICTADA POR LA SALA CONSTITUCIONAL DEL TRIBUNAL SUPREMO DE JUSTICIA, DECISIÓN POR MEDIO DE LA CUAL SE DECLARÓ NULA LA DECISIÓN CAUTELAR ELECTORAL DE MISMO TRIBUNAL SUPREMO DE JUSTICIA. 12.04.2004, PP. 37 ss.

CUARTA PARTE

VIOLACIÓN DEL PRINCIPIO DE SEPARACIÓN DE PODERES, CONSTITUCIONALIZACIÓN Y LEGALIDAD

I. PRONUNCIAMIENTO DE LAS ACADEMIAS NACIONALES ANTE EL PAÍS.

(Faltas temporales del presidente debido a problemas de salud; violación al Derecho del ciudadano al acceso a la información; violación de garantías constitucionales sobre la legitimidad de los cargos del poder público).

19.2.2013.

Preocupadas por el respeto a las instituciones democráticas y republicanas, y en atención a los acontecimientos desarrollados durante las últimas semanas relativas al ejercicio del cargo del Presidente de la República, de los ministros y otros altos funcionarios del Poder Público Nacional, las Academias Nacionales se sienten obligadas a expresar las siguientes consideraciones.

El Acuerdo de la Asamblea Nacional del 8 de enero de 2013 y la posterior sentencia de la Sala Constitucional del día 9 del mismo mes y año, relativos a la juramentación del Presidente de la República, ya ampliamente divulgados, han afectado la credibilidad de los poderes públicos y la institucionalidad del Estado de Derecho, y ello ha agravado la incertidumbre sobre su seguridad jurídica y sobre la conservación del orden democrático y republicano.

Actualmente, la sociedad venezolana se mantiene bajo una gran indefinición respecto del funcionamiento del Poder Ejecutivo, por cuanto es un hecho notorio que el Presidente reelecto no se encuentra en ejercicio de sus funciones y no se sabe, según informaciones de voceros oficiales, cuándo podría asumirlas. No hay que repetir lo poco revelado. Aunque es incuestionable y totalmente respetable el derecho del Presidente a la salud, ello debe conformarse a las regulaciones constitucionales, pues de no corregirse de inmediato la situación antes mencionada ella dejará profundas heridas en las instituciones democráticas y republicanas del país.

Respecto a la aplicación del régimen de faltas temporales y absolutas de quien ejerce la Presidencia, o de quien ha sido elegido para este cargo, en atención a lo escuetamente revelado hasta ahora hay un tema clínico que requiere una explicación clara y directa por médicos venezolanos designados según la normativa aplicable y de manera inmediata e impostergable. En una sociedad democrática, la información sobre una enfermedad grave y el estado de la salud del Presidente de la República son asuntos de interés público que incumben a la ciudadanía y, además, son asuntos que afectan a la transparencia democrática. El orden democrático y republicano se caracteriza, además del respeto por las reglas de selección, asunción y funcionamiento de los órganos de los poderes públicos, por la garantía del derecho ciudadano de acceso a una información veraz, seria y objetiva. Toda versión que no informe de manera efectiva o la deforme debe ser irrestrictamente inaceptada.

La elección, proclamación y juramentación de los individuos electos para cargos públicos, así como la fijación del inicio y terminación de períodos para su ejercicio, son todas garantías indispensables para asegurar la legitimidad de origen del poder público, que en los casos de reelección impiden que se desvirtúe el principio del gobierno republicano, democrático, electivo, periódico y alternativo. De su respeto depende que los procesos de reelección signifiquen lo que son: una renovación de los poderes públicos, y no se conviertan en una simple ratificación que prorrogue el período anterior. La elección de autoridades mediante voto popular, directo y secreto no ha de tratarse como si fuese un mero plebiscito.

Estos elementos son principios universales de la moralidad política, que dan relieve a la concurrencia del respeto a la voluntad popular, junto con las reglas que esa misma voluntad ha impuesto para legitimar el ejercicio del poder público a fin de garantizar la seguridad jurídica e institucional de la Patria republicana, democrática, libre y soberana, de todos los venezolanos.

La actual situación de inseguridad jurídica e incertidumbre debe ser superada de manera tal que permita la toma de las medidas políticas, sociales y económicas indispensables para el gobierno de la República, que ya se hacen impostergables. Es un legítimo reclamo de la soberanía nacional exigir que las supremas decisiones de la República sean tomadas e informadas a la Nación directamente por quien detenta el mandato popular, sin intermediarios y dentro del territorio nacional. Cada funcionario electo es responsable personalmente ante el electorado y ante el ordenamiento jurídico del Estado.

Caracas, 19 de Febrero de 2013

Rafael Muci Mendoza, Presidente Academia Nacional de Medicina

Enrique Lagrange, Presidente Academia Nacional de Ciencias Políticas y Sociales

Claudio Bifano, Presidente Academia de Ciencias Físicas Matemáticas y Naturales

Luis Mata Mollejas, Presidente Academia Nacional de Ciencias Económicas

Manuel Torres Parra, Presidente Academia Nacional de la Ingeniería y el Hábitat

http://www.acienpol.org.ve/cmacienpol/Resources/Pronunciamientos/Pronunciamiento%20de%20las%20Academias%20-Continuidad%20del%20ejercicio%20de%20la%20presidencia-%2022%20de%20febrero.pdf

II. PRONUNCIAMIENTO DE LA ACADEMIA DE CIENCIAS POLITICAS Y SOCIALES ANTE EL ABUSO DE LAS NORMAS PENALES PARA REPRIMIR ACCIONES ENMARCADAS EN EL EJERCICIO DE DERECHOS CONSTITUCIONALES.

(Violación del principio de legalidad; creación de normas con supuestos de hechos abstractos; violación al principio de progresividad; penalización inconstitucional sobre conductas lícitas de los ciudadanos).

21.5.2013.

Las normas penales contenidas en nuestro ordenamiento jurídico están destinadas, per se, a la descripción de conductas gravemente transgresoras del status ético-jurídico que merecen, por ello, las sanciones más severas que, en especial, pueden afectar el bien más preciado después de la vida, como es la libertad. Por ello el derecho penal debe ser concebido y aplicado como recurso extremo y con el máximo celo, para así preservar el principio de legalidad, que postula la inequívoca y expresa previsión del hecho en una ley formal, y el principio de culpabilidad, que solo permite que se sancione por lo que es conocido y querido por estar previsto legalmente, todo ello con el más absoluto y celoso apego a las garantías de un justo o debido proceso.

Separarse de estas exigencias en la interpretación y aplicación de la ley penal y utilizar su normativa para fines que le son ajenos, convierte al derecho penal en un instrumento de perversa eficacia para generar zozobra en la colectividad y en cualquier ciudadano que pueda verse expuesto a las consecuencias de una persecución penal.

Entre nosotros, en todos los tiempos, se ha abusado de las normas penales a través de la consagración de las fórmulas abiertas de tipificación, descripción de conductas punibles sin contornos precisos, con profusión de elementos normativos y de delitos de expresión cuya interpretación abre fácilmente el camino a la arbitrariedad, poniendo en peligro la libertad de los ciudadanos.

En particular, la reforma del Código Penal de 2005 facilitó esta peligrosa apertura, a tal punto que la mayoría de las normas introducidas en esa oportunidad han sido objeto de un recurso de nulidad intentado en el año 2006 por el propio Fiscal General de la República y, por otra parte, la reforma del Código Orgánico Procesal Penal de 2012 se ha traducido en una manifiesta regresión en materia de garantías judiciales y afectación de derechos consagrados en la Constitución.

En este contexto y en el marco de un sistema de justicia bajo manifiestas y evidentes presiones que ponen en entredicho su independencia y autonomía; ante expresiones de disidencia, de crítica, de protesta y de reafirmación del más evidente ejercicio de derechos ciudadanos, se han producido no solo amenazas de acciones penales por pretendidos delitos de traición a la patria o de conspiración, sino que, inclusive, se han puesto en marcha procesos penales por supuesta instigación al odio y, lo que es más grave, por delitos contemplados en la *Ley Orgánica contra la Delincuencia Organizada y Financiamiento al Terrorismo*. Esto último implica que se identifique a la delincuencia organizada con actividades lícitas de ciudadanos, de organizaciones de derechos humanos y de partidos políticos que hacen vida en un sistema democrático.

Esta Corporación, en razón de lo expresado, denuncia estas prácticas de auténtico terrorismo penal o de utilización de la justicia para fines que le son ajenos. De la misma manera, insta a que, de acuerdo con la ley, se establezcan responsabilidades por hechos violentos que hayan ocurrido, sin que se pretenda una supuesta autoría o participación por el ejercicio legítimo del derecho a la protesta; solicita formalmente que se rectifique y se dejen sin efecto imputaciones carentes de fundamento, de claro contenido político, de modo que cesen los procesos penales injustos que han sido incoados. Asimismo, esta Academia de Ciencias Políticas y Sociales se suma a los llamados que se han formulado a los fines de abrir el camino del diálogo, del reconocimiento al adversario y del serio establecimiento de las bases para la reconciliación de los venezolanos, en el marco de los valores proclamados por nuestra Constitución y con absoluta sujeción a las normas legales vigentes.

Dado y firmado en el Salón de Sesiones de la Academia de Ciencias Políticas y Sociales, Palacio de las Academias, a los veinte y un (21) días del mes de mayo de dos mil trece (2013).

LUIS COVA ARRIA, Presidente

HUMBERTO ROMERO-MUCI, Secretario

http://www.acienpol.org.ve/cmacienpol/Resources/Pronunciamientos/PRONUNCIAMIENTO-NORMASPENALES.pdf

III. PRONUNCIAMIENTO DE LA ACADEMIA DE CIENCIAS POLITICAS Y SOCIALES SOBRE LA ENTRADA EN VIGOR DEL RETIRO DE VENEZUELA DE LA CONVENCIÓN AMERICANA SOBRE DERECHOS HUMANOS.

(Violación al principio de jerarquía constitucional; violación al derecho de los ciudadanos de dirigir sus peticiones a órganos internacionales, violación al derecho a la protección internacional; los poderes públicos no tienen competencia para modificar libremente tratados internacionales).

1.10.2013.

La Academia de Ciencias Políticas y Sociales se suma a las expresiones nacionales e internacionales de profunda preocupación y rechazo ante la entrada en vigor el pasado 10 de septiembre de 2013 de la denuncia realizada por el Gobierno de la República Bolivariana de Venezuela de la Convención Americana sobre Derechos Humanos, ya que se trata de una decisión en sí misma violatoria de la Constitución de la República Bolivariana de Venezuela y de los compromisos internacionales del Estado venezolano:

1. El sistema interamericano de protección de los derechos humanos ha sido un patrimonio regional y mundial, a cuya creación y fortalecimiento ha contribuido Venezuela. Este sistema ha permitido la protección a numerosas y variadas víctimas de violación de derechos humanos, quienes nunca obtuvieron justicia en el derecho interno en Venezuela, incluidos entre otros, grupos de campesinos, indígenas, personas privadas de libertad, periodistas y jueces.

2. La denuncia de la Convención Americana sobre Derechos Humanos (CADH) equivale a derogar la Constitución, ya que es violatoria de esta en virtud de este instrumento internacional tiene "jerarquía constitucional" por ser un tratado relativo a los derechos

humanos (art. 23); además, la CADH expresamente está incorporada a la Constitución en la regulación de los estados de emergencia (art. 339).

3. El derecho de toda persona a dirigir peticiones o quejas ante los órganos de la CADH, es decir, ante la Comisión Interamericana de Derechos Humanos (CIDH) -y luego conforme a las regulaciones aplicables a que su caso sea enviado por ésta ante la Corte Interamericana de Derechos Humanos (Corte IDH)- con el "objeto de solicitar el amparo a sus derechos humanos", es igualmente un derecho constitucional expresamente consagrado en su artículo 31 de la Constitución. Por lo cual, la disminución o el desconocimiento de ese derecho constituye una transgresión del principio constitucional de progresividad de los derechos humanos reconocidos en el artículo 19 del Texto Fundamental.

4. La denuncia de la CADH es un hecho de gravísimas repercusiones nacionales e internacionales, ya que afecta injustificadamente el derecho de todas las personas bajo la jurisdicción del Estado venezolano a su protección internacional. En efecto, si bien la denuncia de la CADH no tiene efectos retroactivos respecto a los hechos ocurridos antes del 12 de septiembre de 2013, en principio estarán fuera del ámbito de su protección las violaciones a los derechos humanos causadas por el Estado venezolano con posterioridad a esta fecha. Ello sin embargo no afecta las competencias de la Comisión Interamericana de Derechos Humanos (CIDH), como órgano principal de la Carta de la OEA (arts. 51, e y 106) desde el Protocolo de Buenos Aires adoptado en 1967, a cuya jurisdicción están sujetos todos los Estados Miembros de la OEA. Igualmente, en virtud del mencionado principio de progresividad, los derechos reconocidos en la CADH deben permanecer en vigor en el derecho interno venezolano, por haberse incorporado como derechos inherentes a la persona humana, conforme a nuestra Constitución (art. 22).

5. En virtud del carácter y jerarquía constitucional y los demás principios constitucionales aquí expuestos, ni el Presidente de la República ni la Asamblea Nacional podían ni pueden modificar libremente la Constitución en la materia de tratados relativos a los derechos humanos, ya que ésta no puede ser derogada "por cual-

quier otro medio distinto al previsto en ella" (art. 333). En todo caso, conforme a la Base Comicial Octava aprobada en referendo por el pueblo de Venezuela en 15 de agosto de 1999, es un deber del poder constituyente y por ende con mayor razón del poder constituido, respetar con base en el principio de progresividad los derechos y compromisos internacionales contenidos en los pactos, convenciones y tratados vigentes en Venezuela.

6. En consecuencia, la denuncia de la CADH por el Gobierno de la República Bolivariana de Venezuela configura una violación objetiva de la Constitución y un menoscabo de los derechos garantizados en ella, por lo cual dicho acto es "nulo", y "los funcionarios públicos y funcionarias públicas que lo ordenen o ejecuten incurren en responsabilidad penal, civil y administrativa, según los casos, sin que les sirvan de excusa órdenes superiores" (art. 25).

7. Hacemos un llamado final al Estado venezolano para que rectifique esta decisión, ratifique de nuevo la CADH en beneficio de todas las personas bajo su jurisdicción y repare así la grave inconstitucionalidad aquí denunciada.

En Caracas, a los 1 días del mes de octubre de 2013.

Luis Cova Arria, Presidente
Jesús Ramón Quintero, Secretario Accidental

http://www.acienpol.org.ve/cmacienpol/Resources/Pronunciamientos/Pronunciamiento%20ACPS%20el%20retiro%20de-%20Venezuela%20de%20la%20Convenci%C3%B3n%20Am%C3%A9ricana%20sobre%20Derecho%20Humanos%2001-10-2013.pdf

IV. DECLARACIÓN DE LAS ACADEMIAS NACIONALES FRENTE A LAS IMPLICACIONES INSTITUCIONALES Y SOCIALES DEL DENOMINADO PLAN DE LA PATRIA.

(Implicaciones institucionales y sociales de la aprobación de este instrumento, que tiene por fin ser de obligatorio cumplimiento).

12.12.2013

Recientemente la Asamblea Nacional ha aprobado el "Plan de la Patria, Proyecto Nacional Simón Bolívar, Segundo Plan Socialista de Desarrollo Económico y Social de la Nación, 2013-2019"[1.] Este documento fue presentado ante dicho órgano representativo, legislativo y de control por el Presidente de la República, Nicolás Maduro, invocando el artículo 237, numeral 18, de la Constitución de la República Bolivariana de Venezuela, el cual lo faculta para "formular el Plan Nacional de Desarrollo y dirigir su ejecución previa aprobación de la Asamblea Nacional". La Asamblea Nacional tiene a su vez la atribución de "aprobar las líneas generales del plan de desarrollo económico y social de la Nación, que serán presentadas por el Ejecutivo Nacional en el transcurso del tercer trimestre del primer año de cada período constitucional" (art. 187, núm. 8, de la Constitución).

Revisado el contenido de este Plan, las Academias Nacionales se consideran obligadas a exponer ante el país su preocupación frente a las implicaciones institucionales y sociales de la aprobación de este instrumento. Como observación general es preciso señalar que dicho texto se perfila más como una declaración de principios ideológicos o un programa de partido que como un Plan de Desarrollo Económico y Social de la Nación, el cual debería estar focalizado en políticas económico-sociales relacionadas con objetivos de igual naturaleza inscritos dentro de parámetros finalistas ya esbozados en la Constitu-

---

1   *Vid. Gaceta Oficial* N° 6.118 *Extraordinario* del 4 de diciembre de 2013.

ción o compatibles con ella. El documento examinado pretende trazar un marco valorativo y principista alternativo al de la Constitución, la cual resulta en buena medida ignorada o adulterada.

Por otro lado, el llamado Plan de la Patria, que según su propia formulación se presentó ante la Asamblea Nacional para ser sancionado mediante "ley aprobatoria" pero fue finalmente aprobado por medio de un acuerdo, tiene la ambición de ser "de obligatorio cumplimiento en todo el territorio de la República Bolivariana de Venezuela", tal como lo indica el correspondiente acuerdo parlamentario, con lo cual se sugiere que sería vinculante para todos los órganos del poder público y para los particulares. Esto contrasta con la concepción constitucional y democrática de un Plan Nacional de Desarrollo, que no obliga directamente a los particulares y cuya ejecución se encomienda al Presidente de la República porque no puede sobrepasar el ámbito de los organismos que estén bajo su dirección o coordinación, de acuerdo con las leyes y con estricto apego a la división horizontal y vertical de los poderes. Este aspecto del Plan refleja la normativa centralizadora en materia de planificación promulgada en los últimos años, en especial en diciembre de 2010, pero adquiere en él unas dimensiones hasta ahora desconocidas.

En lo que atañe a la elaboración del Plan, la propuesta originalmente presentada como programa de gobierno por el entonces Presidente y candidato a la segunda reelección inmediata con base en la actual Constitución, Hugo Chávez Frías, fue ampliada en virtud de aportes surgidos de un proceso que el texto tilda de "constituyente". Es positiva la participación ciudadana en el diseño de las políticas públicas, siempre que esté abierta al pluralismo. Conviene en todo caso aclarar que no ha habido en el país proceso constituyente alguno posterior al de 1999, sin perjuicio de la enmienda constitucional introducida en el 2009 en ejercicio del poder de revisión de la Constitución.

Algunos de los contenidos del Plan aprobado que suscitan gran inquietud a la luz de la Constitución y de los principios de la Democracia constitucional y el Estado de Derecho son los siguientes:

1.- La aprobación del denominado Plan de la Patria está indisolublemente unida, según su texto, al culto a la personalidad y liderazgo de Hugo Chávez Frías, quien estableció sus bases fundamentales en su programa de gobierno para el periodo "2013-2019". De ahí que se le califique como "Comandante Supremo y Líder de la Revolución Bolivariana" y que este Plan sea asumido, incluso gráficamente, como el "Legado y testamento político del Comandante Hugo Chávez". El reconocimiento de la autoría del entonces Presidente y candidato Hugo Chávez Frías sobre dicho documento no merece crítica, pero la personalización del proceso político y su conexión inextricable con un concreto ideario revolucionario que han distinguido este ciclo de poder, y que resultan ahora enfatizadas por esa forma de aprobación del Plan, son un signo de deterioro institucional.

2.- En lo que denomina la "nueva fase de la Revolución Bolivariana", el Plan mencionado acentúa los postulados ideológicos propios del discurso oficial y de las políticas y normas adoptadas en tiempos recientes, con el propósito de consolidar "una nueva hegemonía ética, moral y espiritual", que se traduce en seguir construyendo el "socialismo bolivariano del siglo XXI". Por eso, uno de los grandes derroteros del Plan es lograr la transición al socialismo y la radicalización de la democracia participativa y protagónica, entendiendo esta última como la que se expresa a través de un poder popular puesto al servicio de este mismo modelo político-económico.

Huelga señalar que no se aviene con la Constitución la formulación de un Plan de la Nación destinado a imponer u oficializar una sola concepción de las relaciones del Estado con la sociedad y de estos últimos con los individuos, así como del papel de lo público o estatal y de lo privado en el campo socioeconómico. Es natural que un Plan de Desarrollo Económico y Social incorpore elementos de la oferta programática de las fuerzas políticas que obtuvieron la victoria en unas elecciones, pero en un sistema democrático las normas o planes emitidos por los órganos competentes del Estado tienen que estar abiertos a distintas cosmovisiones o posiciones filosófico-políticas. El pluralismo político consagrado en la Constitución (arts. 2 y 6), que el Plan deja completamente de lado, exige que la implementación de un programa de gobierno no atente contra las garantías jurídicas de la diversidad de pensamiento u opinión y de la posibilidad de la alternancia de posturas ideológicas dentro de un marco constitucional común. Preocupa sobremanera que la radicalización de la democracia participativa y protagónica sea asumida como su encapsulamiento en un modelo ideológico particular, en lugar de visualizarla como su intensificación en armonía con distintas motivaciones e inspiraciones para la acción.

Lo cierto es que el Plan aprobado va encaminado a hacer penetrar el socialismo en todos los campos de la vida política, económica y social (la función pública; el poder popular y las misiones; la producción y la economía; la educación; la recreación; el trabajo; la familia, los medios de comunicación, entre otros ámbitos). Muestra de ello es la promoción de un "tejido productivo" controlado por el Estado que permita la transición al socialismo, lo cual presupone poner los medios de producción al servicio de la sociedad y expandir las formas de propiedad social (vid. los objetivos estratégicos y generales 2.1.1 y 2.3.2, entre otros). El afán de adoctrinamiento queda reflejado en la importancia que el Plan atribuye a la formación socialista dirigida a los jóvenes (objetivo estratégico y general 2.2.7.1).

3.- Uno de los objetivos nacionales del Plan, que se inserta dentro del segundo objetivo histórico, es el de "consolidar y expandir el Poder Popular y la democracia socialista". Esta reiteración de la impronta ideológicamente cerrada y excluyente del Plan comprende un conjunto de propósitos que desembocan en el despliegue de una institucionalidad paralela a la organización político-territorial prevista en la Constitución. Mediante la creación de un "sistema de articulación entre las diferentes instancias del poder popular" (objetivo estratégico y general 2.3.3.1), se vislumbra la integración entre estas con el objeto de dotarlas de una proyección que sobrepase lo comunal y trascienda a lo local, lo regional y lo nacional, lo cual acelerará la erosión del Poder Estadal y Municipal, con todo lo que ello implica en términos de pérdida de autonomía y de democracia. El Poder Nacional no resultaría afectado por este proceso, pues más bien lo orientaría por medio de los Distritos Motores de Desarrollo y los Ejes de Desarrollo Territorial, dependientes del Poder Ejecutivo Nacional. Este ampliará igualmente sus facultades en materia de registro de entidades; de dirección centralizada de la política social; y de planificación (objetivos generales y estratégicos 2.1.1.4, 2.2.2 y 2.3.2.7). La alianza o corresponsabilidad entre el Poder Nacional y el "Poder Popular" (objetivo estratégico y general 2.3.4), estando el segundo vinculado también a la Presidencia de la República, parece configurarse como la tenaza que ahogará a las entidades territoriales autónomas.

La descentralización propugnada por la Constitución (arts. 4, 6 y 158) es ignorada por el Plan y en su lugar se preconiza un "Sistema Federal de Gobierno" (objetivo estratégico y general 2.5.2) fundado en la transferencia de competencias, servicios y recursos desde las entidades político-territoriales al poder popular, bajo el impulso de un Consejo Federal de Gobierno que actuará más para imponer trasferencia a los Estados y Municipios que para instar al Poder Nacional a realizarlas en favor de estos últimos, en cuyas manos debería estar luego la activación de mecanismos participativos en beneficio de la comunidad organizada (art. 184 de la Constitución).

Es también criticable que el llamado Plan de la Patria pretenda avanzar en la dirección de adulterar el concepto de Estado Democrático y Social de Derecho y de Justicia recogido en el artículo 2 de la Constitución, que se sostiene, entre otros pilares, sobre el respeto a la normatividad constitucional, al pluralismo democrático y a los derechos humanos, para convertirlo en fórmula legitimadora de la anunciada expansión del poder popular, en detrimento de la estructura territorial constitucionalmente establecida, y de la intensificación de la instrumentalización ideológica de los medios de participación.

4.- El Plan Nacional de Desarrollo adoptado profundiza la tendencia a ideologizar la actividad de la Fuerza Armada Nacional y a fundir lo civil con lo militar, lo cual resulta apuntalado por un sobredimensionamiento del concepto de seguridad de la Nación. En este contexto se incorporan nociones como las de "guerra popular de resistencia" y "guerra asimétrica", propias de los gobiernos populares o nacionalistas. La Fuerza Armada Nacional no es concebida en el Plan de manera fundamentalmente institucional. Ello explica igualmente el objetivo estratégico y general de comprometer al poder popular con la defensa nacional (1.6.1.7), así como el énfasis puesto en la "unión cívico-militar" (1.6.1.5) y en la creación de "Cuerpos Combatientes en todas las estructuras del Estado" (1.6.3.4).

En el ámbito de la seguridad preocupa la visión del Plan sobre las tareas de inteligencia y contrainteligencia, lo cual incluye el objetivo de "masificar de manera ordenada la búsqueda de información útil para la seguridad ciudadana y defensa de la patria" (1.6.3.2), y comprende la realización de las reformas normativas necesarias (1.6.3.4).

En conclusión, el llamado Plan de la Patria pareciera ir dirigido a agudizar los conflictos existentes entre la gestión gubernamental o la actuación estatal y la Constitución o los principios democráticos. Antes que ser un programa para favorecer el sentido de pertenencia de todos los venezolanos, sin distingos ideológicos o de partido, a una misma República, propende a segregar o excluir, así como a degradar principios o derechos fundamentales como el pluralismo político, la participación democrática, la libertad de conciencia u opinión, y la libre iniciativa privada, entre otros.

Caracas, 12 de diciembre de 2013

Rafael Muci-Mendoza Presidente Academia Nacional de Medicina

Luis Cova Arria, Presidente Academia de Ciencias Políticas y Sociales

Claudio Bifano, Presidente Academia de Ciencias Físicas, Matemáticas y Naturales

Luis Mata Mollejas, Presidente Academia Nacional de Ciencias Económicas

Manuel Torres Parra, Presidente Academia Nacional de la Ingeniería y el Hábitat

http://www.acienpol.org.ve/cmacienpol/Resources/Pronunciamientos/plan%20de%20patria%20diciembre%202013.pdf

V. PRONUNCIAMIENTO DE LA ACADEMIA DE CIENCIAS POLÍTICAS Y SOCIALES ANTE LAS RECIENTES DECISIONES DE LA SALA CONSTITUCIONAL DEL TRIBUNAL SUPREMO DE JUSTICIA.

(*(i)* Eliminación de la investidura parlamentaria de la diputada María Corina Machado; *(ii)* violación al proceso debido; *(iii)* inhabilitaciones políticas de los alcaldes Scarano y Ceballos, vías de hecho).

10.4.2014.

La Academia de Ciencias Políticas y Sociales se dirige a la comunidad jurídica nacional y mundial, así como a la opinión pública en todos sus estratos, niveles y orientaciones para, una vez más pero ésta con mayor urgencia, denunciar que las últimas decisiones de la Sala Constitucional del Tribunal Supremo de Justicia de la República Bolivariana de Venezuela en lo referente a los ciudadanos Enzo Scarano y Daniel Ceballos, Alcaldes de los municipios San Diego y San Cristóbal respectivamente, y a la diputada María Corina Machado, han revelado claramente que Venezuela ha dejado de ser un Estado Constitucional. Los criterios que orientan la forma jurídico-política, que así se ha engendrado, o en la que la Constitución venezolana ha mutado, podrán tener diversos nombres y calificativos, pero han dejado de ser los del Estado de Derecho. Esto es algo que debe tener claro la opinión internacional, que a menudo se muestra confundida por la existencia de una Constitución que si bien no ha sido formalmente derogada en la realidad sí lo ha sido, así como por la celebración de actos electorales que han devenido en un puro ritual donde no hay ocasión para una verdadera competencia democrática en igualdad de condiciones. En efecto, los actos electorales, de los cuales reclama el régimen su legitimidad de origen, han sido actos que la oposición ha calificado siempre de fraudulentos, por la ausencia de imparcialidad del árbitro, por el uso indebido de los recursos públicos y por las ventajas impropias del contendor oficial.

A partir de las decisiones mencionadas cabe esperar, en Venezuela, cualquier actuación que avance aún más en la extirpación del contendor político y no esperar nada en cuanto a la reconstrucción de las instituciones en forma tal que permita la convivencia entre todos los ciudadanos cualquiera sea su concepción ideológica. Independientemente del contenido de las recientes sentencias de la Sala Constitucional, y si ese contenido sea o no discutible, tiene que llamar la atención aun al observador más desprevenido como son expresión de un sistema implacable y contundente de sincronización de acciones y decisiones por parte de autoridades que se supone deberían ser independientes unas de otras, de conformidad con el principio constitucional de separación de poderes y funciones. Así, por ejemplo, con celeridad inaudita y con fundamentación deleznable, el Consejo Nacional Electoral una vez cesados los alcaldes por la Sala Constitucional, sin el debido proceso, ya anunció el cronograma electoral y convocó nuevos comicios para Alcaldes en dichos municipios.

Son decisiones y procedimientos sumarios, incluso anunciados anticipadamente en cuanto a su sentido y resultado favorable al Poder Ejecutivo o a un Legislativo donde la oposición ha sido reducida a la impotencia. En efecto, la Presidente del Tribunal Supremo de Justicia un día antes de la sentencia que despojó de investidura parlamentaria a la diputada Machado "asomó" que se estudiaban las eventuales consecuencias jurídicas del caso. Tales consecuencias jurídicas no podían ser otras que las ya aplicadas arbitrariamente por el Presidente de la Asamblea Nacional de "retirarle la inmunidad parlamentaria a la diputada opositora María Corina Machado" por supuesta violación de los artículos 191 y 149 de la Constitución, con flagrante atropello de las garantías del debido proceso, como son del derecho a ser juzgado por el Juez natural y el derecho de defensa, así como los derechos de sufragio activo y pasivo y la inmunidad parlamentaria.

Cabe resaltar, que José Miguel Insulza, Secretario General de la Organización de Estados Americanos (OEA), señaló que la diputada Machado actuó según una práctica usual de dicha institución, tal como ocurrió en 2009 cuando la excanciller hondureña Patricia Rodas se dirigió al Consejo Permanente como representante de Venezuela.

En nuestro país los poderes públicos actúan en una colusión que evidencia un desconocimiento sistemático del derecho como instrumento de libertad y pluralismo. Las decisiones de la Sala Constitucional no sólo son previsibles en su sentido favorable al proyecto político que proclama el Presidente de la República, sino que para lograr dicho objetivo usurpan atribuciones penales que no le corresponden (casos Scarano y Ceballos) o inventan procedimientos insólitos para desechar un recurso por inadmisible y al mismo tiempo dar respuesta extraproceso, expedita y de fondo al Presidente de la Asamblea Nacional (caso Machado). En las actuales circunstancias venezolanas la defensa de la Constitución queda abandonada a la sociedad pues ya no puede esperarse lamentablemente de los entes jurídicos concebidos institucionalmente para tal fin.

En la realización del designio político al cual sirve la Sala Constitucional no importa la violación del debido proceso, no importa no dar ocasión imparcial a los argumentos de la parte enjuiciada, no importa convertirse en juez y parte y en instancia única de decisión, no importa criminalizar la disidencia, no importa anular la voluntad popular o impedir la presentación en instancias internacionales de visiones divergentes. Por el contrario, todo está permitido si asegura los propósitos y la continuación indefinida e ilimitada en el poder del grupo gobernante. En los casos de los alcaldes Scarano y Ceballos se ha aplicado de manera arbitraria que se asemeja a vías de hecho, sanciones penales e inhabilitaciones políticas, con la amenaza de extenderlas a los demás alcaldes de orientación opositora. Sobre la diputada Machado, además se cierne la amenaza de una causa por traición a la patria, carente de todo fundamento jurídico. En todo caso, observamos, que el Poder Judicial en Venezuela no es la víctima, a pesar suyo, de la influencia indebida del Poder Ejecutivo. El Poder Judicial, junto con el Poder Legislativo, actúa en deliberado y consciente acuerdo con el Poder Ejecutivo, como miembro y partícipe de la misma ideología inconstitucional rechazada en el referéndum del 2 de diciembre de 2007. Esa actuación concertada es incompatible con la esencia de la separación y autonomía de los poderes públicos, garantía de la libertad de los ciudadanos y elemento esencial de toda democracia constitucional.

Alertamos a la comunidad nacional y llamamos la atención a los pueblos del mundo sobre lo que ocurre en Venezuela, a fin de que comprendan que no se trata de hechos aislados o excéntricos sino desarrollo y aplicación de toda una metodología perversa para manipular las instituciones jurídicas y crear falsas apariencias de juridicidad. Invitamos a las comunidades jurídicas del mundo a que se acerquen y estudien los abusos jurídicos de los que somos víctimas. A que observen que no hay tal democracia participativa y protagónica sino una contraposición que puede tener consecuencias trágicas entre organismos que deciden en nombre del pueblo y un pueblo al que se le impide decidir libremente. Podrán así prevenirse de lo que hoy lamentamos los venezolanos que no es sólo un mal nuestro sino el desarrollo de una estrategia que está destinada a subyugar a las sociedades que se esfuerzan a realizar, así sea accidentadamente, y en medio de toda suerte de tropiezos, los ideales del Estado de Derecho y de la genuina democracia.

Por último, consideramos que toda posibilidad de diálogo para superar la crisis debe iniciar por el compromiso sincero de todos los actores nacionales de restablecer la Constitución y el Estado de Derecho vulnerado.

Acordado en sesión extraordinaria de esta Academia de Ciencias Políticas y Sociales, en Caracas el 10 de abril de 2014.

Luis Cova Arria, Presidente
Gabriel Ruan Santos, Secretario Accidental

http://www.acienpol.org.ve/cmacienpol/Resources/Pronunciamientos/Pronunciamiento%20ACPS%20ante%20las%20-recientes%20decisiones%20del%20TSJ%20abril%202014.pdf

VI. PRONUNCIAMIENTO DE LA ACADEMIA DE CIENCIAS POLÍTICAS Y SOCIALES EN RAZÓN DE LOS RECIENTES DECRETOS-LEY DICTADOS POR EL PRESIDENTE DE LA REPÚBLICA.

(Decretos-leyes publicados Gaceta Oficial en fecha 24.11.14 sin previa ley habilitante; actuación inconstitucional; violación al principio de legalidad).

2.12.2014.

La Academia de Ciencias Políticas y Sociales tiene el deber de dirigirse a la comunidad para manifestar su preocupación por el proceder inconstitucional seguido por el Presidente de la República, al recientemente dictar Decretos-Ley, anunciados en números ordinarios de la Gaceta Oficial los días 18 y 19 de noviembre de 2014 y publicados, efectivamente, a través de diversos números extraordinarios de la mencionada Gaceta, pero tan solo disponibles al público, a partir del día 24 de noviembre, fecha en la que ya había expirado el lapso de la delegación legislativa otorgada al Presidente de la República por la Asamblea Nacional. Advierte esta corporación a la comunidad que, independientemente de su contenido, esos Decretos-Ley son de dudosa constitucionalidad, por cuanto han excedido el límite de la facultad temporal que, de conformidad con el artículo 203 de la Constitución, le concedió la Asamblea Nacional al Presidente de la República.

De otra parte, expresa su rechazo la Academia de Ciencias Políticas y Sociales al uso que se ha dado a la facultad excepcional de legislar, a través de Decretos-Ley, previa habilitación de la Asamblea Nacional, con exceso de poder, pues ella de ninguna forma permite al Ejecutivo sustituirse en la labor parlamentaria de elaboración del ordenamiento jurídico conforme al Estado de Derecho que consagra la Constitución. A través de los mencionados Decretos-Ley han sido regulados, modificados, derogados y suprimidos importantes y sensibles sectores del ordenamiento jurídico nacional como son los relativos a la organización del Poder Público, al régimen tributario y al sistema económico, sin previa difusión y sin ningún tipo de consulta pública, deliberación o discusión, obviando la participación de los sectores interesados o afectados por los decretos y con íntegra sustitución de leyes preexistentes mediante la producción de nuevas leyes, en lugar de reformas parciales o puntuales.

Deplora la Academia de Ciencias Políticas y Sociales que de tal manera se haya regulado, modificado, derogado o suprimido, parte muy importante del ordenamiento jurídico del País, más allá de toda urgencia, sin el previo conocimiento de los proyectos, sin el estudio y la meditación adecuada de las nuevas normas que gobernarán a la comunidad, lo cual es de la esencia de la democracia, llegándose a eliminar principios de derecho de larga tradición en el régimen democrático venezolano. La Ley que ha de regular a la sociedad debe ser la expresión de la voluntad general y eso sólo se logra por conducto de la Asamblea Nacional, con participación de la colectividad, previo el cumplimiento riguroso del proceso de formación de las leyes establecido en los artículos 202 al 215 de la Constitución, dentro del cual se incluye la necesidad y el deber de oír a otros órganos del Estado, a los ciudadanos y a la sociedad organizada, nada de los cual ha ocurrido en el presente caso.

Acordado en sesión ordinaria de esta Academia de Ciencias Políticas y Sociales, en Caracas el 02 de diciembre de 2014.

El Presidente, Luis Cova Arria

El Secretario, Humberto Romero-Muci

http://www.acienpol.org.ve/cmacienpol/Resources/Pronunciamientos/v4PronunciamientoACPSLeyhabilitante0121214.doc.pdf

VII. PRONUNCIAMIENTO DE LA ACADEMIA DE CIENCIAS POLÍTICAS Y SOCIALES SOBRE LOS "ESTADOS DE EXCEPCIÓN".

(Violación de los principios de competencia constitucional y de gobierno civil, así como los de razonabilidad, proporcionalidad y necesidad).

20.10.2015.

En Venezuela, actualmente veintitrés (23) Municipios en los estados Táchira, Apure y Zulia están bajo régimen de "estado de excepción" decretados por el Presidente de la República en Consejo de Ministros a partir del 21 de agosto de 2015[1] y cuya prórroga ha comenzado igualmente a decretarse a partir del 19 de octubre de este mismo año.[2] Se trata de la primera vez que el Ejecutivo Nacional decreta estados de excepción con restricción de garantías fundamentales, desde que fue dictada la Constitución de 1999.

---

1 Decretos N° 1.950, mediante el cual se declara el Estado de Excepción de los Municipios Bolívar, Pedro María Ureña, Junín, Capacho Nuevo, Capacho Viejo y Rafael Urdaneta del estado Táchira (*Gaceta Oficial* N° 6.194 del 21 de agosto de 2015); N° 1.969, mediante el cual se dicta el Estado de Excepción en los municipios Lobatera, Panamericano, García de Hevia y Ayacucho del estado Táchira (*Gaceta Oficial* N° 40.735 del 31 de agosto de 2015); N° 1.989, mediante el cual se declara el Estado de Excepción en los municipios Indígena Bolivariano Guajira, Mara y Almirante Padilla del estado Zulia (*Gaceta Oficial* N° 40.740 del 7 de septiembre de 2015); N° 2.013, mediante el cual se declara el Estado de Excepción en los municipios Machiques de Perijá, Rosario de Perijá, Jesús Enrique Lossada y la Cañada de Urdaneta del estado Zulia (*Gaceta Oficial* N° 40.746 del 15 de septiembre de 2015); N° 2.014, mediante el cual se declara el Estado de Excepción en los municipios Catatumbo, Jesús María Semprún y Colón del Estado Zulia (*Gaceta Oficial* N° 40.746 del 15 de septiembre de 2015); N° 2.016, mediante el cual se declara el Estado de Excepción en los municipios Rómulo Gallegos y Pedro Camejo del estado Apure (*Gaceta Oficial* N° 40.746 del 15 de septiembre de 2015) y N° 2.015, mediante el cual se decreta el Estado de Excepción en el Municipio Páez del estado Apure (*Gaceta Oficial* N° 40.747 del 16 de septiembre de 2015).

2 Decreto N° 2.054, mediante el cual se prorroga por sesenta (60) días el plazo establecido en el Decreto N° 1.950, mediante el cual se declaró el Estado de Excepción de los Municipios Bolívar, Pedro María Ureña, Junín, Capacho Nuevo, Capacho Viejo y Rafael Urdaneta del estado Táchira (*Gaceta Oficial* N° 40.769 del 19 de octubre de 2015).

Conforme al texto de estos decretos presidenciales, la causa que motivó su declaración fue la existencia de "circunstancias delictivas y violentas vinculadas a fenómenos como el paramilitarismo, el narcotráfico y el contrabando de extracción" y que a estas prácticas delictivas se habrían "sumado los atentados cometidos contra la moneda venezolana y contra los bienes adquiridos con divisas de nuestro pueblo, así como el tráfico ilícito de mercancías producidas o importadas por Venezuela". A pesar de que los decretos calificaron a estas circunstancias como "amenazas", dispusieron como medio jurídico la declaración de los estado de excepción en los municipios respectivos, "mediante la adopción de medidas de restricción temporal de garantías" constitucionales (art.1).

Con base en la declaratoria de los estados de excepción (art. 2), quedaron restringidas en el territorio de los municipios las garantías constitucionales de los derechos fundamentales a la *inviolabilidad del hogar doméstico y de todo recinto privado de persona (C., art. 47), a la inviolabilidad de las comunicaciones privadas en todas sus formas (C., art. 48), a la libertad de tránsito por el territorio nacional y de ausentarse o volver a él (C., art. 50), al derecho de reunión pública* (art. 53), al derecho a manifestar pacíficamente y sin armas (C., art. 68) y a la libertad económica (C., art. 112). En consecuencia, dichas garantías quedaron sometidas a las siguientes regulaciones excepcionales: i) La inviolabilidad del hogar doméstico, quedó sujeta a la revisión, inspección e investigación por parte de los organismos públicos competentes, sin necesidad de orden judicial previa (art. 2.1). ii) La libertad de tránsito por el territorio nacional y de ausentarse o volver a él quedó sujeta a las requisas personales, de equipajes y vehículos (art. 2.2) y a las restricciones al tránsito de bienes y personas, el cambio de domicilio o residencia, la salida de la República o el ingreso a ésta, el traslado de bienes o pertenencias en el país, su salida o entrada que dispongan las resoluciones ministeriales (art. 2.3). En este sentido, fueron dictadas resoluciones ministeriales conjunta mediante las cuales se prohibió en los Municipios afectados "la circulación de personas, vehículos de transporte de carga, transporte de mercancías de cualquier rubro y de pasajeros, a partir de la entrada en vigencia de esta resolución."[3] iii) El derecho de reunión pública, mediante la prohibición de las reuniones públicas que no sean previamente autorizadas por el funcionario en quien se delegó la ejecución de los decretos (Gobernadores) (art. 2.4). iv) El derecho a manifestar el cual solo puede ejercerse previa autorización del funcionario en quien se delegó la ejecución de los decretos, a solicitud que debe presentarse con 15 días de anticipación a la fecha fijada para su convocatoria (art. 2.5). v) La libertad económica mediante su sujeción a las prohibiciones o restricciones temporales al ejercicio de determinadas actividades comerciales, así como a las normas especiales para la disposición, traslado, distribución, comercialización, almacenamiento o producción de bienes esenciales o de primera necesidad que establezcan los ministerios del área (alimentación, agricultura y tierras y salud) mediante resolución conjunta (art. 2.6). vi) El derecho a la inviolabilidad de las comunicaciones privadas en todas sus formas quedó restringida, pero sin que los decretos hubiesen especificado el régimen excepcional al que quedó sujeto o si el mismo está contenido en las anteriores regulaciones.

Los decretos presidenciales delegaron la ejecución de los decretos de estado de excepción a los Gobernadores de los estados (Táchira, Apure y Zulia) correspondientes a la jurisdicción de los municipios afectados, quienes procederán con el apoyo de los ministros (Relaciones Interiores, Justicia y Paz, Defensa y de Economía y Finanzas) y de las Autoridades Únicas de Área que se designaron en cada caso con competencia en dichos municipios. De esta forma, en paralelo se nombraron militares generales activos como "Autoridades Únicas" dependientes directamente del Presidente de

---

3   Resolución Conjunta mediante la cual se ordena al Comando Estratégico Operacional de la Fuerza Armada Nacional Bolivariana (CEOFANB), que gire instrucciones pertinentes a los Comandantes de las Regiones de Defensa Integral, para restringir el desplazamiento fronterizo de personas, tanto por vía terrestre, aérea y marítima, así como el paso de vehículos, en los municipios que en ella se especifican, del estado Táchira (Municipios Lobatera, García de Hevia, Ayacucho y Panamericano del estado Táchira, Nos. 138, y 011185, de fecha 28 de agosto de 2015, publicada en *Gaceta Oficial* N° 40734 de 28-8- 2015): "Artículo 2. Se prohíbe en los Municipios Lobatera, García de Hevia, Ayacucho y Panamericano del Estado Táchira, la circulación de personas, vehículos de transporte de carga, transporte de mercancías de cualquier rubro y de pasajeros, a partir de la entrada en vigencia de esta resolución."

la República, atribuyéndole a dichos militares la competencia general de coordinar todas las autoridades públicas del Ejecutivo Nacional con competencia en los Municipios, así como la coordinación inter institucional con los diversos entes político territoriales, disponiendo que todos los entes públicos nacionales deben ejercer sus competencias conforme a los lineamientos y directrices de las Autoridades Únicas de Área; y ordenándole a todos los órganos y entes descentralizados o desconcentrados nacionales ejercer sus respectivas competencias bajo la coordinación y aprobación previa de la Autoridad Única de Área.

Por otro lado, los decretos presidenciales dispusieron que en los municipios bajo estado de excepción, todos los órganos de seguridad ciudadana y policía administrativa (así como la Fuerza Armada Nacional) quedaron "bajo el mando" del Comandante de la Zona Operativa de Defensa Integral del estado correspondiente.[4]

Con relación a los estados de excepción decretados por el Ejecutivo Nacional, la Academia de Ciencias Políticas y Sociales formula las siguientes **observaciones y advertencias**:

1. *Violación del principio de necesidad:*

De conformidad con el artículo 337 constitucional, un estado de excepción sólo puede decretarse, cuando existan "circunstancias de orden social, económico, político, natural o ecológico, que afecten gravemente la seguridad de la Nación, de las instituciones y de los ciudadanos," cuando para hacer frente a los hechos que configuran dichas circunstancias "resultan insuficientes las facultades de las cuales se disponen" los órganos del Estado. Por ello, conforme a la Ley Orgánica de los Estados de Excepción (LOEE),[5] "solamente pueden declararse ante situaciones objetivas de suma gravedad que hagan insuficientes los medios ordinarios que dispone el Estado para afrontarlos" (art. 2) y en caso de "estricta necesidad para solventar la situación de anormalidad" (art. 6).

---

4   *Vgr.*, Decreto N° 1.956 de fecha 26 de agosto de 2015.
5   *Gaceta Oficial* N° 37.261 del 15 de agosto de 2001.

Es indudable que las circunstancias delictivas y violentas vinculadas a fenómenos como el paramilitarismo, el narcotráfico y el contrabando de extracción mencionadas en los decretos presidenciales y así como las "amenazas" que ellos suponen, no evidencian que sean insuficientes los medios constitucionales y legales ordinarios de los que dispone el Estado venezolano para superarlas. De hecho, esos mismos hechos y amenazas se encuentran presentes en otros municipios fronterizos y del resto del país y ello no ha justificado la declaratoria de estados de excepción ni mucho menos la restricción de garantías constitucionales, ya que ante los mismos deben emplearse los medios constitucionales y legales ordinarios de los que dispone el Estado venezolano para superarlos.

En este sentido, resulta de suprema gravedad que para enfrentar esas circunstancias delictuales que se mencionaron en los decretos presidenciales, se hayan adoptado medidas más allá de las que en todo caso resultarían estrictamente necesarias, recurriendo a la restricción de las garantías constitucionales y a un régimen excepcional para su ejercicio, el cual no solo resulta gravoso sino incluso peligroso para las personas en los municipios bajo estado de excepción. Con ello, se aumenta la fragilidad de los derechos de las mismas personas que se encuentran bajo el asecho de las conductas delictivas mencionadas en los decretos presidenciales, sujetándolas a poderes exorbitantes incluso sin control judicial por parte de las autoridades estatales, especialmente las militares, como es el hecho someter el hogar doméstico de todas estas personas a la revisión, inspección e investigación de las autoridades, sin necesidad de orden judicial previa. De allí que las medidas restrictivas antes indicadas sin necesidad de orden judicial previa, lo que han producido ha sido una inconstitucional e ilegal persecución contra los extranjeros colombianos residentes en la zona fronteriza, sin respetar la legislación vigente, en una forma como nunca se había visto en toda la historia de ambos países, como ha sido señalado por los organismos internacionales competentes.

Es importante destacar además, que ninguno de los decretos presidenciales especifican ni determinan cuál de los tres (3) tipos de estados de excepción previstos en el artículo 338 constitucional se decretan en definitiva: si el estado de alarma; o estado de emergencia económica; o el estado de conmoción.

2. *Violación de los principios de razonabilidad y proporcionalidad:*

Por mandato constitucional expreso (C., art. 339), el decreto de estado de excepción debe someterse a las exigencias, principios y garantías establecidos en el Pacto Internacional de Derechos Civiles y Políticos (Pacto IDCP) y en la Convención Americana sobre Derechos Humanos -éste último instrumento internacional por mandato de la propia Constitución forma parte del bloque de constitucionalidad, a pesar de su inconstitucional denuncia internacional, como lo advirtió esta Academia en el año 2013-. En este sentido, las disposiciones que el Estado puede adoptar ante situaciones excepcionales, deben ser "en la medida estrictamente limitada a las exigencias de la situación" (art. 4.1., Pacto IDCP). De allí que toda medida de excepción "debe ser proporcional a la situación que se quiere afrontar en lo que respecta a gravedad, naturaleza y ámbito de aplicación" (LOEE, art. 4).

Los decretos presidenciales en cambio, al restringir por ejemplo el derecho de reunión pública, prohíbe su ejercicio sin la autorización previa, lo cual viola el contenido esencial del mismo consagrado en la Constitución; lo mismo ocurre, al sujetar el ejercicio del derecho de manifestación pública y pacífica a una autorización previa que debe solicitarse con 15 días de anticipación a las autoridades en quienes se delega la ejecución de los estados de excepción, cuando el ordenamiento jurídico sólo lo sujeta a una simple participación administrativa.

Estas y las demás regulaciones exorbitantes citadas supra a las que se sometieron las garantías constitucionales restringidas en los decretos presidenciales, no guardan relación de razonabilidad ni son proporcionales a la situación que se pretendió superar. En este sentido resulta particularmente grave que se hayan restringido garantías constitucionales que no guardan relación directa con las circunstancias delictivas que los motivaron (paramilitarismo, el narcotráfico y el contrabando de extracción) como son las relativas a los derechos políticos, especialmente ante la campaña electoral que se avecina para la elección de los diputados a la Asamblea Nacional. En este caso los decretos presidenciales tampoco establecieron motivación alguna que permita establecer la vinculación entre los derechos de reunión pública y de manifestación como derechos políticos, y las circunstancias delictuales que se buscaron perseguir. La norma, por tanto, sin duda, está viciada de desviación de poder por irrazonable y desproporcionada; y además restringe en definitiva derechos humanos intangibles que la propia Constitución prohíbe restringir (C., art. 337) como son los derechos de participación política y de libertad de expresión (LOEE, art.7).

3. *Violación de los principios de competencia constitucional y de gobierno civil:*

Los decretos de estados de excepción, por otra parte, no solo delegaron su ejecución en los Gobernadores de los estados correspondientes a los municipios afectados, sino que además sometieron a las policías municipales y estadales al mando del Comandante Militar de la Zona Operativa de Defensa Integral del estado correspondiente. Además de ello, los decretos también sujetaron a autoridades militares como son las que presiden las Autoridades Únicas de Área, a los entes del Ejecutivo Nacional con competencia en los Municipios, estableciendo además, que todos los entes públicos nacionales deben ejercer sus competencias conforme a los lineamientos y directrices que dicten dichas Autoridades Únicas. Se trata, en primer lugar, de una militarización inconstitucional del ejercicio del Poder Público que corresponde a las autoridades civiles, en particular a los órganos de seguridad ciudadana que por mandato constitucional "son de carácter civil" (C., art. 332).

Por otro lado, los decretos presidenciales conforme se indicó supra, delegaron y sometieron las garantías restringidas de libre tránsito y libertad económica a las regulaciones que dicten y que en efecto han dictado los ministros del área, los cuales han llegado incluso a establecer prohibiciones absolutas de circulación de personas, vehículos de transporte de carga, transporte de mercancías de cualquier rubro y de pasajeros. Estas restricciones exorbitantes vaciaron el contenido esencial de los derechos cuyas garantías se restringieron; y configuraron una violación de la garantía constitucional de la reserva legal, ya que en todo caso, las regulaciones (que fuesen necesarias y razonables) relativas a las garantías restringidas debieron haber sido dictadas por el propio Presidente de la República en Consejo de Ministros. En efecto, conforme se establece expresamente la Constitución (art. 232), "la declaración de los estados de excepción no modifica el principio de la responsabilidad del Presidente de la República, ni la del Vicepresidente Ejecutivo, ni la de los Ministros de conformidad con la Constitución y la ley." Se trata, por tanto, de competencias constitucionales indelegables. Por lo cual, es inconstitucional que el Presidente haya pretendido "delegar," "transferir," "asignar," "trasladar" el ejercicio de competencias constitucionales exclusivas y excluyentes de ejecución directa de la Constitución, en Gobernadores o Ministros o en Autoridades de Área, ya que sólo él puede ejercerlas en Consejo de Ministros con sujeción a la Constitución.

Por lo cual, estas delegaciones y asignaciones de competencias realizadas en los decretos presidenciales de estado de excepción, representan una violación de las competencias constitucionales del Presidente de la República en Consejo de Ministros, de conformidad con los artículos 232, 236 numeral 7, 337 y 339 de la Constitución.

Finalmente, la Academia hace un llamado al Estado venezolano para que enfrente las acciones delictivas señaladas en los decretos presidenciales de estado de excepción, de manera efectiva, en el marco de las competencias ordinarias contenidas en el ordenamiento constitucional y legal, con respeto a los instrumentos internacionales sobre derechos humanos; e insta al Estado a dejar sin efecto los decretos de estado de excepción por las razones señaladas en este pronunciamiento, y a respetar plenamente el ejercicio de los derechos y garantías constitucionales, en especial los de contenido o implicación política, particularmente en los actuales momentos cuando está por desarrollarse la campaña electoral y la elección de los diputados a la Asamblea Nacional del próximo 6 de diciembre.

En Caracas, a los 20 días del mes de octubre de 2015.

Presidente, Dr. Eugenio Hernández-Bretón
Secretario, Dr. Julio Rodríguez Berrizbeitia

http://www.acienpol.org.ve/cmacienpol/Resources/Pronuncia-mientos/final%20rev%20Pronunciamiento%20Edos%20Excep-cion%202015%20ACPS.pdf.

VIII. PRONUNCIAMIENTO DE LA ACADEMIA DE CIENCIAS POLÍTICAS Y SOCIALES ANTE LA REFORMA DEL CÓDIGO DE PROCEDIMIENTO CIVIL.

(Se discutió en las sombras sin solicitar opinión alguna de los involucrados directos, facultades de derecho colegios de abogados, academias, entre otros).

10.11.2015.

La Academia de Ciencias Políticas y Sociales (Academia), cumpliendo con sus responsabilidades legales y estatutarias que le dan la condición de órgano asesor del Poder Legislativo, presenta a continuación unas reflexiones y observaciones en relación con el proyecto de Reforma del Código de Procedimiento Civil de 1987 que actualmente discute la Asamblea Nacional y, principalmente, sobre la forma como se ha venido discutiendo y redactando el referido proyecto. En efecto, y en atención con lo expuesto en el Informe para Segunda Discusión del Proyecto, el Presidente de la Comisión de Política Interior de la Asamblea Nacional ha sostenido que el proyecto responde a los lineamientos tanto del Proyecto Nacional Simón Bolívar, Primer Plan Socialista del Desarrollo Económico y Social de la Nación para el periodo 2007-2013, como al Plan de la Patria, Proyecto Nacional Simón Bolívar, Segundo Plan Socialista de Desarrollo Económico y Social 2013- 2019.

1. El proyecto que se discute fue presentado por el Tribunal Supremo de Justicia a la Asamblea Nacional en octubre de 2014, sin que se sepa todavía quiénes son los redactores ni cuáles fueron las discusiones que llevaron a cabo en dicho Tribunal. Tampoco se sabe si fue objeto de consultas con destacados especialistas en la materia. La reforma del Código de Procedimiento Civil 1987 fue elaborada por una comisión integrada por Arístides Rengel Romberg, José Andrés Fuenmayor, Leopoldo Márquez Añez y Luis

Mauri Crespo, todos de incontestable competencia en la materia. El proyecto de dicha reforma fue presentado al país y mereció una amplia discusión en sectores profesionales, gremiales y académicos en forma amplia y abierta. En ese proceso abierto de discusión destaca la convocatoria hecha en 1975 a todos los profesores de derecho procesal del país por la Facultad de Derecho de la Universidad Católica Andrés Bello para examinar, con los autores, el texto que circulaba en forma de Anteproyecto. Asimismo, destacan las conferencias dictadas en la Academia de Ciencias Políticas entre el 11 de marzo y 7 de mayo de 1986, en las cuales se discutió abiertamente, con magistrados, jueces, abogados y profesores, el proyecto que luego entró en vigencia. Este sentido de amplitud y de consulta democrática no ha estado presente en este proyecto que ahora se discute y, de esa manera, no se pondera la necesaria confrontación de puntos de vista. Tampoco se ha tenido en cuenta la opinión de los abogados que constitucionalmente integran el sistema de administración de justicia.

2. Con el presente proyecto de reforma del CPC la situación es distinta. Además de que no se sabe quiénes son los redactores y cuál su experiencia en la materia, el mismo se ha presentado a la Asamblea Nacional; la cual no ha solicitado previamente la opinión de las facultades de derecho, colegios de abogados y de la Academia sino que, de una manera informal, ha integrado, con espontáneos, un denominado "comité técnico". Este fue establecido mediante un procedimiento nada transparente, excluyente e informal, lo que ha estimulado la incoherencia y la improvisación, y las graves contradicciones y errores que los procesalistas y expertos han señalado cuando le ha sido posible acceder por redes sociales a las diferentes versiones del proyecto en cuestión.

3. Cualquier reforma que no apunte hacia el juez probo e independiente sino a un estereotipo de juez ideologizado está destinada al fracaso. En lugar de ello, el proyecto apunta hacia unos conceptos como la "ética socialista" (artículo 1) a la cual debe responder el juez, que incorpora a un código procesal un concepto de alto conte-

nido político que no está previsto en la Constitución. Este principio de ética socialista" está copiado del Plan de la Patria que nunca puede ser fuente de una reforma procesal.

4. Al lado de la figura juez", al que se le asigna la función de refundar la República y se considera instrumento de una justicia liberadora, aparece el principio de "participación protagónica popular", establecido en el artículo 7 que autoriza la participación de las "organizaciones del Poder Popular" (léase: juntas comunales) en los juicios civiles. Se trata de unos principios inéditos en la historia del Derecho Procesal Civil, que responde a la concepción vertical y jerárquica de un poder llamado popular pero que sólo puede actuar bajo la supervisión y dirección del Ministerio del ramo.

5. Los principios socialistas mencionados entran en conflicto con el artículo 4 del mismo proyecto de reforma del CPC que establece como criterio de interpretación de la ley los valores y principios de la Constitución. En efecto, dicha norma señala: "En la aplicación e interpretación de las normas procesales, el juez o jueza debe tener en cuenta la realización de los valores y principios constitucionales como referencia indispensable para garantizar que el proceso cumpla la finalidad de justicia al cual está destinado y el proyecto político de la Constitución de la República Bolivariana de Venezuela". Los valores y principios de la Constitución postulan un Poder Judicial independiente, en el cual se privilegian los derechos humanos y la tutela judicial efectiva, el derecho a la defensa y el derecho al juez natural. En cambio, el Plan de la Patria patrocina un sistema socialista que monopoliza las instituciones, entre ellas el Poder Judicial, lo que lleva a un esquema totalitario y excluyente. La idea, entonces, de interpretar la ley sobre la base de una "ética socialista" no forma parte de los valores constitucionales. Se corre el grave peligro de que los jueces actuando en apego a la Constitución puedan ser enjuiciados por no actuar conforme la ética socialista y los lineamentos del Plan de la Patria.

6. Pues bien, los artículos del proyecto que consagran estos principios socialistas son inconstitucionales y, como tales, no pue-

den ser aprobados por la Asamblea Nacional. El asunto señalado no es superfluo, porque entonces el Poder Judicial estaría atado a la posición política del partido de gobierno y el mandato constitucional de un juez independiente se hace imposible.

7. Se establece el juicio oral de acuerdo con el modelo de la Ley Orgánica Procesal del Trabajo. Ahora bien, para que este traslado y copia de artículos genere el mismo resultado se requieren varios cambios. No se puede creer que la oralidad elimine por completo a la escritura. La demanda, la contestación, la fundamentación de los recursos y la sentencia se hacen por escrito. Si bien la reforma acoge la oralidad ya prevista en el CPC de 1987, y puesta en efecto parcialmente, el proyecto presenta una seria inconsistencia, entre otros aspectos, en la regulación del recurso de casación. Según la exposición de motivos del proyecto, el nuevo modelo busca un juicio breve, oral y sin formalismos. No obstante, con el recurso de casación que presentan ocurre todo lo contrario, pues la oralidad se establece como facultativa (lo cual no merece objeción) pero el sistema es ambiguo porque está a mitad de camino entre la casación de instancia y la casación tradicional de Derecho. Esto se explica por la forma variopinta y espontánea como se ha integrado "el comité técnico" donde cada cual participa sin orden ni concierto. Todo esto demuestra la necesidad de que el proyecto de reforma sea consultada ante las instancias especializadas.

8. Es además deber de esta Academia recordar, al contrario de lo expresado la Exposición de Motivos del proyecto y en el Informe de la Comisión Permanente de Política Interior de la Asamblea Nacional, que en Venezuela ha estado previsto el juicio oral civil desde el CPC de 1987; y, además, que la propia Sala Plena del Tribunal Supremo de Justicia ordenó la aplicación del juicio oral en 2006 a las causas menores de 2.999 unidades tributarias. Por otra parte, no se acompaña la reforma con planes de modernización y de infraestructura y, mucho menos, con los recursos presupuestarios para la implementación de la oralidad a toda la materia civil, ni se enuncian planes de capacitación para jueces y abogados.

Por todo lo expuesto con anterioridad, la Academia de Ciencias Políticas y Sociales considera que el proyecto de Código de Procedimiento Civil actualmente en discusión no debe ser aprobado.

Dado en Caracas, a los diez días del mes de noviembre de 2015.

Eugenio Hernández-Bretón, Presidente
Julio Rodríguez Berrizbeitia, Secretario

http://www.acienpol.org.ve/cmacienpol/Resources/Pronunciamientos/Pronunciamiento%20CPC%20vf%2010%2011%2015-%20(3)-1067947-v1-CARDMS.pdf.

IX. PRONUNCIAMIENTO DE LA ACADEMIA DE CIENCIAS POLÍTICAS Y SOCIALES ANTE EL RECIENTE ANUNCIO DE ELECCIÓN DE NUEVOS MAGISTRADOS DEL TRIBUNAL SUPREMO DE JUSTICIA POR PARTE DE LA ASAMBLEA NACIONAL.

(Elección y designación de los nuevos magistrados atenta contra el orden constitucional; *(i)* no se respetarían los requisitos constitucionales para la selección de los candidatos *(ii)* no se podría seguir el procedimiento legalmente estipulado, *(iii)* atenta contra los principios democráticos).

10.12.2015.

Ante el anuncio de la actual Asamblea Nacional de que procederá a elegir los Magistrados del Tribunal Supremo de Justicia, ignorando deliberadamente el hecho de que ha sido sustituida en sus funciones constitucionales esenciales por una nueva Asamblea Nacional; que debe limitar su actuación atendiendo a los más exigentes postulados de la moral política, de la estabilidad social y de la voluntad mayoritaria del pueblo expresada inequívocamente en las urnas electorales el 6 de diciembre de 2015; contrariando el hecho evidente de que la voluntad electoral expresada incluyó un rechazo de la propia actuación de la Asamblea Nacional que concluye su mandato el 4 de enero de 2016, pues se estaba frente a elecciones parlamentarias; desatendiendo la obligación que incumbe a los poderes públicos de facilitar la transición en los cambios, especialmente cuando éstos involucran el traspaso de poderes a la oposición, la Academia de Ciencias Políticas y Sociales, como institución representativa del pensamiento jurídico nacional, considera que es su responsabilidad hacer el siguiente pronunciamiento:

1. El día 6 de diciembre próximo pasado los venezolanos se expresaron mayoritariamente por un cambio en la configuración de la

Asamblea Nacional. Como resultado hay una nueva correlación de fuerzas políticas en los integrantes del Poder Legislativo. Esta nueva correlación creada por la voluntad soberana de los venezolanos, constituye una clara manifestación de que la sociedad venezolana quiere que los asuntos públicos a ser debatidos en la Asamblea Nacional los conozcan los diputados elegidos en el reciente proceso electoral. Es deber de los integrantes de la actual Asamblea Nacional respetar la voluntad expresada en la elección legislativa del día 6 de diciembre. Por tanto, es su deber constitucional y republicano abstenerse inmediatamente de tomar decisiones sobre asuntos públicos, para los cuales la voluntad popular ha elegido a los integrantes de la nueva Asamblea, a menos de que se trate de asuntos rutinarios o simplemente formales. La Constitución establece el derecho de los ciudadanos de participar libremente en los asuntos públicos, directamente o por medio de sus representantes. Por tanto, corresponde, indiscutiblemente, a la nueva Asamblea Nacional la elección de los Magistrados del Tribunal Supremo de Justicia.

2. El desconocimiento por parte de la actual Asamblea Nacional de la voluntad expresada por los ciudadanos, se vería agravada por las circunstancias en las cuales se obtuvo las vacantes anticipadas por la jubilación de los 13 Magistrados que deben ser sustituidos. En esas condiciones, una elección de Magistrados realizada a pocos días de la finalización del período de los actuales integrantes de la Asamblea Nacional que han sido sustituidos, estaría teñida por la sospecha de cálculos políticos cuya consecuencia sería una flagrante violación a la voluntad popular y a la propia Constitución.

3. El procedimiento de elección de los Magistrados está estrictamente regulado en la Constitución y en la Ley Orgánica del Tribunal Supremo de Justicia. Las exigencias y los procedimientos previstos están destinados a garantizar además de la legitimidad democrática de los elegidos, su idoneidad, independencia e imparcialidad. No puede ser de otra manera cuando está en juego la tutela judicial efectiva de los asuntos sometidos a su consideración. No es posible que este próximo 28 de diciembre de 2015, se repita lo ocurrido en la misma fecha del año próximo pasado cuando la Asamblea Nacional a pesar de la exigencia constitucional de la elección

mediante el voto de las 2/3 de sus integrantes, designó por mayoría simple a las cabezas de los poderes constitucionales incluidos nuevos magistrados, a pesar de que muchos de ellos estaban ligados al partido de gobierno y no reunían, en varios casos, los requisitos de experiencia y preparación previstos en la Constitución. La posibilidad del compromiso partidista es una grave infracción a la independencia que debe poseer todo Magistrado frente al poder político. La Constitución es muy clara cuando exige que es deber esencial de los poderes públicos, la defensa e integridad de la dignidad humana.

4. La elección de los Magistrados del Tribunal Supremo de Justicia constitucionalmente corresponde a un sistema de elección popular indirecta mediante el cual los representantes del pueblo con la mayoría calificada mencionada los eligen, en su nombre, mediante una votación de segundo grado. Para asegurar la legitimidad democrática y la transparencia de la elección, además del carácter representativo de la misma, la Constitución asegura la participación de la sociedad civil al exigir que quien debe preseleccionar los candidatos es la sociedad civil, correspondiéndole a la Asamblea Nacional la elección final. Por ello es que para la designación de Magistrados del Tribunal Supremo de Justicia la Constitución estableció que corresponde a un Comité de Postulaciones Judiciales integrado única y exclusivamente por "representantes de los diferentes sectores de la sociedad," que debe ser imparcial e independiente (art. 264 y 270), hacer una preselección de los candidatos que han de ser presentados para una segunda preselección al Poder Ciudadano para su posterior elección por los integrantes de la Asamblea Nacional. De tal manera, la representatividad de la Asamblea Nacional debe ser lo más cercana a la reciente manifestación de la voluntad popular para garantizar la legitimidad democrática, la transparencia y la independencia en la elección de los Magistrados, en atención al contenido de los artículos 7°, 264 y 270 de la Constitución.

La garantía de la legitimidad democrática en la designación de los Magistrados del Tribunal Supremo de Justicia es que se haya respetado los principios rectores, los procedimientos materiales y la elección popular indirecta en el procedimiento de su designación y la publicidad y la amplitud de su proceso de selección, a diferencia del resto de los jueces que es un sistema cerrado. Por ello, la renovación de los órganos de representación de primer grado, por el fenecimiento del período de sus funciones, mediante elecciones populares, incide en la legitimidad de origen en los casos de elección de segundo grado mediante sistemas de representación y participación ciudadana cuando sus integrantes no se corresponden con la voluntad expresada en el resultado electoral. En consecuencia, la elección de Magistrados del Tribunal Supremo de Justicia por la actual Asamblea Nacional, finalizando el período constitucional para el ejercicio de sus funciones, apenas realizado el proceso electoral de su renovación y proclamados ya sus nuevos integrantes como representantes del pueblo, antes de que se instale la nueva Asamblea Nacional, atenta en contra de los principios democráticos de la legitimidad de origen, independencia y transparencia en razón de que el mandato de los actuales diputados fue sustituido por el de los nuevos que iniciarán sus funciones en pocos días (5 de enero de 2015).

No obstante, el Comité de Postulaciones Judiciales ha sido integrado por cinco diputados de la Asamblea Nacional designados por mayoría simple, y seis representantes de la sociedad civil. Los cinco diputados que conforman este Comité, además de no ser representantes de sectores de la sociedad civil, son miembros del Partido Socialista Unido de Venezuela (PSUV). Esto menoscaba la participación ciudadana auténtica en el proceso de designación, sin que pueda garantizarse la pluralidad ni la representatividad y resulta en un desequilibrio que genera una falta de independencia en la designación.

Por otro lado, la Constitución define al Comité de Postulaciones como "órgano asesor del Poder Judicial" (art. 270), mientras que en la Ley Orgánica del Tribunal Supremo de Justicia lo define como órgano asesor de la Asamblea Nacional. Ello es contrario al precepto constitucional y menoscaba la división de poderes y el Estado de Derecho, generando así interferencias políticas en la independencia e imparcialidad que se aspira en el sistema de justicia venezolano.

5. En Venezuela, la Constitución siempre ha exigido condiciones especiales para que una persona acceda a la condición de juez

del Máximo Tribunal. En la Ley Fundamental vigente se insiste en que, para ser nombrado Magistrado del Tribunal Supremo de Justicia, el aspirante debe "ser ciudadano de reconocida honorabilidad", "ser jurista de reconocida competencia" y "gozar de buena reputación", o en el caso de quienes han sido previamente jueces, ser de "reconocido prestigio en el desempeño de sus funciones". En la Ley Orgánica del Tribunal Supremo de Justicia se agrega que el pretendiente al cargo debe "Ser ciudadano o ciudadana de conducta ética y moral intachables", "Ser abogado o abogada de reconocida honorabilidad y competencia" y "No haber sido condenado o condenada penalmente mediante sentencia definitivamente firme ni haber sido sancionado o sancionada por responsabilidad administrativa de conformidad con lo que dispone la Ley Orgánica de la Contraloría General de la República y del Sistema Nacional de Control Fiscal, mediante acto administrativo definitivamente firme" y "Renunciar a cualquier militancia político-partidista".

6. Para garantizar que los requisitos mencionados y los demás establecidos en la Constitución y en la Ley se cumplan cabalmente, se contempla en la ley un procedimiento especial para la elección, lo cual se expresa en la participación de órganos externos a la Asamblea Nacional (Comité de Postulaciones Judiciales y del Poder Ciudadano), y que La Asamblea Nacional adopte su decisión con la mayoría calificada de las dos terceras partes de sus miembros. En este aspecto es importante tener presente que los candidatos a ser seleccionados deben reunir los requisitos de competencia y honorabilidad y que el procedimiento establecido no tiene otra finalidad que garantizar que la elección no se haga por una mayoría eventual o transitoria de diputados, sino por un número que sean representativos de la mayoría calificada de los electores, es decir, que la sociedad venezolana "reconozca" que los magistrados electos cumplen debidamente las exigentes condiciones para el ejercicio del cargo. Con ese propósito, se expresa en la Exposición de Motivos de la Constitución, al referirse a los Magistrados del Tribunal Supremo de Justicia, que: "A los efectos de su elección se prevé la postulación correspondiente ante el Comité de Postulaciones Judiciales y un procedimiento especial que tiene por objeto una selec-

ción y elección pública, objetiva, transparente e imparcial de los candidatos. Será en definitiva la Asamblea Nacional la encargada de elegir a los Magistrados" (destacado de esta Academia).

Cualquier elección de Magistrados que incumpla en alguna manera las condiciones o el procedimiento establecidos y sus plazos aún no precluídos, para adelantar dicha elección para antes del 5 de enero del próximo año, o que ciñéndose a lo puramente formal permita que el resultado sea la escogencia de Magistrados que no sean personas de reconocida honorabilidad y prestigio, que no gocen de buena reputación, que no tengan reconocida competencia o reconocida independencia política para el ejercicio de sus funciones, carece de validez en Derecho. En este sentido hay que recordar que en la Constitución (art. 259) se prevé la invalidez de actos jurídicos afectados por el vicio de "desviación de poder", conforme al cual, aunque un acto pudiera cumplir con el procedimiento formal, es írrito si desconoce la finalidad de la norma.

7. Por lo tanto, una elección apresurada de Magistrados, cuando los períodos de los que deben sustituir no se encuentran vencidos, realizada por una mayoría transitoria de diputados con sus períodos a punto de fenecer, realizada mediante un procedimiento que no garantice "una selección y elección pública, objetiva, transparente e imparcial de los candidatos", sería violatoria del orden constitucional, además de permitir la integración de un órgano fundamental del Estado en una forma que comprometería la independencia del Poder Judicial que postula la Ley Fundamental en su artículo 254 y contribuir a su desprestigio ante la sociedad venezolana y ante la comunidad internacional.

8. Además de lo anteriormente expuesto, el riesgo de una elección apresurada que no garantice una selección y elección pública, objetiva, transparente, independiente e imparcial de los candidatos, se hace evidente con la imposibilidad de que se puedan cumplir los plazos previstos en la Ley antes del 28 de diciembre del 2015. Lo anterior es evidente si se considera que los 15 días continuos para que se presenten impugnaciones concluye el día 23 de diciembre, la oportunidad para que se produzca el pronunciamiento del Comité acerca de las impugnaciones, es dentro de los ocho días continuos

siguientes al plazo para presentar las impugnaciones, y de haber impugnaciones es necesario notificar a los postulados impugnados para que comparezcan a una audiencia que debe realizarse dentro de los tres siguientes a su notificación. Todo esto bastaría para sostener la imposibilidad de que para el día 28 de diciembre se puedan haber cumplido los plazos previstos en la Ley. Más aún, si no hubiera impugnaciones, los cinco días que restan entre el 24 de diciembre y el 28 de diciembre, no serían suficientes para agotar los trámites de aprobación del baremo y la primera preselección de Magistrados, de la remisión de la lista de preseleccionados al Poder Ciudadano y de la segunda preselección por parte del Poder Ciudadano, y estas actividades deben realizarse en un máximo de once días. Es imposible que un procedimiento de estas características y que debe ser público, objetivo, transparente e imparcial, pueda realizarse cumpliendo con esas condiciones, salvo que se pretenda atropellar estas reglas, actuando en fraude de la voluntad del pueblo, lo cual es inadmisible en una democracia republicana y sujeto a un régimen de Derecho.

Por lo anteriormente expuesto, la Academia de Ciencias Políticas y Sociales considera que es su deber para con el país expresar que la elección de nuevos Magistrado debe ser hecha por la nueva Asamblea Nacional que resultó electa en las elecciones del 6 de diciembre de 2015, cumpliendo para ello con los requisitos constitucionales y legales aquí expuestos.

Dado en Caracas, a los diez días del mes de diciembre de 2015.

Eugenio Hernández-Bretón, Presidente
Julio Rodríguez Berrizbeitia, Secretario

http://www.acienpol.org.ve/cmacienpol/Resources/Pronunciamientos/Pronunciamiento%20Magistrados.pdf

X. PRONUNCIAMIENTO DE LA ACADEMIA DE CIENCIAS POLÍTICAS Y SOCIALES ACERCA DE LA DECISIÓN DE LA SALA CONSTITUCIONAL RELATIVA AL CONTROL PARLAMENTARIO DE LOS DECRETOS DE ESTADO DE EXCEPCIÓN.

(Interpretación del artículo 339 CRBV, desvanecimiento del control inter-orgánico que ostenta la Asamblea Nacional hacia los Decretos de Estado de Excepción provenientes del presidente de la República).

25.2.2016.

1. La Sala Constitucional del Tribunal Supremo de Justicia, mediante la sentencia N° 07 de fecha 11 de febrero de 2016, se pronunció sobre la interpretación constitucional del artículo 339 de la Constitución de la República Bolivariana de Venezuela relativa al control parlamentario sobre los decretos de estado de excepción dictados por el Ejecutivo Nacional, en relación con el artículo 136 constitucional y los artículos 27 y 34 de la Ley Orgánica sobre Estados de Excepción.

2. En esta sentencia la referida Sala expresa que el control político de la Asamblea Nacional sobre los decretos del Ejecutivo Nacional que declaran estados de excepción no afecta la legitimidad, validez, vigencia y eficacia jurídica de los mismos, y que en cualquier caso, este control siempre puede ser objeto de revisión judicial por parte de dicha Sala. Además, expresa la Sala que no obstante su desaprobación por la Asamblea Nacional, el Decreto No. 2.184 de 14 de enero de 2016, mediante el cual se declaró la emergencia económica, entró en vigencia desde que fue dictado por lo que su legitimidad, validez, vigencia y eficacia se mantienen irrevocablemente incólumes. Igualmente, sin instancia de parte la Sala Constitucional en la citada sentencia declaró la nulidad del Acuerdo de la Asamblea Nacional de fecha 22 de enero de 2016, mediante el cual se desaprobó dicho Decreto. Finalmente, la referida sentencia, sin

solicitud o demanda alguna y sin notificar previamente a la Asamblea Nacional, declaró que ésta no cumplió oportunamente con el plazo establecido en el artículo 27 de la Ley Orgánica sobre Estados de Excepción para pronunciarse sobre la aprobación del decreto de emergencia económica, el cual consideró probado simplemente por vía de notoriedad comunicacional.

3. La Academia de Ciencias Políticas y Sociales consecuente con su doctrina académica institucional respecto de la garantía de la supremacía de la Constitución y del respeto del Estado de Derecho, conforme al objeto que le traza la ley que la rige de expresar su opinión sobre asuntos de interés nacional, ante la interpretación dada por la Sala Constitucional sobre las normas y actos citadas en la referida sentencia N° 07 de 11 de febrero de 2016, expresa que esta sentencia contradice el orden constitucional, los valores democráticos, los elementos esenciales de la democracia, fundamentalmente el principio de la separación de los poderes públicos y reglas fundamentales del debido proceso. En efecto:

a) La sentencia desconoce la atribución constitucional de la Asamblea Nacional establecida expresamente en el artículo 339 del Texto Fundamental, para aprobar o improbar todos los decretos del Ejecutivo Nacional que declaren el estado de excepción; atribución ésta que no requiere de interpretación alguna, dado el carácter inequívoco con que fue consagrada en la Constitución de 1999, por cuanto el texto del citado artículo es explícito y claro, sin ambigüedades y lagunas, por lo que esta sentencia de la Sala Constitucional implica una contravención directa y frontal de dicha disposición constitucional expresa.

b) Los actos de la Asamblea Nacional que imprueben el decreto de estado de excepción, así como los que se pronuncien sobre su prórroga o revocación, son decisiones jurídicas de contenido político, por lo cual, la Sala Constitucional carece de competencia para sustituir o juzgar el contenido político de esos actos de la Asamblea Nacional, por cuanto se trata del ejercicio de una atribución que le ha sido encomendada a la Asamblea Nacional con exclusividad, por su carácter de órgano del Poder Público representativo de la voluntad popular. Dicho actuar de la Sala Constitucional configura una interferencia en las competencias constitucionales propias de la Asamblea Nacional.

c) La interpretación dada por la Sala Constitucional afecta el desarrollo político institucional democrático del Estado venezolano, puesto que impide el legítimo ejercicio del control político efectivo por parte de la Asamblea Nacional sobre los estados de excepción, ya que además de negarle valor jurídico a ese acto de desaprobación parlamentaria, por otro lado, considera que su contenido de naturaleza estrictamente política puede ser en cualquier caso objeto de su control jurisdiccional en sus motivos y razones, bajo el simple argumento de que se trata de un acto dictado en ejecución directa de la Constitución por parte de la Asamblea Nacional, o porque puede dar origen a conflictos o controversias entre poderes públicos. Esta interpretación en todo caso incurre en el error inexcusable de confundir el control de los aspectos estrictamente jurídicos de dicho acto de control parlamentario, de lo que es estrictamente el contenido político del mismo, para así excluir la posibilidad de la discusión política entre los bandos enfrentados en favor de uno de los intervinientes.

d) La decisión de la Asamblea Nacional de improbar o desaprobar el decreto ejecutivo de los estados de excepción, no obstante su naturaleza política, produce plenos efectos jurídicos en los casos de su aprobación, o la pérdida de su eficacia en caso de desaprobación, por tratarse de un requisito exigido constitucionalmente de manera expresa para su vigencia. Por lo cual, la sentencia de la Sala Constitucional que le niega a dicho acto de control legislativo esos efectos carece de toda fundamentación jurídica, puesto que tal control, es por el contrario, una manifestación del principio de balanzas y contrapesos en la separación de poderes, asignándole al órgano deliberativo nacional representativo de la voluntad popular la responsabilidad para evitar el ejercicio arbitrario o abusivo de tan delicada competencia del Ejecutivo Nacional de declarar estados de excepción. Es igualmente una manifestación del principio de la colaboración entre los órganos constitucionales que integran el Poder Público, para el cumplimiento de los fines del Estado de Social y Democrático de Derecho.

e) La Sala Constitucional, por considerar probado mediante un hecho notorio el incumplimiento por parte de la Asamblea Nacional de los lapsos legales de dudosa constitucionalidad en el procedimiento respectivo, anuló el acuerdo de dicha Asamblea de fecha 22 de enero de 2016 que improbó el Decreto Ejecutivo No. 2.184 de 14 de enero de 2016, lo que representa la violación de reglas fundamentales del debido proceso, por cuanto conforme a las normas elementales de derecho probatorio, dado que se trata de cómputos de lapsos de tiempo y de trámites y formalidades que lo acreditan, no cabe la aplicación de hecho notorio alguno para eximir de la obligatoriedad de la prueba plena. Tal decisión es violatoria de las garantías del debido proceso que prohíben dictar sentencias sin prueba alguna y sin el debido proceso. Además, con ello la Sala Constitucional le dio prioridad al cumplimiento de unas formalidades legales de dudosa constitucionalidad antes del contenido, objeto y fin de dicho acto de control.

4. La Academia de Ciencias Políticas y Sociales ratifica su criterio de que las sentencias interpretativas de la Sala Constitucional no pueden contrariar, modificar o reformar los textos constitucionales expresos, ni sustituir requisitos o procedimientos establecidos en la Constitución para el ejercicio legítimo de las atribuciones de los poderes públicos ni los derechos humanos, así como tampoco los procesos para conocer los diferentes asuntos que ha de decidir, particularmente los relativos al debido proceso.

5. Por todo lo anterior, la Academia de Ciencias Políticas y Sociales cree su deber institucional, dentro del carácter académico que le corresponde como corporación científica, ratificar que a la Sala Constitucional le corresponde la grave responsabilidad de salvaguardar la integridad de la Constitución, por lo cual le debe plena fidelidad a la Constitución y sus valores, y no debe ponerse al servicio de la política. La Sala Constitucional debe, por ende, ejercer sus competencias jurisdiccionales de forma independiente del Poder Ejecutivo Nacional, a fin de cumplir su mandato como un tribunal imparcial, velando para que los canales de la institucionalidad democrática se mantengan abiertos a fin de que los órganos representativos de la voluntad popular ejerzan sus funciones constituciona-

les propias y no sean obstruidos de manera arbitraria. Por lo cual, a dicha Sala del Tribunal Supremo de Justicia le corresponde la delicada responsabilidad republicana de ejercer la jurisdicción constitucional como un verdadero árbitro independiente e imparcial, dentro del Estado Social y Democrático de Derecho sin que pueda desnaturalizar el contenido de la Carta Fundamental de todos los venezolanos.

En Caracas, a los veinticinco días del mes de febrero de 2016.

Presidente, Eugenio Hernández- Bretón

Secretario, Julio Rodríguez Berrizbeitia

http://www.acienpol.org.ve/cmacienpol/Resources/Pronunciamientos/Pronunciamiento%20ACPS%20sobre%20sentencia%20-No.%207%20de%20la%20Sala%20Constitucional%20del.pdf

XI. PRONUNCIAMIENTO DE LA ACADEMIA DE CIENCIAS POLÍTICAS Y SOCIALES ACERCA DE LA DECISIÓN DE LA SALA CONSTITUCIONAL RELATIVA AL CONTROL PARLAMENTARIO DE LOS DEMÁS PODERES PÚBLICOS Y DE LOS ACTOS DE LA PROPIA ASAMBLEA.

(Sentencia No. 9 de la Sala Constitucional del TSJ limita el control de inter orgánico de la Asamblea Nacional hacia el Gobierno-Administración. Vulneración de principio de separación de poderes).

11.3.2016.

1. La Sala Constitucional del Tribunal Supremo de Justicia, mediante la sentencia No. 09 de fecha 1° de marzo de 2016, se pronunció sobre la interpretación constitucional de los artículos 136, 222, 223 y 265 de la Constitución de la República Bolivariana de Venezuela y, en tal sentido, acerca del control parlamentario sobre los demás Poderes Públicos Nacionales (Ejecutivo, Judicial, Ciudadano y Electoral), el Poder Público Estadal, el Poder Público Municipal y la Fuerza Armada Nacional. La Academia de Ciencias Políticas y Sociales, en uso de sus atribuciones legales, expresa las siguientes consideraciones respecto de la mencionada sentencia.

2. La sentencia No. 9 interpretó el marco constitucional y legal de la función de control de la Asamblea Nacional. En su interpretación, la sentencia de la Sala Constitucional (i) redujo de manera notable el alcance de las facultades de control de la Asamblea Nacional y (ii) estableció indebidamente limitaciones previas al ejercicio de las competencias constitucionales de la Asamblea Nacional.

3. De esa manera, la sentencia de la Sala Constitucional limitó la función de control de la Asamblea Nacional al "Gobierno y Administración" del Poder Nacional, excluyendo así a los otros órganos del Poder Público. Además, limitó el alcance del control sobre

los funcionarios del Gobierno Nacional, condicionando ese control a la previa coordinación con la Vicepresidencia Ejecutiva.

4. Tal interpretación no considera que si bien el numeral 3 del artículo 187 constitucional otorga a la Asamblea Nacional la competencia para "ejercer funciones de control sobre el Gobierno y la Administración Pública Nacional", el artículo 223 constitucional otorga a la Asamblea Nacional la facultad para realizar "las investigaciones que juzguen convenientes en las materias de su competencia".

5. Por ello, de conformidad con el citado artículo 223, la Asamblea Nacional puede realizar investigaciones en todos los asuntos propios de la función legislativa en el ámbito nacional (artículo 187), incluyendo investigaciones sobre cualquier funcionario, como expresamente aclara el comentado artículo 223.

6. Por lo anterior, la interpretación de la Sala Constitucional constituye una indebida limitación a la función de control e investigación que ha caracterizado históricamente a las funciones del Poder Legislativo en Venezuela, y que constituyen un componente esencial de la democracia constitucional.

7. Es igualmente injustificada la interpretación de la sentencia que condiciona la función de control a la previa coordinación con la Vicepresidencia, reduciendo además el alcance práctico del deber de comparecencia.

8. El ejercicio de la función de control por parte de la Asamblea Nacional se traduce en auténticas potestades a las cuales queda sujeto todo funcionario, incluyendo quien ocupe el cargo de la Vicepresidencia Ejecutiva. Por lo tanto, no es racional condicionar el control a la coordinación previa con el sujeto controlado.

9. Tampoco se ajusta a la Constitución la conclusión de la sentencia en el sentido que la Fuerza Armada Nacional no puede ser controlada directamente por la Asamblea Nacional. Aquí la sentencia no solo contradice su tesis según la cual el control parlamentario se extiende sobre la Administración Nacional, a la cual pertenece la Fuerza Armada Nacional. Además, la sentencia, al eliminar a la

Fuerza Armada Nacional del control parlamentario, excluye a ese órgano del principio de rendición de cuentas.

10. Además de lo anterior, la sentencia No. 9 establece limitaciones previas que pretenden impedir el ejercicio de competencias constitucionales de la Asamblea Nacional.

11. De manera especial, la sentencia niega la competencia de la Asamblea Nacional para investigar la designación de los magistrados del Tribunal Supremo de Justicia efectuada en diciembre de 2015, contradiciendo expresamente el criterio sostenido en la sentencia No. 2230 de 23 de septiembre de 2002 (caso: Carlos Tablante), en la cual reconoce la competencia de la Asamblea Nacional para investigar designaciones de magistrados.

12. La sentencia llega incluso a declarar "la nulidad absoluta e irrevocable de los actos mediante los cuales la Asamblea Nacional pretende impulsar la revisión de procesos constitucionalmente precluidos de selección de magistrados y magistradas". Tal pronunciamiento constituye un claro exceso de poder, pues (i) mal puede declararse la nulidad de actos del Poder Público en el marco de un recurso de interpretación y (ii) tampoco puede, en todo caso, declararse la nulidad de actos futuros.

13. Además, la Asamblea Nacional, de acuerdo con el tradicional principio de autotutela jurídica reconocido a los órganos del Poder Público, tiene la potestad - es decir, la facultad y el deber- de revocar sus actos viciados por graves violaciones de la Constitución y las leyes, contrarias al orden público, tanto más si se trata de actos que ponen fin a procedimientos donde la competencia principal y decisoria es la suya, como sería la elección de los magistrados del Tribunal Supremo de Justicia, y cuya causa de revocación no está en la conducta de las personas electas, como sería en el procedimiento de remoción, sino en el comportamiento ilegítimo de los órganos partícipes en la elección, y ante cuyos vicios no puede invocarse un derecho adquirido a ejercer cargo alguno.

14. Con estos criterios, la Sala Constitucional ejerce un control previo sobre el ejercicio de las funciones propias de la Asamblea Nacional, todo lo cual constituye una extralimitación en el ejercicio

de las atribuciones propias del control judicial de la constitucionalidad, y una ilegítima restricción del funcionamiento pleno de la Asamblea Nacional, en su condición de órgano de representación nacional.

15. Con tal proceder, la Sala Constitucional ignoró su propia doctrina, que había establecido que "una sentencia interpretativa sobre el ejercicio del poder parlamentario sería una especie de control preventivo que no está autorizado por el Texto Fundamental" (sentencia No. 1655 de 16 de junio de 2003, caso: Eduardo Manuitt Carpio). La sentencia No. 9 es, precisamente, un control previo que la Sala Constitucional ejerce para impedir el normal funcionamiento de la Asamblea Nacional.

16. En conclusión, la sentencia de la Sala Constitucional No. 9 de 1° de marzo de este año, al reducir injustificadamente la función de control de la Asamblea, estableciendo controles previos a su actividad, implica un grave atentado a los principios básicos en los que se fundamenta el Estado Democrático de Derecho previsto en la Constitución de 1999.

En Caracas, a los once (11) días del mes de marzo de 2016.

Eugenio Hernández-Bretón, Presidente

Julio Rodríguez Berrizbeitia, Secretario

http://www.acienpol.org.ve/cmacienpol/Resources/Pronunciamientos/PRONUNCIAMIENTO_ACPS_(SENTENCIA_SC-TSJ_No__9).pdf

XII. PRONUNCIAMIENTO DE LA ACADEMIA DE CIENCIAS POLÍTICAS Y SOCIALES ACERCA DEL DECRETO 2.323 DE ESTADO DE EXCEPCIÓN Y DE EMERGENCIA ECONÓMICA DICTADO POR EL PODER EJECUTIVO NACIONAL EL 13 DE MAYO DE 2016.

(*(i)* Definición de Estado de Excepción según el artículo 339 CRBV; *(ii)* Decreto No. 2.323 figura inconstitucional que elimina de facto del control inter-orgánico que ejerce el Poder Legislativo al Poder Ejecutivo; aprobación o desaprobación de créditos, gatos presupuestarios, contratos de interés público y la remoción del vicepresidente de la Republica artículo 187 CRVB).

30.5.2016.

Con fecha 13 de mayo de 2016 el Presidente de la República, mediante el Decreto número 2.323, publicado en esa misma fecha en la Gaceta Oficial N° 6.227 Extraordinario, declaró "el Estado de Excepción y de Emergencia Económica...en todo el territorio nacional", invocando los artículos 337, 338 y 339 de la Constitución y algunas disposiciones de la Ley Orgánica sobre Estados de Excepción.

Un estado de excepción se configura cuando existen circunstancias de orden social, económico, político, natural o ecológico que afecten gravemente la seguridad de la Nación, de las Instituciones y de los ciudadanos y "las facultades de la cuales se disponen resultan insuficientes para hacer frente a tales hechos". En tal caso, precisa el artículo 337 de la Constitución, "podrán ser restringidas temporalmente las garantías consagradas en esta Constitución, salvo las referidas a los derechos a la vida, prohibición de incomunicación o tortura, el derecho al debido proceso, el derecho a la información y los demás derechos humanos intangibles". En el mismo sentido, el Pacto Internacional de Derechos Civiles y Políticos de jerarquía constitucional y de aplicación directa a los estados de excepción por disposición expresa de los artículos 23 y 339 de la Constitución, establece en su artículo 4 que: "en situaciones excepcionales que pongan en peligro la vida de la Nación y cuya existencia haya sido proclamada oficialmente, los Estados Partes en el presente Pacto podrán adoptar disposiciones que, en la medida estrictamente limitada a las exigencias de la situación, suspendan las obligaciones contraídas en virtud de este Pacto, siempre que tales disposiciones no sean incompatibles con las demás obligaciones que les impone el derecho internacional y no entrañen discriminación alguna fundada únicamente en motivos de raza, color, sexo, idioma, religión u origen social". Los derechos intangibles, no susceptibles de restricción por los Estados a los que hace referencia la Constitución y el Pacto son: el derecho a la vida e integridad personal, la libertad personal y la prohibición de la práctica de desaparición forzada de personas, los derechos de participación política incluido el derecho al voto y acceso a la función pública, la libertad de pensamiento, conciencia y religión, la libertad de información, la prohibición de esclavitud y de servidumbre, el principio de legalidad y la irretroactividad de las leyes, especialmente de las leyes penales, el debido proceso, el amparo constitucional, la igualdad ante la ley, el reconocimiento de la personalidad jurídica, la protección de la familia y de la nacionalidad.

El Decreto que ha sido dictado no se ajusta a los postulados constitucionales, sino que se aparta de ellos de una manera tan sustancial que pasa a ser un acontecimiento insólito en los anales jurídicos de la República. Si anteriormente el socavamiento del orden jurídico se realizó a través de las numerosos decretos de estados de excepción y leyes habilitantes que fueron concedidas al Ejecutivo, ahora se trata de una situación ante la cual se extrema la anomalía jurídica, pues es el Presidente de la República legibus solutus, por sí mismo, quien se asume por encima de la división de poderes, convalidado, a su vez, por la Sala Constitucional del Tribunal Supremo de Justicia, como en épocas que se creían históricamente superadas por el avance de la civilización jurídica y política.

La declaración del estado de excepción y de emergencia económica ha causado justificada preocupación en los círculos políticos, económicos y sociales, tanto cuando se la examina desde el punto de vista de las motivaciones que se adelantan en los Considerandos del Decreto como desde el punto de vista de la amplitud de las restricciones constitucionales que se adoptan. Hay un cierto consenso en estimar como sesgada la apreciación de los hechos o circunstancias que determinan el estado de excepción, así como de considerar desproporcionadas y extremas las medidas adoptadas para corregir la situación.

Desde el punto de vista político tiene que resultar inaceptable para la sociedad y en particular para la oposición y para muchos independientes, es decir, para la mayoría del país si se toma en cuenta el resultado de las elecciones legislativas del 6 de diciembre de 2015, que se mencione como una causa que determina el estado de excepción "el desconocimiento al Orden Jurídico y la confrontación deliberada del Poder Legislativo Nacional contra los Poderes Públicos, con la intención de derrocar el Gobierno legítimamente constituido gracias a la voluntad popular", circunstancia que se coloca al lado de otras de extrema gravedad, como son los imprecisos "ataques a la economía nacional y a la estabilidad democrática" y "la agresión de potencias extranjeras". También tiene que resultar inaceptable que la actuación de la Asamblea Nacional sea descrita en los considerandos del Decreto como "actuaciones con apariencia de legalidad" que promocionan "particularmente la interrupción del período presidencial establecido en la Constitución por cualquier mecanismo a su alcance, fuera del orden constitucional", forma despreciativa de referirse al legítimo referéndum revocatorio y a las otras fórmulas constitucionales de terminación anticipada del mandato presidencial. El Decreto de Estado de Excepción no solo contiene una narración contraria a la sostenida por la mayoría de los ciudadanos, que ha visto la actuación concertada del Poder Ejecutivo Nacional y de Tribunal Supremo de Justicia contra las decisiones legítimas de la Asamblea Nacional, sino que prácticamente declara enemigos de la patria a los parlamentarios y los hace culpables de la situación. El Decreto se convierte, en consecuencia, en una condena sin juicio, en un instrumento de lucha política y por tanto, desnaturaliza la esencia de todo instrumento normativo.

Desde el punto de vista económico, la opinión preponderante entre los expertos en economía y entre los ciudadanos, en general, es que el modelo económico aplicado por el gobierno nacional es inviable. Esta opinión contrasta totalmente con las tesis de "guerra económica" mencionadas en el Decreto: acciones de "algunos sectores políticos nacionales, aliados con intereses particulares extranjeros" que después de la muerte de Hugo Chávez "arreciaron ataques contra la economía venezolana, con la finalidad de promover un descontento popular contra el Gobierno Nacional; actividad de "la oposición política venezolana, reiteradamente, a través de múltiples mecanismos" para "asediar a todos los Poderes Públicos y someter a zozobra a los venezolanos mediante la aplicación de esquemas perversos de distorsión de la economía venezolana tales como el acaparamiento, el boicot, la usura, el desabastecimiento y la inflación inducida".

Si bien causa alarma entre los entendidos en economía la supuesta "inflación inducida", desde el punto de vista social mayor alarma se produce cuando se habla de las "colas inducidas", cuya responsabilidad, junto al "bachaqueo", también se atribuye a "ciertos agentes económicos que hacen vida en el país, auspiciados por intereses extranjeros" que "obstaculizan el acceso oportuno de los venezolanos a bienes y servicios indispensables para la vida digna de la familia venezolana". Es francamente delirante que se hable de "colas inducidas". Según los considerandos del Decreto, las colas, por lo tanto, no obedecen a una realidad ni tampoco tienen nada que ver con el desabastecimiento.

Sin embargo, uno de los aspectos más preocupantes de los considerandos del Decreto es que según "recientes actuaciones de los cuerpos de investigación y de seguridad del Estado…han detectado la existencia de grupos criminales armados y paramilitarismo extranjero, estableciendo su vinculación a actores con intereses políticos de desestabilización de la economía nacional y de la institucionalidad del Poder Público, quienes les han promovido y financiado desde el exterior de la República con el afán de generar en Venezuela problemas de orden público que causen malestar en el pueblo venezolano, vulneren la Seguridad Nacional y justifiquen una intervención de poderes extranjeros en el país". La imprecisión y la indeterminación de esta amenaza sin prueba alguna pública y sin determinación judicial previa mediante el debido proceso, pueden tener efectos catastróficos en la dimensión de la restricción de los derechos humanos que sigue a este decreto de estado de excepción. El Poder Ejecutivo Nacional, a instancia del Tribunal Supremo de Justicia, retiró a Venezuela del sistema interamericano de protección de los derechos humanos, de modo que la defensa de los derechos humanos en Venezuela está inconstitucionalmente desprovista de un elemento de protección internacional fundamental. Si a ello se suma una ausencia de límites efectivos a la restricción abierta de los derechos constitucionales, la situación puede ser estimada como de extremo cuidado.

La autorización genérica que se otorga a sí mismo el Poder Ejecutivo Nacional para que "adopte las medidas oportunas, excepcionales y extraordinarias para asegurar a la población el disfrute pleno de sus derechos, preservar el orden interno, el acceso oportuno a bienes y servicios fundamentales" no es la regulación de la garantía constitucional restringida por el Decreto, fórmula autorizada por el artículo 337 de la Constitución, sino que es el equivalente a una ley en blanco para actuar contra los enemigos políticos del régimen, contra los empresarios productores e intermediarios de bienes, contra los suplidores de servicios y contra la población en general que muestre su desafección al régimen, por la sencilla razón de que ellos han sido identificados en los considerandos del Decreto como los culpables directos e indirectos de la crisis económica, al lado de la baja de los precios del petróleo, la crisis eléctrica y el fenómeno de "El Niño". Las autorizaciones específicas que se concede a sí mismo el Poder Ejecutivo Nacional para "dictar medidas y ejecutar planes especiales de seguridad pública que garanticen el sostenimiento del orden público ante acciones desestabilizadoras que pretendan irrumpir en la vida interna del país o en las relaciones internacionales de éste" tienen el propósito de justificar cualquier medida en contra de opositores democráticos y de entorpecer las gestiones que los opositores realizan ante organismos internacionales y ante países amigos, las cuales han tenido enorme repercusión internacional.

El Decreto además elimina de facto las facultades constitucionales de la Asamblea Nacional para aprobar previamente los créditos y los gastos presupuestarios del Ejecutivo Nacional (art. 187, nums. 6 y 7 y art. 196, num. 3), así como para aprobar los contratos de interés nacional (art. 187, num. 9).

El Decreto también suprime de facto la facultad de la Asamblea Nacional para remover al Vicepresidente Ejecutivo o a los Ministros en caso de que así lo disponga al haberles impuesto un voto de censura por las tres quintas partes de los diputados (art. 187, num. 10, 240 y 246), como ya había sido desconocida de manera abiertamente inconstitucional por el propio Poder Ejecutivo mediante el Decreto N° 2.309 de 2 de mayo de 2016.

A todo lo largo del cuerpo propiamente normativo del Decreto se encuentra un conjunto de facultades indeterminadas que están sujetas a la libre interpretación administrativa, así como una y otra vez surgen medidas innominadas que abren un vasto campo no ya para la discrecionalidad sino para la arbitrariedad. En medio de la desmesura del Decreto, estas enumeraciones podrían considerarse superfluas de no ser porque suscitan la sospecha de que su mención expresa podría ocultar la intención de ir incluso más allá de todo aquello que ya el Estado puede lograr a través de la profusa legislación intervencionista e inconstitucional que ha dictado a lo largo de los años recientes o suscitar la impresión, en la opinión pública, de que no se dispone de tales facultades o se ha impedido su ejercicio.

Sin embargo, la amenaza al sistema de libertades es aun más ominosa e inminente. En primer lugar se le da beligerancia de control sobre todo lo referente a la vida económica a organizaciones sociales bajo dominio gubernamental que se convierten en brazos ejecutores de las amplísimas facultades otorgadas al aparato administrativo y que pueden actuar conjuntamente con los brazos militares y represivos del Estado. De acuerdo con la lamentable experiencia de todos estos años se puede suponer fundamentalmente que se convertirán en instrumentos de amedrentamiento y abuso no solamente contra la economía privada sino también contra la ciudadanía en general. En contraposición, las organizaciones no gubernamentales, verdaderas expresiones democráticas, defensoras de los derechos humanos y contralores independientes de las acciones abusivas del Estado, se encuentran claramente amenazadas por los artículos 17 y 18 del Decreto. El significado del primero, que habla de garantizar "el absoluto ejercicio de la soberanía nacional" e impedir la injerencia extranjera se concreta y especifica en el segundo de los mencionados que dispone la auditoría e inspección de convenios firmados por personas naturales o jurídicas nacionales con entidades u organismos extranjeros y la eventual suspensión de su financiamiento por la pura presunción de tener fines políticos o de desestabilización.

Un decreto de tal naturaleza merece el repudio de la comunidad jurídica, porque la esencia constitucional de un decreto de excepción consiste en partir de una valoración objetiva, desapasionada, ponderada y ecuánime de los hechos excepcionales y concluir, en caso de no ser suficientes las facultades ordinarias existentes, con una restricción expresa mínima, necesaria y proporcional de las garantías constitucionales, lo contrario de lo que hace el Decreto 2.323, el cual además pretende afectar las facultades de la Asamblea Nacional y de los demás poderes públicos al contravenir abiertamente el artículo 339 constitucional, el cual dispone que: "La declaración del estado de excepción no interrumpe el funcionamiento de los órganos del Poder Público."

Por las razones expuestas, el Decreto de Estado de Excepción y Emergencia Económica aquí denunciado configura una ruptura inaceptable de la Constitución, que pone en peligro la democracia, los derechos humanos y el Estado de Derecho en Venezuela.

Hacemos un serio llamado al Tribunal Supremo de Justicia para que respete la facultad constitucional de la Asamblea Nacional para decidir sobre la aprobación o no de dicho decreto, (art. 339), y en todo caso, para que declare la nulidad del mismo por su inconstitucionalidad generalizada; y al Ejecutivo Nacional, para que de inmediato deje sin efecto este decreto inconstitucional, y para que, en todo caso, cumpla con su obligación internacional de informar de manera inmediata al Secretario General de la Organización de las Naciones Unidas, de conformidad con su obligación contraída en virtud del artículo 4.3 del Pacto Internacional de Derechos Civiles y Políticos.

En Caracas, a los treinta (30) días del mes de mayo de 2016.

Eugenio Hernández-Bretón, Presidente

Julio Rodríguez Berrizbeitia, Secretario

http://www.acienpol.org.ve/cmacienpol/Resources/Pronuncia-mientos/Decreto%202323%20de%20estado%20de%20excep-ci%C3%B3n%20y%20de%20emergencia%20econ%C3%B3mica.pdf

XIII. DECLARACIÓN DE LA ACADEMIA DE CIENCIAS POLÍTICAS Y SOCIALES ACERCA DEL DECRETO DE MISIÓN JUSTICIA SOCIALISTA.

(Preocupación ante las inconstitucionalidades del Decreto, por cuanto se pretende implantar un sistema de "justicia y democracia socialista").

10.3.2017.

La Academia de Ciencias Políticas y Sociales, con ocasión de la publicación del Decreto No. 2.718 en la Gaceta Oficial No. 41.090 de 7 de febrero de 2017, emanado del Ejecutivo Nacional en esa misma fecha, mediante el cual se crea la "Misión Justicia Socialista", se dirige a la sociedad venezolana para alertar acerca de las inconstitucionalidades del mencionado Decreto por cuanto con el se pretende implantar un sistema de "justicia y democracia socialista", contrario a los valores y principios que inspiran el sistema constitucional venezolano.

En efecto, el Decreto No. 2.718 expresamente señala como algunos de los objetivos más importantes de la Misión Justicia Socialista: i) Direccionar una definitiva revolución en el sistema de administración de justicia; ii) Contribuir en la consolidación y expansión del Poder Popular y la democracia socialista; iii) Impulsar la Justicia de Paz Comunal, para favorecer la resolución amistosa y pacífica de los conflictos entre las personas; y iv) Continuar la profundización de la igualdad en el acceso a la justicia, a través de diversas acciones, entre ellas, "la transformación de la ética profesional" "promoviendo una transformación de la concepción de la profesión del abogado a partir de una nueva ética profesional que supere la mercantilización capitalista, para construir un verdadero referente de profesional al servicio de la justicia y la paz social (…)".

Expuesto lo anterior, corresponde a esta Academia dejar claro que el Derecho Constitucional venezolano se construye sobre los valores del Estado de Derecho, democracia, separación de poderes y respeto a los derechos humanos. De esta manera, el artículo 2 de la Constitución establece que Venezuela es un Estado Democrático, y Social de Derecho y de Justicia. Estos conceptos no se encuentran ni pueden estar vinculados a ideologías político-partidistas, sino que por el contrario deben ser lo más amplios posibles para garantizar que todos los ciudadanos, independientemente de su tendencia política, se vean representados por gobiernos que respeten el pluralismo político y democrático.

De esta manera, debe esta Academia rechazar categóricamente la pretendida "justicia socialista" que el Decreto analizado pretende establecer en nuestro sistema jurídico de manera soterrada al abrigo de un mecanismo de resolución de controversias comunales, atentando contra el sistema de justicia dispuesto en la Constitución. En efecto, el artículo 136 de la Constitución establece que "cada una de las ramas del Poder Público tiene sus funciones propias" y en sus artículos 253 y 254 establece que la potestad de administrar justicia corresponde al Poder Judicial, el cual es autónomo e independiente. Además, de conformidad con los artículos 178.7 y 258 de la Constitución, la justicia de paz es una competencia municipal que la ley organizará en las comunidades.

Las normas constitucionales mencionadas son la base y fundamento de la organización del sistema de justicia del Estado, el cual no se encuentra al servicio de parcialidad política alguna –por lo que no puede ser justicia "socialista"- sino que por el contrario persigue la resolución de controversias con fundamento en el Derecho y por jueces independientes del Ejecutivo Nacional. Es así como la administración de justicia se organiza teniendo por norte servir a todas las personas, sometiendo el Estado a la Constitución, a los instrumentos internacionales sobre derechos humanos y a la ley, con la finalidad de procurar los valores superiores de nuestro ordenamiento jurídico: la vida, la libertad, la justicia, la igualdad, la solidaridad, la democracia, la responsabilidad social y, en general, la preeminencia de los derechos humanos, la ética y el pluralismo político.

Esta Academia debe resaltar al país que nuestra Constitución se inserta en las corrientes modernas del constitucionalismo que excluyen al Estado y en concreto a su Poder Judicial de la sujeción a cualquier político-partidista, a fin de garantizar su autonomía e independencia. Adicionalmente, nuestro texto fundamental reconoce los mecanismos alternativos de solución de controversias (negociación, mediación y arbitraje) y la justicia de paz en las comunidades, lo cual constitucionalmente es una competencia a desarrollar por la Asamblea Nacional, impidiendo de esta manera al Poder Ejecutivo intervenir activamente en la organización de una llamada "justicia comunal, popular o socialista".

De todo lo antes expuesto se desprende además la inconstitucionalidad del Decreto N° 2.718, por cuanto mediante actos de rango sub legal se pretende modificar el diseño del sistema constitucional de justicia venezolano, no ya desconociendo únicamente el principio de la reserva legal, cuya violación sería motivo suficiente para que esta Academia se manifestara asertivamente en defensa de la institucionalidad, sino soslayando y pretendiendo derogar virtualmente la Constitución vigente mediante actos que por su contenido, no pueden ser calificados ni siquiera como jurídicos, por no respetar los principios básicos de la democracia, base del constitucionalismo moderno y del Estado de Derecho (artículo 2 de la Carta Democrática Interamericana). El Decreto en análisis viola además las obligaciones internacionales válidamente asumidas por la República, y que no solo el Poder Ejecutivo, sino todos los Poderes Públicos del Estado, están obligados a respetar y garantizar, a fin de que el Poder Judicial cumpla su función de garante de la protección de todos los derechos de todas las personas.

En suma, el Decreto N° 2.718 emanado del Ejecutivo nacional mediante el cual se crea la Misión Justicia Socialista es un acto antijurídico que no solo viola varias normas constitucionales aisladas sino que al atacar sus valores fundamentales viola toda la Constitución, es decir, no solo es un acto que viola el Derecho sino que su arbitrariedad manifiesta viola el Estado de Derecho configurado constitucionalmente como un Estado Democrático y Social de Derecho y de Justicia.

Por otro lado, la Academia de Ciencias Políticas y Sociales reitera una vez más la obligación del Estado venezolano de cumplir con sus obligaciones constitucionales e internacionales de garantizar un sistema de justicia y en especial un Poder Judicial independiente y autónomo, que garantice los derechos de todas las personas sin discriminación ni exclusión alguna por motivo de su ideología política o cualquier otro motivo. Para ello, el Estado debe comenzar por dar inmediato e incondicional cumplimiento de las sentencias y recomendaciones sobre el Poder Judicial emanadas de los órganos internacionales de protección de los derechos humanos.

Concluimos sosteniendo que a lo largo del proceso civilizatorio de la humanidad la deontología de las profesiones, es decir su ética, ha sido un proceso fruto del esfuerzo de insignes personalidades y de una labor colectiva de las sociedades profesionales que los han agrupado y de las universidades que los han formado. Ha surgido y se ha desarrollado dentro de la libertad del ejercicio profesional y si alguna reforma es necesaria mal puede provenir de acciones gubernamentales que, a menudo, no sólo la han impedido sino que, han perseguido propósitos contrarios a los que estentóreamente proclaman. En el caso de la abogacía su deontología está encaminada a la defensa de valores de justicia, seguridad, paz, respeto a los derechos humanos y del Estado de Derecho y no puede, por lo tanto, menos que suscitar reservas y alarma la pretensión de promover mediante instituciones oficiales de precaria base legal y constitucional "un verdadero referente de profesional al servicio de la justicia y la paz social".

En virtud de lo anterior la Academia de Ciencias Políticas y Sociales exhorta a los órganos competentes del Estado venezolano y en especial al ciudadano Presidente de la República a dejar sin efecto, de inmediato, el referido Decreto N°. 2.718 y hace un llamado a las más altas autoridades del Estado a respetar los valores y principios contenidos en nuestra Constitución.

En Caracas, a los diez días del mes de marzo de 2017.

Eugenio Hernández-Bretón, Presidente

Julio Rodríguez Berrizbeitia, Secretario

http://www.acienpol.org.ve/cmacienpol/Resources/Pronunciamientos/Pronunciamiento%20DEL%20DECRETO%20MISI%-C3%93N%20JUSTICIA%20SOCIALISTA.pdf.

XIV. PRONUNCIAMIENTO DE LA ACADEMIA DE CIENCIAS POLÍTICAS Y SOCIALES SOBRE LA DETENCIÓN ARBITRARIA DE LOS NUEVOS MAGISTRADOS DEL TRIBUNAL SUPREMO DE JUSTICIA.

(Violación al debido proceso; sometimiento a civiles a la jurisdicción militar; desconocimiento de las competencias de la Asamblea Nacional).

27.7.2017.

Frente a la persecución y detención arbitraria de los Magistrados del Tribunal Supremo de Justicia designados por la Asamblea Nacional, en su sesión del día 21 de julio de 2017, para ser sometidos a la jurisdicción militar, y en defensa del Estado de Derecho y de los valores republicanos y democráticos, la Academia de Ciencias Políticas y Sociales declara:

En numerosos pronunciamientos, la Academia ha expresado categóricamente su rechazo ante el desconocimiento reiterado de las atribuciones y facultades constitucionales e inderogables de la Asamblea Nacional por parte del Poder Ejecutivo Nacional y del Tribunal Supremo de Justicia, con grave ruptura del orden constitucional y desconocimiento del Estado de Derecho. Igualmente, desde el 10 de diciembre de 2015, denunció la ilegitimidad e invalidez de la elección de los Magistrados del Tribunal Supremo de Justicia realizada por la legislatura que finalizaba su mandato en diciembre de 2105, por haber incumplido con el procedimiento y los requisitos constitucionales y reglamentarios para esa elección, por esta razón debía proceder a su revocación y declaración de nulidad absoluta, como finalmente se hizo, para proceder a una nueva elección dotada de transparencia, imparcialidad, legitimidad y validez.

Igualmente, nuestra Academia ha sostenido en forma reiterada y con firmeza la inconstitucionalidad y violación de las convenciones internacionales de derechos humanos del sometimiento de los civiles a la jurisdicción militar, y más recientemente lo hizo en su pronunciamiento del 16 de mayo de 2017, enviado al Ministro de la Defensa. Ha declarado esta Academia que, de acuerdo al artículo 261 de la Constitución, "la competencia de los tribunales militares se limita a los delitos de naturaleza militar", que son las infracciones a los deberes de disciplina, obediencia y subordinación, a cargo de los miembros activos de la Fuerza Armada, y por tanto nunca de personas civiles; debiendo considerarse nulos absolutamente y generadores de responsabilidad penal, civil, administrativa y disciplinaria todos los actos de los funcionarios de esa jurisdicción en relación con los civiles.

Recientemente, con la anuencia habitual del actual Tribunal Supremo de Justicia, el Ejecutivo Nacional ha procedido a desconocer la elección realizada por la Asamblea Nacional de 33 nuevos magistrados, principales y suplentes, y a perseguir y detener policialmente sin proceso judicial ni defensa a algunos de ellos, con amenaza para todos los demás, para ser sometidos a la jurisdicción militar por un supuesto delito derivado de haber aceptado su elección y prestado juramento, con flagrante violación por parte de las autoridades ejecutivas de las normas constitucionales e internacionales, y en especial de los derechos al debido proceso, al juez natural, a la libertad e integridad física y a la independencia e imparcialidad de la justicia; pero sobre todo, con total omisión del antejuicio de mérito constitucional que requiere el juzgamiento de dichos Magistrados, por la condición emergente de su elección, y con abierto desconocimiento de la separación de poderes y de las atribuciones exclusivas del Poder Legislativo Nacional.

Frente a estos hechos, la Academia de Ciencias Políticas y Sociales reitera los criterios expresados y difundidos con anterioridad y manifiesta su categórico rechazo al desconocimiento de la elección de los nuevos Magistrados elegidos por la Asamblea Nacional y a la persecución y detención arbitrarias de que han sido víctimas para ser sometidos sin fundamento alguno a la jurisdicción militar.

Finalmente, hace un llamado al Ministerio Público para que investigue los hechos y haga lo procedente, con la urgencia del caso, para el restablecimiento de las situaciones jurídicas legítimas gravemente vulneradas y el resguardo de la integridad física y moral de las víctimas.

En Caracas, a los 27 días del mes de julio de 2017.

En fe de lo cual suscriben,

El Presidente, Gabriel Ruan Santos

El Secretario, Luciano Lupini Bianchi

http://www.acienpol.org.ve/cmacienpol/Resources/Pronunciamientos/Pronunciamiento%20de%20la%20ACPYS%20sobre-%20la%20Detenci%C3%B3n%20de%20Magistrados%20del%20TSJ.pdf.

XV. PRONUNCIAMIENTO DE LA ACADEMIA DE CIENCIAS POLÍTICAS Y SOCIALES ANTE LA "LEY CONSTITUCIONAL CONTRA EL ODIO, POR LA CONVIVENCIA PACÍFICA Y LA TOLERANCIA" DICTADA POR LA ASAMBLEA NACIONAL CONSTITUYENTE.

(Desviación de poder; Asamblea Nacional Constituyente; usurpación de funciones legislativas; principios de legalidad y tipicidad penal; sanciones administrativas, tributarias, electorales y penales desproporcionadas y discrecionales; violación al pluralismo político, violación al derecho de participación en los asuntos públicos violación al derecho de libre asociación violación a la libertad de expresión).

5.12.2017.

La Academia de Ciencias Políticas y Sociales, en cumplimiento de su ley de creación, expresa su rechazo a la actuación de la Asamblea Nacional Constituyente, por medio de la cual procedió a dictar en fecha 8 de noviembre del 2017, el acto que denomina *"Ley constitucional contra el odio, por la convivencia pacífica y la tolerancia"*, por causa de su origen y por lo que realmente significa el contenido de ese instrumento, más allá de su título.

En primer lugar, esta Academia reitera su criterio respecto a la ilegitimidad de la Asamblea Nacional Constituyente, por no haber sido convocada por el pueblo, de acuerdo a lo previsto en el artículo 347 de la Constitución y ser, además, el resultado de unas elecciones que violaron el artículo 63 de la Constitución, en cuanto a los principios que deben regir todo sufragio para cargos populares; elecciones que han sido admitidas como fraudulentas por el propio prestador de servicios informáticos del Consejo Nacional Electoral

(CNE) (ver Pronunciamiento de las Academias Nacionales de fecha 15 de agosto de 2017).

El acto que se califica como "Ley constitucional" constituye en verdad una vía de hecho, porque no sólo excede el ámbito de competencias que para una Asamblea Nacional Constituyente, debidamente convocada y elegida por el pueblo, contempla el texto constitucional vigente, toda vez que poco se relaciona con la redacción de un proyecto de Constitución, que es lo único que le correspondería realizar a una Asamblea Nacional Constituyente, sino que antes y por el contrario constituye la violación del ordenamiento constitucional e internacional y la usurpación de la competencia exclusiva de la Asamblea Nacional para dictar o modificar el marco legal que rige en materia de derechos, deberes y garantías constitucionales, así como en materia penal.

Con esta actuación, la Asamblea Nacional Constituyente se arroga indebidamente un poder supraconstitucional y pretende mediante la usurpación de las funciones del órgano legislativo nacional, anular a la Asamblea Nacional, único órgano del Poder Público legitimado por el pueblo venezolano mediante elecciones libres, universales, directas y secretas para legislar en las materias de competencia Nacional.

La "Ley Constitucional contra el odio, por la convivencia pacífica y la tolerancia" es inconstitucional porque viola los artículos 187, numeral 1, y 202 (funciones legislativas de la Asamblea Nacional), los artículos 2, 3 y 7 (soberanía popular y principios del Estado de Derecho) y las garantías a los derechos humanos reguladas en los artículos 19, 20, 49, 57, 58, 62, 67 y 68 de la Constitución.

Este acto, que no tiene la condición de ley pues no emana del órgano legislativo, ni tiene carácter constitucional desde que no ha sido aprobada por el pueblo soberano, tipifica como delitos la promoción o incitación al odio, la difusión de mensajes a favor del odio y la guerra a través de medios de radio o televisión o a través de redes sociales; la negativa de cesión de espacios para la promoción de la paz; y la abstención, omisión u obstrucción de funcionarios de los cuerpos policiales o personal médico en el cumplimiento de sus disposiciones.

La vía de hecho se concreta además por la circunstancia de que a través de esta actuación se pretende crear y regular varias figuras delictivas, violándose los principios del derecho penal y las garantías constitucionales protegidas además en los tratados internacionales de derechos humanos, conforme a los cuales el delito requiere un hecho punible típico, concreto, preciso y determinado, que presupone una conducta humana objetiva y no una mera intención que deje al juzgador abierta la vía de la arbitrariedad. (Artículo 49.6 de la Constitución)

Por el incumplimiento de los preceptos establecidos en esa "Ley Constitucional" se establecen sanciones desproporcionadas de índole administrativa, electoral, tributaria e inclusive penal, tales como: la prohibición de inscripción en el Consejo Nacional Electoral de los partidos políticos; la revocatoria de concesión a los prestadores de servicio de radio y televisión; multas desde cincuenta mil a cien mil unidades tributarias; bloqueo de los portales de medios electrónicos; y hasta prisión de diez a veinte años, "sin perjuicio de la responsabilidad civil y disciplinaria por los daños causados". Además de establecer la imprescriptibilidad de las acciones destinadas a la imposición de las sanciones.

La "Ley Constitucional" es, paradójica y contrariamente a su denominación, francamente inconstitucional, por cuanto además de lo antes expresado, crea sanciones que violan la garantía constitucional del pluralismo político, el derecho de participación en los asuntos públicos y el derecho de libre asociación con fines políticos previstos en los artículos 2, 62 y 67 constitucionales, y así mismo viola la libertad de expresión prevista en el artículo 58 de la Constitución, cuando prohíbe toda propaganda y mensajes que bajo una condición subjetiva puedan ser interpretados como favorables a la guerra y apología del odio nacional (artículo 13), extendiendo esta responsabilidad al uso de las redes sociales y medios electrónicos (artículo 14).

Lo anterior, pareciera un retorno al espíritu del famoso inciso sexto del artículo 32 de la Constitución de 1936, tan criticado por tantas generaciones de venezolanos, según el cual se consideraban "contrarias a la independencia, a la forma política y a la paz social de la Nación, las doctrinas comunista y anarquista, y los que las proclamen, propaguen o practiquen serán considerados como traidores a la Patria y castigados conforme a las leyes". Así, antes como ahora, se instauraba el llamado "delito de conciencia".

En conclusión, la Asamblea Nacional Constituyente demuestra con este acto que ignora el principio de supremacía constitucional, usurpa competencias del Poder Legislativo, desconoce conceptos elementales de la técnica de elaboración del derecho, atenta contra la noción de progresividad de los derechos humanos y se convierte en un instrumento de implementación de vías de persecución de la disidencia política.

Caracas, 5 de diciembre de 2017.

En fe de lo cual, suscriben:

Gabriel Ruan Sanos, Presidente

Luciano Lupini Bianchi, Secretario

http://www.acienpol.org.ve/cmacienpol/Resources/Pronuncia-mientos/Pronunciamiento%20Ley%20Contra%20el%20Odio.-%20Acienpol..pdf

XVI. PRONUNCIAMIENTO ANTE EL "DECRETO CONSTITUYENTE SOBRE LA CONVOCATORIA DE LAS ELECCIONES PARA LA PRESIDENCIA DE LA REPÚBLICA BOLIVARIANA DE VENEZUELA" DICTADO POR LA ASAMBLEA NACIONAL CONSTITUYENTE.

(Usurpación de Funciones. El Decreto Constituyente *(i)* usurpa la competencia exclusiva del Consejo Nacional Electoral para organizar, administrar, dirigir y vigilar todos los actos relativos a la elección de los cargos de representación popular de los poderes públicos; *(ii)* viola el período presidencial constitucionalmente establecido; y *(iii)* viola los principios constitucionales de imparcialidad y de igualdad de los procesos electorales).

15.2.2018.

La Academia de Ciencias Políticas y Sociales, en cumplimiento de su ley de creación, reitera una vez más su criterio respecto a la ilegitimidad de la Asamblea Nacional Constituyente por no haber sido convocada por el pueblo, de acuerdo a lo previsto en el artículo 347 de la Constitución y ser, además, el resultado de unas elecciones fraudulentas que violaron el artículo 63 de la Constitución, en cuanto a los principios que deben regir todo sufragio para cargos populares. Asimismo, expresa nuevamente su rechazo a las inconstitucionales actuaciones de la Asamblea Nacional Constituyente, y, en esta ocasión, respecto del "Decreto Constituyente sobre la convocatoria de las Elecciones para la Presidencia de la República Bolivariana de Venezuela", por ser violatorio de los artículos 230, 293, 136, 137 y 294 de la Constitución, así como los artículos 42 y 72 de la Ley Orgánica de Procesos Electorales.

El denominado "Decreto Constituyente", dictado en fecha 23 de enero de 2018, con el fin de convocar para el primer cuatrimestre del año 2018 el proceso electoral para la escogencia del Presidente de la República Bolivariana de Venezuela es otra más de las vías de hecho llevadas adelante por la Asamblea Nacional Constituyente, en exceso del ámbito de las competencias que debería tener una Asamblea Nacional Constituyente debidamente convocada y elegida por el pueblo, como lo es la redacción de un proyecto de Constitución, y configura además otras graves violaciones del ordenamiento constitucional, por cuanto:

1. Usurpa la competencia exclusiva del Consejo Nacional Electoral para organizar, administrar, dirigir y vigilar todos los actos relativos a la elección de los cargos de representación popular de los poderes públicos;

2. Viola el período presidencial constitucionalmente establecido; y

3. Viola los principios constitucionales de imparcialidad y de igualdad de los procesos electorales.

En efecto, el "Decreto Constituyente sobre la convocatoria de las Elecciones para la Presidencia de la República Bolivariana de Venezuela" es inconstitucional no sólo por la inconstitucionalidad misma del órgano que lo ha emitido, sino por cuanto usurpa las funciones propias de convocatoria a elecciones de los cargos de representación popular de los poderes públicos, del Poder Electoral en órgano del Consejo Nacional Electoral, establecidas en el artículo 293 numeral 5 de la Constitución, en concordancia con el artículo 42 de la Ley Orgánica de Procesos Electorales. Es, exclusivamente el Poder Electoral quien tiene la potestad de convocar a la elección del Presidente de la República, mediante un acto de convocatoria en el cual se haga público el Cronograma Electoral del respectivo proceso, y conforme al período constitucional establecido.

En este sentido, según se desprende del artículo 230 de la Constitución, el período presidencial es de seis años y la toma de posesión debe producirse el 10 de enero del primer año. Por tanto, la convocatoria para el primer cuatrimestre del año 2018 del proceso electoral para la escogencia del Presidente resulta extemporánea y ventajista por anticipada. Así pues, de conformidad con el precitado artículo 42 de la Ley Orgánica de Procesos Electorales, la Asamblea Nacional Constituyente, además de usurpar las funciones del Consejo Nacional Electoral al convocar elecciones presidenciales, lo hace en violación del periodo constitucionalmente establecido.

El Decreto de convocatoria a elecciones presidenciales es violatorio además, según se desprende de sus numerosos considerandos, del principio de imparcialidad de las elecciones, que de acuerdo con el artículo 293 de la Constitución, en concordancia del artículo 72 de la Ley Orgánica de Procesos Electorales, deben garantizar los órganos del Poder Electoral en todo proceso electoral, junto a los principios de igualdad de los participantes en el proceso electoral, confiabilidad, transparencia, eficiencia, democratización, participación y pleno ejercicio de la soberanía popular.

Advierte además esta Academia que este Decreto Constituyente vulnera flagrantemente el principio de separación de poderes establecido en el artículo 136 constitucional y los principios que rigen a los órganos del Poder Electoral contemplados en el artículo 294 de la Constitución, como lo son: la independencia orgánica, autonomía funcional y presupuestaria, despartidización de los organismos electorales, imparcialidad y participación ciudadana; descentralización de la administración electoral, transparencia y celeridad del acto de votación y escrutinios, al instar al Consejo Nacional Electoral, "para que realice lo conducente a los efectos de este Decreto Constituyente".

Por último, debe esta Academia señalar que el acto mediante el cual la ilegítima Asamblea Nacional Constituyente pretende convocar elecciones presidenciales para el primer cuatrimestre del año 2018 es nulo por comprender la usurpación de funciones de un Poder Público como es el Electoral, de conformidad con lo establecido en el artículo 138, en concordancia con los artículos 136 y 137 de la Constitución, por cuanto "Toda autoridad usurpada es ineficaz y sus actos son nulos", y por consiguiente, es incapaz de producir efectos jurídicos en el ordenamiento constitucional venezolano.

Caracas, 15 de febrero de 2018.

En fe de lo cual, suscriben:

Gabriel Ruan Santos, Presidente

Luciano Lupini Bianchi, Secretario

http://www.acienpol.org.ve/cmacienpol/Resources/Noticias/Pro
nunciamientoAcademiaConvocatoriaeleccionespresidenciales-
DEFINITIVO1.pdf

XVII. PRONUNCIAMIENTO DE LA ACADEMIA DE CIENCIAS POLÍTICAS Y SOCIALES ANTE EL "DECRETO No. 44 EN EL MARCO DEL ESTADO DE EXCEPCIÓN Y DE EMERGENCIA ECONÓMICA MEDIANTE EL CUAL SE ESTABLECE UN RÉGIMEN ESPECIAL TRANSITORIO PARA LA GESTIÓN OPERATIVA Y ADMINISTRATIVA DE LA INDUSTRIA PETROLERA NACIONAL.

(Violación al principio constitucional de reserva legal, principio de separación de poderes, principio de competencia y usurpación de funciones propias de la Asamblea Nacional).

2.5.2018.

La Academia de Ciencias Políticas y Sociales, en cumplimiento de su ley de creación y de su deber de alertar a la comunidad venezolana ante las sistemáticas violaciones por parte de los poderes públicos constituidos del ordenamiento constitucional venezolano, expresa su rechazo ante el Decreto N° 3.368 dictado por el Presidente de la República, publicado en Gaceta Oficial N° 41.376 de fecha 12 de abril de 2018, por el cual se dictó el "Decreto N° 44 en el Marco del Estado de Excepción y de Emergencia Económica mediante el cual se establece un régimen especial transitorio para la gestión operativa y administrativa de la Industria Petrolera Nacional" (en lo sucesivo "el Decreto"), por ser violatorio de los artículos 136, 137, 156, numerales 16 y 32; 187, numerales 1 y 9; 202 y 303 de la Constitución.

El Decreto, mediante el cual se pretende establecer un "régimen especial, de carácter transitorio, y las medidas administrativas acordes a éste", que incluye un régimen "especial" de contrataciones públicas, para Petróleos de Venezuela S.A. (PDVSA), sus empresas filiales, y la industria petrolera nacional en general; y de esta forma modificar todo el régimen constitucional y legalmente consagrado sobre la actividad de hidrocarburos y la actuación de PDVSA, empresa del Estado encargada del manejo de la industria petrolera en Venezuela (artículo 303 de la Constitución), constituye una flagrante violación al orden constitucional, por cuanto:

i. Viola el principio constitucional de la reserva legal;

ii Usurpa las funciones propias de la Asamblea Nacional;

iii. Viola el principio de separación de poderes; y

iv. Viola las competencias constitucionales de PDVSA para la administración y manejo de la industria petrolera en Venezuela.

El Decreto N° 44, al establecer un régimen especial y transitorio para la gestión operativa y administrativa de la industria petrolera nacional, es inconstitucional en primer lugar, por regular materias que se encuentran reservadas a la ley.

En efecto, de conformidad con la Constitución, el régimen y administración de las minas e hidrocarburos, es materia de competencia del Poder Público Nacional (artículo 156, numeral 16, de la Constitución); por lo cual, solo puede ser regulada mediante ley, como acto sancionado por la Asamblea Nacional, o mediante decreto con fuerza de ley, propiamente dicho, dictado por el Presidente de la República en Consejo de Ministros previa habilitación legislativa de la Asamblea Nacional.

En ese sentido, siendo que el Decreto no fue dictado por el Presidente de la República en uso de la facultad extraordinaria de dictar actos con valor, rango y fuerza de ley, es decir, sin estar autorizado para ello por la Asamblea Nacional mediante ley habilitante (artículos 203, último aparte; y, 236, numeral 8 y primer aparte, de la Constitución), éste viola el principio de la reserva legal y además usurpa las funciones propias de la legítima Asamblea Nacional, único órgano autorizado para legislar sobre materias de la competencia nacional, como lo es el régimen y administración de hidrocarburos (artículos 156, numerales 16, 32 y 33; 187, numeral 1 de la Constitución).

Así también, el Decreto es inconstitucional desde su origen por cuanto fue dictado "en el Marco del Estado de Excepción y de Emergencia Económica", es decir, con fundamento en el inconstitucional Decreto N° 3.239 de fecha 09 de enero de 2018, que declara el Estado de Excepción y de Emergencia Económica, en todo el territorio Nacional, el cual, nuevamente debe alertar esta Academia, no cuenta con la aprobación de la Asamblea Nacional y se ha usado para transferir de forma irregular e indefinida la función legislativa del parlamento al órgano ejecutivo, en violación de los artículos 337, 338 y 339 de la Constitución.

Al respecto, debe esta Academia destacar que la declaratoria de estado de excepción, aun si hubiese sido decretada constitucionalmente, lo cual rechazamos, no podría servir de fundamento para que una empresa pública de la relevancia constitucional de Petróleos de Venezuela S.A. (PDVSA), expresamente consagrada en el artículo 303 de la Constitución, así como su estructura, funcionamiento y administración sea regulada y alterada mediante un régimen transitorio y de circunstancias sobrevenidas como la "emergencia económica", por cuanto la reserva legal lo prohíbe para supuestos de permanencia y el estado de excepción, tal y como lo consagra la Constitución en los artículos 337 al 339, está regido por unas determinadas circunstancias, así como por un tiempo igualmente limitado, y no podría interrumpir el funcionamiento de los órganos del Poder Público.

Asimismo, es preciso destacar la inconstitucionalidad e ilegalidad del Decreto N° 44 respecto a su contenido por cuanto otorga "...las más amplias facultades de organización, gestión y administración de las empresas de la industria petrolera del sector público, en especial Petróleos de Venezuela S.A., PDVSA, y sus empresas filiales, en los términos expuestos en este Decreto" a un órgano incompetente para llevar a cabo el manejo de la industria petrolera, como lo es el Ministerio del Poder Popular para el Petróleo, en contravención con el artículo 303 de la Constitución y de los artículos 1, 4, y 8 de la Ley Orgánica que Reserva al Estado Bienes y Servicios Conexos a la Actividad Petrolera, los cuales disponen expresamente que las competencias relativas a las actividades petroleras y conexas reservadas al Poder Nacional deben ser ejercidas de manera exclusiva y obligatoria por PDVSA y sus filiales.

De otra parte, es deber de la Academia alertar que el Decreto sobre el régimen especial transitorio de la industria petrolera nacional no solo pretende modificar todo el régimen constitucionalmente consagrado sobre la actividad de hidrocarburos y la actuación de Petróleos de Venezuela S.A., (PDVSA) y sus filiales, sino que además busca alterar el régimen de contrataciones públicas a ser realizadas por esa empresa del Estado, eliminando todas las modalidades de selección de contratistas basadas en los principios de transparencia y competencia, y debilitando los controles que previenen la corrupción y la desviación de poder.

Lo anterior se fundamenta en la "Ley Constitucional Contra la Guerra Económica para la Racionalidad y Uniformidad en la Adquisición de Bienes, Servicios y Obras Públicas", dictada por la Asamblea Nacional Constituyente en fecha 11 de enero de 2018, la cual es otro vivo ejemplo de las inconstitucionales vías de hecho que ha perpetrado la Asamblea Nacional Constituyente, en exceso del ámbito de las competencias que debería tener una auténtica Asamblea Nacional Constituyente, debidamente convocada y elegida por el pueblo, como es la redacción de un proyecto de Constitución; y establece que los "Los regímenes de contrataciones públicas a ser realizados por los entes del Estado con fines empresariales, salvo lo relativo a concesiones, será objeto de regulación especial", con usurpación de las funciones legislativas de la Asamblea Nacional y derogando tácitamente la ley que rige las contrataciones públicas en Venezuela.

Igualmente, debe esta Academia advertir que el Decreto N° 44 sobre el régimen especial y transitorio de la industria petrolera nacional, constituye otra expresa violación del principio de separación de poderes, base constitucional del Estado democrático de Derecho, establecido en el artículo 136 en concordancia con el artículo 137 constitucional; por cuanto usurpa las funciones constitucionales propias de la Asamblea Nacional (artículos 156.16; 187.1) al legislar sobre el régimen y administración de hidrocarburos así como sobre el manejo de la industria petrolera nacional, lo cual, de conformidad con lo previsto en el artículo 138 de la Constitución es nulo y no tiene eficacia alguna.

Finalmente, tanto el Decreto N° 44 como la normativa en la cual se fundamenta, violan el régimen constitucional de los "Estados de Excepción" (Capítulo II del Título VIII, arts. 337 a 339); ya que el mismo solo puede recaer sobre "hechos o circunstancias", no sobre instituciones ni sistemas organizativos como sucede en el caso presente.

Por todas las razones indicadas, el Decreto N° 44 sobre el régimen especial y transitorio de la industria petrolera nacional, está afectado de vicios de inconstitucionalidad e ilegalidad.

Caracas, 2 de mayo de 2018.

En fe de lo cual, suscriben

Gabriel Ruan Santos, Presidente

Luciano Lupini Bianchi, Secretario.

http://www.acienpol.org.ve/cmacienpol/Resources/Pronunciamientos/Pronunciamiento%20de%20la%20Academia%20sobre%20r%C3%A9gimen%20de%20PDVSA.pdf

XVIII. PRONUNCIAMIENTO ANTE LAS SENTENCIAS DEL TRIBUNAL SUPREMO DE JUSTICIA QUE VULNERAN LA INMUNIDAD PARLAMENTARIA DE VARIOS DIPUTADOS DE LA ASAMBLEA NACIONAL

(Inconstitucionalidad de las sentencias 17,18 y 19 dictadas por la Sala Plena en mayo de 2019, al vulnerar los derechos fundamentales de los Diputados afectados; la separación de poderes impidiendo el funcionamiento del parlamento; deforman el concepto de la flagrancia para evitar la aplicación de la inmunidad parlamentaria correspondiente; y quebrantan los principios, derechos y garantías procesales que guían la actuación de todo órgano de administración de justicia).

10.05.2019

La Academia de Ciencias Políticas y Sociales, actuando de conformidad con sus atribuciones legales, con ocasión de las sentencias Nos 17, 18 y 19 de fechas 2, 7 y 8 de mayo de este año, respectivamente, dictadas por la Sala Plena del Tribunal Supremo de Justicia, inmediatamente después de la acusación fiscal interpuesta contra varios Diputados de la Asamblea Nacional, y por cuya virtud fue detenido su Vicepresidente por cuerpos de seguridad del Estado el día 8 de mayo, y algunos otros Diputados han decidido buscar protección diplomática, emite el presente pronunciamiento:

1. Las referidas sentencias violan gravemente los artículos 7, 49, 136, y 200 de la Constitución de la República Bolivariana de Venezuela, vulneran los derechos humanos fundamentales de los Diputados afectados, y constituyen un atentado contra la institucionalidad democrática del país.

2. En este sentido, la Academia de Ciencias Políticas y Sociales denuncia la desviación del poder en que se ha incurrido al desconocer estos fallos judiciales el principio de supremacía de la Constitución

consagrado en el artículo 7, conforme al cual la Constitución como norma suprema y fundamento del ordenamiento jurídico obliga en su aplicación a todas las personas y órganos que ejercen el Poder Público.

3. Las sentencias se apartan de varias de las normas constitucionales que expresamente disponen la figura de la inmunidad parlamentaria como mecanismo de protección del correcto y continuo funcionamiento del órgano parlamentario y garantía esencial de la separación de poderes, pilar del Estado democrático de derecho, instituciones ambas contempladas a letra expresa en los artículos 136 y 200 del Texto Fundamental.

4. Viola el Tribunal Supremo de Justicia el artículo 136 de la Constitución que dispone el principio de la separación del poder, cuando mediante estas decisiones desviadas impide el funcionamiento del órgano parlamentario al afectarlo en su constitución, mediante la inhabilitación de varios de sus miembros sin respetar el procedimiento y las garantías que la propia Constitución contempla para evitar que esto ocurra.

5. Se burla de forma evidente el mandato constitucional del artículo 200, cuando el Tribunal Supremo de Justicia desvirtúa el concepto de la flagrancia para evitar la aplicación de la inmunidad parlamentaria que a estos Diputados corresponde y conforme a la cual no pueden ser procesados sin dar cumplimiento al procedimiento del artículo 200 que a la letra exige la "previa autorización de la Asamblea Nacional" para que pueda ordenarse su detención y continuar su enjuiciamiento."

6. La excepción del "delito flagrante" que aducen las sentencias para eludir el cumplimento de este requisito es inexistente, porque "delito flagrante" significa el que se está cometiendo en el mismo momento en que su autor o autores son detenidos, antes de haber podido huir del sitio de los hechos. Siendo que a los Diputados se imputan supuestos hechos punibles ocurridos el día 30 de abril y las sentencias se dictan varios días después (2, 7 y 8 de mayo) sin que hubiere mediado detención alguna el día de los hechos, no existe flagrancia sino aquella que se afirma por la mera distorsión del concepto en la práctica desviada y antijurídica en que incurre el tribunal, para violentar la institucionalidad democrática afectando el

funcionamiento normal y regular del órgano parlamentario garante del Estado de Constitucional Derecho.

7. A todo evento, denuncia la Academia, asimismo, que aún en el supuesto de "delito flagrante" que en este caso no hubo, la Constitución en su artículo 200 ordena a la autoridad competente poner al parlamentario bajo custodia en su residencia y comunicar inmediatamente el hecho al Tribunal Supremo de Justicia.

8. También es deber de esta Academia advertir que con estas sentencias viola el Tribunal los principios, derechos y garantías procesales que rigen la actuación de todo órgano de administración de justicia, porque incluso ante una verdadera flagrancia, que en este caso no la hay, pues no la hubo en el momento de los hechos, no se habría podido omitir, como lo hizo este tribunal, el antejuicio y el allanamiento de la inmunidad por parte de la Asamblea Nacional, ni el derecho de presunción de inocencia ni la posibilidad de defensa de los afectados, por todo lo cual se violó también el artículo 49 de la Constitución.

9. Finalmente, denuncia la Academia que el carácter inconstitucional, antijurídico y ajeno a la institucionalidad democrática del Estado de Derecho de estos actos emitidos por la Sala Plena del Tribunal Supremo de Justicia se evidencia además en la circunstancia de que éstos se ordenan remitir a la írrita Asamblea Nacional Constituyente, que como ha dicho en otros pronunciamientos esta Academia es un órgano absolutamente inexistente, destacando que aún una legítima Asamblea Constituyente en el marco de la Constitución no tiene competencia alguna en este ámbito.

En Caracas, a los diez (10) días del mes de mayo de 2019.

Humberto Romero-Muci, Presidente
Julio Rodríguez Berrizbeitia, 1er.Vice-Presidente
Luciano Lupini Bianchi, 2do.Vice-Presidente
Rafael Badell Madrid, Secretario
Cecilia Sosa Gómez, Tesorera,
Carlos Ayala Corao, Bibliotecario

Sobre el mismo tema de **VIOLACIÓN DEL PRINCIPIO DE SEPARACIÓN DE PODERES Y LEGALIDAD**, véase también los siguientes pronunciamientos de la Academia publicados en el Tomo I, de la obra *Doctrina Académica Institucional. Pronunciamientos (1980-2012)*, Centro de Investigaciones Jurídicas, Academia de Ciencias Políticas y Sociales, Caracas 2013, (ISBN: 978-980-6396-92-0), 213 pp.:

ACUERDO DE MANIFESTAR ANTE LA CORTE SUPREMA DE JUSTICIA, EN SU SALA DE CASACIÓN CIVIL, CON MOTIVO DE LA SENTENCIA DEL 21 DE ABRIL DE 1983 RELACIONADA CON LAS PRESTACIONES SOCIALES DE LOS TRABAJADORES, 30.06.1983, pp. 13 ss.;

MANIFIESTO RELACIONADO CON EL ALLANAMIENTO A LA CORTE PRIMERA DE LO CONTENCIOSO ADMINISTRATIVO. 20.10.2003, pp. 29 ss.;

DECLARACIÓN EN TORNO A LA MODIFICACIÓN DE LA CONSTITUCIÓN ANUNCIADA POR EL PRESIDENTE DE LA REPÚBLICA Y LA LEY HABILITANTE SANCIONADA POR LA ASAMBLEA NACIONAL EL DÍA 31 DE ENERO DE 2007. 06.02.2007, pp. 51 ss.;

DECLARACIÓN SOBRE LA SENTENCIA DE LA SALA CONSTITUCIONAL DEL TRIBUNAL SUPREMO DE JUSTICIA QUE ANULA NORMAS RELACIONADA CON EL INGRESO A LA CORPORACIÓN. 30.10.2007, pp. 69 ss.;

PRONUNCIAMIENTO EN TORNO A LOS RECIENTES ACONTECIMIENTOS QUE CORCIENEN A LA ORGANIZACIÓN GREMIAL DE LOS ABOGADOS, AL EJERCICIO DEL DERECHO Y AL DESEMPEÑO DE LA FUNCIÓN JUDICIAL. 04.03.2008, pp. 75 ss.;

PRONUNCIAMIENTO SOBRE LAS LEYES PROMULGADAS POR EL PRESIDENTE DE LA REPÚBLICA EN EL MARCO DE LA LEY HABILITANTE. 07.08.2008, pp. 83 ss.;

QUINTA PARTE
FUERZA ARMADA NACIONAL

I. PRONUNCIAMIENTO DE LA ACADEMIA DE CIENCIAS POLÍTICAS Y SOCIALES SOBRE LA RESOLUCIÓN No. 008610 DICTADA POR EL MINISTERIO DEL PODER POPULAR PARA LA DEFENSA DEL 23 DE ENERO DE 2015.

(Resolución crea normas inconstitucionales que regulan la actuación de la FAN; *(i)* se autoriza a los funcionarios militares al porte y uso de armas en el control sobre reuniones/protestas pacificas; *(ii)* violación del principio constitucional que prohíbe el uso de armas de fuego contra manifestaciones *(iii)* violación al principio de legalidad y reserva legal).

6.3.2015.

La Academia de Ciencias Políticas y Sociales se dirige a la comunidad nacional para manifestar su preocupación ante la Resolución número 008610 de fecha 23 de enero de 2015 adoptada por el Ministro del Poder Popular para la Defensa y publicada en la Gaceta Oficial No. 40.589 de fecha 27-1-15, mediante la cual dictó la "Normas sobre la actuación de la Fuerza Armada Nacional Bolivariana en funciones de control del orden público, la paz social y la convivencia ciudadana en reuniones públicas y manifestaciones"

("Normas"). De conformidad con el artículo 1 de dichas Normas, su objeto es "regular la actuación de la Fuerza Armada Nacional Bolivariana" en el control del orden público en el ejercicio de los mencionados derechos de reunión pública y manifestación, lo cuales se encuentran consagrados en los artículos 53 y 68 de la Constitución. El ámbito de aplicación de las Normas es toda la "Fuerza Armada Nacional Bolivariana" en el control del orden público en reuniones públicas y manifestaciones (art. 3). A tales efectos, entre las finalidades perseguidas por las Normas en su artículo 2, se encuentran: "[c]ontribuir con la profesionalización de la Fuerza Armada Nacional Bolivariana, integrada por funcionarios y funcionarias militares…" (numeral 1); "[e]stablecer principios, directrices y procedimientos uniformes, eficientes y transparentes sobre la actuación de la Fuerza Armada Nacional Bolivariana…" (numeral 4); y "[d]esarrollar los procedimientos en la atención, manejo y control de multitudes, a sus diferentes comportamientos grupales, haciendo buen uso de la fuerza…" (numeral 6). En cuanto a los principios de actuación de la Fuerza Armada Nacional Bolivariana en los supuestos objeto de las Normas, éstas incluyen el "Uso Progresivo y Diferenciado de la Fuerza" por parte de sus funcionarios militares y si bien se enuncian los principios de legalidad, necesidad y proporcionalidad, se autoriza expresamente a dicho personal militar "hasta el uso del arma de fuego" (art. 5, numeral 5); a cuyo efecto, se autoriza a los funcionarios militares el "porte y uso" de armas de fuego en el "control de reuniones públicas y manifestaciones pacíficas" sujeto a la necesidad y proporcionalidad de los medios empleados (numeral 9). En cuanto al empleo de los componentes y funcionarios militares de la Fuerza Armada Nacional Bolivariana, las Normas no hacen distinción alguna, sino que se refieren a todos ellos en su conjunto e indistintamente (arts. 7 y 8). Es relevante recordar que conforme a la Constitución, [l]a Fuerza Armada Nacional está integrada por el Ejército, la Armada, la Aviación y la Guardia Nacional" (art. 328). Las Normas no excluyen de la actuación a componente ni personal militar alguno, e incluso al hacer referencia a su dotación y equipamiento, menciona expresamente a la "Guardia Nacional Bolivariana quien tiene la responsabilidad básica para conducir las operaciones exigidas para el mantenimiento del orden interno del país" y de seguida añade, "aunado a las funciones que ejerce en conjunto con los demás integrantes de la Fuerza Armada Nacional Bolivariana para ejercer actividades de policía administrativas y de investigación penal.." a cuyo efecto "la Fuerza Armada Nacional Bolivariana, a través de sus integrantes deberá cumplir estrictamente las resoluciones y directrices que dicte el órgano rector" (art. 10).

Con relación a la jerarquía de estas Normas, al haber sido dictadas mediante una Resolución de un ministro, no tienen el rango de ley y ni siquiera el de reglamentos dictados por el Ejecutivo Nacional.

La Academia de Ciencias Políticas y Sociales manifiesta su preocupación frente al contenido de la Resolución número 008610, en virtud de ser contraria y por tanto violatoria de la Constitución, entre otros por los siguientes motivos fundamentales:

1. Principio de legalidad y reserva legal. Los derechos de reunión pública y manifestación son derechos constitucionales consagrados en los artículos 53 y 68 de la Constitución, así como en instrumentos internacionales sobre derechos humanos. La Constitución sujeta las regulaciones y el desarrollo concernientes a ambos derechos a lo que establezca la ley así como la regulación de "la actuación de los cuerpos policiales y de seguridad en el control del orden público" en las manifestaciones (art. 68). Estas leyes por estar referidas al desarrollo de derechos constitucionales de conformidad con lo dispuesto en el artículo 203 constitucional, deben incluso ser leyes orgánicas, las cuales deben cumplir con los requisitos y mayorías calificadas establecidas en dicho texto fundamental. Por lo cual, la Resolución No. 008610, adoptada por el Ministro del Poder Popular para la Defensa, al establecer restricciones y regulaciones relativas al ejercicio de los derechos constitucionales de reunión pública y manifestación, mediante un acto de rango sub-legal e incluso infra reglamentario, viola el principio de legalidad y reserva legal orgánica.

2. Orden público civil. El control del orden público y la garantía de la seguridad ciudadana le corresponde a los cuerpos de policía y de seguridad ambos de carácter civil, por lo que el empleo de la Fuerza Armada Nacional en materia de seguridad ciudadana y orden público es inconstitucional. En este sentido el artículo 68 constitucional antes citado, dispone que la ley regulará la actuación de los cuerpos policiales y de seguridad en el control del orden público. De conformidad con la Constitución, el mantenimiento y restablecimiento del orden público y el aseguramiento del pacífico disfrute de las garantías y derechos constitucionales le corresponde a los "órganos de seguridad ciudadana" lo cuales "son de carácter civil", lo cuales corresponden a un cuerpo uniformado de policía nacional; uno de investigaciones científicas, penales y criminalísticas; uno de bomberos y de emergencias, y una organización de protección civil (art. 332). Por lo tanto, el orden público y los órganos competentes para garantizarlo, son exclusivamente de naturaleza civil, por mandato de la Constitución. Por ello, la Resolución No. 008610 adoptada por el Ministro del Poder Popular para la Defensa viola el precepto constitucional que atribuye a cuerpos policiales y de seguridad de carácter exclusivamente civil, la función de mantenimiento y restablecimiento del orden público; por lo tanto, usurpa esa función civil al atribuírsela a la Fuerza Armada Nacional y su personal militar.

3. Prohibición del uso de armas de fuego contra manifestaciones. De conformidad con lo dispuesto en el artículo 68 constitucional, "[s]e prohíbe el uso de armas de fuego […] en el control de manifestaciones pacíficas". Por lo cual, está prohibido por la Constitución el uso de armas de fuego para el control de reuniones públicas y manifestaciones y nadie puede ordenarlo. Los cuerpos policiales y de seguridad deben estar dotados con equipos no letales para el mantenimiento del orden público en reuniones públicas y manifestaciones. El objetivo y la misión de esos cuerpos en esos casos es garantizar el pleno ejercicio de los derechos constitucionales de reunión y manifestación por parte de los ciudadanos y no amenazarlos o agredirlos y mucho menos dispararles con armas de fuego. En todo caso, la Constitución sujeta las otras armas no letales, es decir, las "armas o sustancias tóxicas por parte del funcionariado policial y de seguridad estará limitado por principios de necesidad, conveniencia, oportunidad y proporcionalidad, conforme a la ley" (art.55). Es obvio por tanto, que la Constitución excluye, claramente, la posibilidad de usar armas letales. En consecuencia, la Resolución No. 008610 adoptada por el Ministro del Poder Popular para la Defensa al autorizar el uso de armas de fuego por la Fuerza Armada Nacional y su personal militar en las reuniones públicas y manifestaciones, viola la prohibición de uso de armas de fuego para garantizar el orden público en el ejercicio del derecho constitucional a manifestar. En virtud de las graves violaciones constitucionales señaladas y las graves consecuencias que pueden ocasionarse por su aplicación, la Academia de Ciencias Políticas y Sociales respetuosamente insta al Estado venezolano a que *deje sin efecto* a la mayor brevedad, la Resolución No. 008610 de fecha 23 de enero de 2015 adoptada por el Ministro del Poder Popular para la Defensa, mediante la cual dictó la "Normas sobre la actuación de la Fuerza Armada Nacional Bolivariana en funciones de control del orden público, la paz social y la convivencia ciudadana en reuniones públicas y manifestaciones".

Caracas, a los 6 días del mes de marzo de 2015.

El Presidente, Luis Cova Arria

El Secretario, Humberto Romero-Muci

http://www.acienpol.org.ve/cmacienpol/Resources/Pronunciamientos/comunicado-academia-FANB-manifestaciones.pdf

II. PRONUNCIAMIENTO DE LA ACADEMIA DE CIENCIAS POLÍTICAS Y SOCIALES ANTE LA RECIENTE CREACIÓN DE LA COMPAÑÍA ANÓNIMA MILITAR DE INDUSTRIAS MINERAS, PETROLÍFERAS Y DE GAS (CAMIMPEG).

(Decreto No. 2.231 a través de la cual se atribuye la actividad de comercio-industria de hidrocarburos a las instituciones militares, lo cual lo determina como un acto inconstitucional al violar el principio que reserva al Estado la actividad de hidrocarburos).

7.3.2016.

La Academia de Ciencias Políticas y Sociales como institución representativa del pensamiento jurídico nacional, en ejercicio de las atribuciones otorgadas por la ley que rige sus funciones, considera su deber manifestar su opinión respecto del Decreto No. 2.231, publicado en la Gaceta Oficial de la República Bolivariana de Venezuela No 40.845 de 10 de febrero de 2016 ("Decreto No. 2.231"), mediante el cual el Presidente de la República autorizó la creación de una empresa del Estado, bajo la forma de Compañía Anónima, que se denominará "Compañía Anónima Militar de Industrias Mineras, Petrolíferas y de Gas (CAMIMPEG)", la cual estará adscrita al Ministerio del Poder Popular para la Defensa y tendrá por objeto la realización de toda actividad lícita de Servicios Petroleros, de Gas y Explotación Minera.

Esta Academia considera que el Decreto No. 2.231 es violatorio de la Constitución de la República Bolivariana de Venezuela y del régimen jurídico administrativo vigente y aplicable, especialmente en materia de hidrocarburos, con fundamento en los razonamientos que se exponen a continuación:

1.- La actividad empresarial del Estado debe responder al cumplimiento de objetivos económicos que redunden en beneficio de la población civil. Ella es parte de su actividad administrativa y, por ende, debe ser naturalmente asignada a las autoridades administrativas civiles del gobierno y no a las autoridades militares.

2.- Atribuir la actividad comercio-industrial al ámbito militar sugiere que el objetivo del Decreto No. 2.231 no es otro que destinar más recursos a la institución militar, porque de otro modo no tendría sentido alguno que se asigne a ese ámbito lo que es propio del mundo civil. Adicionalmente, utilizar la iniciativa pública en lo económico no para satisfacer un interés general concreto de la población civil, sino para el supuesto fortalecimiento de una industria militar en tiempos de paz, no cumple con el límite del interés público que justifica la participación del Estado en la actividad comercio-industrial.

3.- Las políticas y directrices esenciales de la Revolución Bolivariana referidas en el primer considerando del Decreto No. 2.231, las cuales no se explican ni desarrollan en el mencionado Decreto, no pueden ser contrarias a los límites constitucionales a la actividad económica del Estado.

4.- La delegación al estamento militar de todo lo relacionado con los servicios para el desarrollo de la industria petrolera viola principios fundamentales del régimen constitucional que reserva al Estado la actividad de hidrocarburos y la organización y funcionamiento de la Administración Pública, conforme a los artículos 302 y 303 en concordancia con el 156 de la Constitución.

5.- La reserva de los hidrocarburos, como competencia petrolera del Poder Nacional (artículo 156.16 de la Constitución), debe ejercerla el Ejecutivo Nacional bajo el régimen que se define en la respectiva ley orgánica y, por tanto, exclusivamente mediante los entes creados para el manejo de la industria petrolera, tal como lo disponen los artículos 302 y 303 de la Constitución. Igualmente, el Poder Ejecutivo Nacional, ejerce tal actividad, mediante los Ministerios que integran dicho poder, cuya organización y competencia ha de establecer dentro de los principios y lineamientos señalados por la correspondiente ley orgánica. Esa ley orgánica está contenida en el Decreto No. 1.424 con Rango, Valor y Fuerza de Ley Orgánica de la Administración Pública, publicado en la Gaceta Oficial No.

6.147 Extraordinario de 17 de noviembre de 2014 ("LOAP"), que establece los principios, bases y lineamientos que rigen la organización y funcionamiento de la Administración Pública (artículo 1º).

6.- El artículo 63 de la LOAP establece que los Ministerios son los órganos del Ejecutivo Nacional encargados de la formulación, adopción, seguimiento y evaluación de las políticas, estrategias, planes generales, programas y proyectos en las materias de su competencia y sobre las cuales ejercen su rectoría. Y el artículo 26 de la misma Ley prevé que la organización de la Administración Pública debe respetar la competencia atribuida a sus órganos y entes. Por ello, el último aparte del artículo 16 de la LOAP consagra el "principio de la no duplicación de competencias" conforme al cual se prohíbe crear nuevos órganos o entes que supongan duplicación de las competencias de otros ya existentes.

7. La creación de entes descentralizados se justifica si con la descentralización funcional se asegura una razonable productividad económica y social de los recursos públicos que en ellos se inviertan (artículo 300, de la Constitución) y si, adicionalmente, se requiere para el mejor cumplimiento de los fines del Estado, como lo exige el artículo 29 de la LOAP, fines que en materia de la reserva de la actividad petrolera conforme al artículo 302 constitucional, son: asimilar, crear e innovar tecnologías, generar empleo y crecimiento económico, crear riqueza y bienestar para el pueblo.

8.- Cada Ministro tiene su competencia legalmente establecida y, por tanto, le corresponde, entre otras atribuciones, de conformidad con los numerales 2, 5, 13 y 24 del artículo 78 de la LOAP, la de dirigir y controlar las actividades de su Ministerio, los planes y proyectos de su respectiva competencia, ejercer la rectoría de las políticas que deben desarrollar los entes descentralizados adscritos a sus despachos así como su coordinación y control y, la contratación de obras y servicios.

9.- De acuerdo con el artículo 42 del Decreto No. 1.612 sobre Organización de la Administración Pública Nacional, publicado en la Gaceta Oficial No. 6.173 Extraordinario de 18 de febrero de 2015, el Ministerio del Poder Popular de Petróleo y Minería tiene atribuida específicamente la realización de las actividades del Ejecutivo Nacional en materia de hidrocarburos y el desarrollo de la industria petrolera, actividades que habrán de llevarse a cabo bajo su rectoría.

10.- La competencia exclusiva del Ministerio del Poder Popular de Petróleo y Minería en materia de hidrocarburos y desarrollo de la industria petrolera se ratifica en la Ley Orgánica de Hidrocarburos, publicada en la Gaceta Oficial No. 38.493 de 4 de agosto de 2006 ("LOH"), al establecer que: (i) las actividades reservadas de estas sustancias se rigen por esa misma ley y (ii) corresponde al Ministerio de Energía y Petróleo (hoy Ministerio del Poder Popular de Petróleo y Minería), la formulación, regulación y seguimiento de las políticas y la planificación, realización y fiscalización en materia de hidrocarburos. Por lo tanto, dicho Ministerio es el órgano nacional competente en todo lo relacionado con la administración de los hidrocarburos.

11.- El artículo 27 de la LOH establece además que para realizar las actividades a que se refiere dicha Ley, el Ejecutivo Nacional creará empresas de la propiedad exclusiva del Estado que, según su artículo 29, se regirán por la LOH y su reglamento, por sus propios Estatutos y, finalmente, por las disposiciones que dicte el Ejecutivo Nacional, por órgano del Ministerio del Poder Popular de Petróleo y Minería.

12.- El Decreto No. 2.231 atribuye a una empresa militar (CAMIMPEG) todo lo relativo a las actividades de servicios para las actividades de hidrocarburos, bajo los lineamientos del Ministerio del Poder Popular para la Defensa, empresa cuya Junta Directiva corresponderá designarla íntegramente al Ministro.

13.- Ello, conforme a lo expresado en los numerales precedentes, contradice todo el régimen constitucional y legal anteriormente descrito de la reserva al Estado de la actividad de hidrocarburos y de la organización y funcionamiento de la Administración Pública.

14.- En efecto, con la atribución de competencias petroleras al Ministerio del Poder Popular para la Defensa, mediante un acto de menor rango al de las señaladas leyes orgánicas señaladas como lo es el Decreto No. 2.231, no solo ilegalmente se duplican las competencias específicamente atribuidas al Ministerio del Poder Popular de Petróleo y Minería, sino que además se contradicen expresas disposiciones de superior jerarquía normativa que atribuyen en exclusividad esta materia al Ministerio de adscripción de dicha empresa militar.

15.- Igualmente, el Decreto No. 2.231 priva a PDVSA, S.A. del control de las operaciones relativas a los servicios conexos a las actividades primarias de hidrocarburos, tales como suministros de bienes y equipos para la industria petrolera en el Lago de Maracaibo, según está previsto en la Ley Orgánica que reserva al Estado bienes y servicios conexos a las actividades primarias de Hidrocarburos, publicado en la Gaceta Oficial No. 39.173 de 7 de mayo de 2009, así como en las resoluciones del entonces Ministerio del Poder Popular para la Energía y Petróleo No. 051 y 054, publicadas en la Gaceta Oficial No. 39.174 de 8 de mayo de 2009 y en la Gaceta Oficial No. 39.177 de 13 de mayo de 2009, respectivamente, y así duplica innecesariamente los esfuerzos y gastos en perjuicio de una más eficiente gestión del sector de los hidrocarburos.

16.- Similar situación se presenta en el sector de la explotación de los recursos mineros de hierro (Decreto No. 580, por el cual se reserva al Estado, por razones de conveniencia nacional, la industria de la explotación de mineral de hiero, publicado en la Gaceta Oficial No.- 30.577 de 16 de diciembre de 1974), del oro (Decreto No. 1.395, mediante el cual se dicta el Decreto con Rango, Valor y Fuerza de Ley Orgánica que Reserva al Estado las Actividades de Exploración y Explotación de Oro, así como las Conexas y Auxiliares a estas, publicado en la Gaceta Oficial No. 6.150 Extraordinario de 18 de noviembre de 2014), del níquel en ciertas áreas del país (Decreto No. 455, mediante el cual se reserva al Ejecutivo Nacional, por órgano del Ministerio del Poder Popular de Petróleo y Minería, el ejercicio directo de las actividades de exploración y explotación de Níquel y demás minerales a asociados a éste, que se encuentren en el área que comprende las extintas concesiones que en él se indican, publicado en la Gaceta Oficial No. 40.265 de 4 de octubre de 2013) y del carbón en algunas áreas del estado Zulia

(Decreto No. 1.606, mediante el cual se reserva al Ejecutivo Nacional, por órgano del Ministerio del Poder Popular de Petróleo y Minería, el ejercicio de las actividades de exploración y explotación de carbón, reimpreso en la Gaceta Oficial No. 40.733 de 27 de agosto de 2015). Todos estos sectores están reservados a entes del Estado, y en el caso de la minería de níquel está a cargo de la Corporación Venezolana de Minería, S.A., ente totalmente propiedad del Estado venezolano, y para el carbón la minería le corresponde a Carbones del Zulia, S.A., filial de PDVSA, S.A. En todos los casos la realización de las actividades mineras está bajo las políticas del Ministerio del Poder Popular de Petróleo y Minería.

Finalmente, esta Academia de Ciencias Políticas y Sociales hace un llamado al Gobierno Nacional a respetar la Constitución y demás leyes de la República Bolivariana de Venezuela, a atenerse al carácter civil de la iniciativa pública dentro de un modelo de economía de mercado y al desarrollo por el Estado de actividades económicas sólo cuando ello sea conveniente al interés público y a la concreción de la Cláusula Social del Estado de Derecho.

En Caracas, a los siete (7) días del mes de marzo de 2016.

Presidente, Eugenio Hernández-Bretón

Secretario, Julio Rodríguez Berrizbeitia

http://www.acienpol.org.ve/cmacienpol/Resources/Pronunciamientos/ACADEMIA%20(EMPRESA%20PETROLERA%20-MILITAR)-1110625-v1-CARDMS.pdf.

III. DECLARACIÓN DE LA ACADEMIA DE CIENCIAS POLÍTICAS Y SOCIALES SOBRE LA POLITIZACIÓN DE LA FUERZA ARMADA NACIONAL Y LA AMENAZA DEL USO DESPROPORCIONADO DE LA FUERZA PÚBLICA.

(Independencia y autonomía de la FAN).

18.4.2017.

La Academia de Ciencias Políticas y Sociales manifiesta su preocupación ente las declaraciones formuladas el 17 de abril de 2017 por las más altas autoridades civiles y militares del Estado venezolano, en las cuales reafirman la doctrina inaceptable e inconstitucional, de que quienes disienten o manifiestan su desacuerdo con el actual gobierno y su proyecto político de revolución socialista, son traidores a la patria e incluso incurren en actos terroristas y por lo tanto, deben ser perseguidos y sancionados.

La última y más grave expresión de esta doctrina ha sido la realizada por el Ministro del Poder Popular para la Defensa Nacional, incluido su menosprecio por la Asamblea Nacional -como órgano del Poder Legislativo Nacional representativa de la soberanía popular y electa por el pueblo venezolano el pasado 6-12-2015-, al considerar a algunos de sus diputados como golpistas, y estimar que son traidores a la patria por el solo hecho de oponerse al proyecto de la revolución socialista.

Por otro lado preocupan también las afirmaciones tanto del Presidente de la República como del Ministro de la Defensa, al justificar la represión de las protestas públicas contra el gobierno y el anuncio además de armar a la llamada "milicia bolivariana" para que participe en la defensa del orden público de la revolución socialista ante las amenazas de las protestas convocadas por amplios sectores de la oposición política y la sociedad civil para el día 19 de abril de 2017.

Al efectuar estos pronunciamientos políticos partidistas, las altas autoridades civiles y militares del Estado, en primer lugar, violan la Constitución y los principios universales de toda democracia y el Estado de Derecho. En efecto, el pluralismo es uno de los principios básicos de nuestro sistema democrático de 2 gobierno, conforme al artículo 6 de la Constitución; en el cual, la reunión pública y la manifestación del pensamiento crítico o disidente son derechos constitucionales consagrados en los artículos 53 y 68 constitucionales, así como en instrumentos internacionales sobre derechos humanos.

En segundo lugar, dichas manifestaciones de las altas autoridades del Estado en materia militar, identificando a la Fuerza Armada Nacional con su proyecto personal político partidista, violan directamente la Constitución la cual la califica como una institución "sin militancia política", "al servicio de la nación y en ningún caso al de persona o parcialidad política alguna" (art. 328).

En tercer lugar, la Academia reitera su rechazo al uso injustificado, indiscriminado y desproporcionado de la fuerza frente a las manifestaciones pacíficas contra el gobierno; así como las detenciones arbitrarias y el uso de la tortura. De conformidad con la Constitución y el Derecho internacional, el uso de la fuerza está limitado por los principios de necesidad, conveniencia, oportunidad y proporcionalidad, conforme a la ley (art. 55). Por ello esta Academia reitera su criterio, ya expresado en su Pronunciamiento de fecha 6 de marzo de 2015, sobre la Resolución No. 008610 de fecha 23-1-2015 adoptada por el Ministro del Poder Popular para la Defensa la cual autoriza el "uso del arma de fuego" por todo el personal militar para el "control de reuniones públicas y manifestaciones pacíficas".

La Constitución prohíbe el uso de armas de fuego contra manifestaciones. De conformidad con lo dispuesto en el artículo 68 constitucional, "[s]e prohíbe el uso de armas de fuego [...] en el control de manifestaciones pacíficas". Por lo cual, los cuerpos policiales y de seguridad deben estar dotados con equipos no letales para el mantenimiento del orden público en reuniones públicas y manifestaciones. El objetivo y la misión de esos cuerpos en esos casos es garantizar el pleno ejercicio de los derechos constitucionales de reunión y manifestación por parte de los ciudadanos y no amenazarlos, o restringirles sus derechos o impedirles su ejercicio, ni mucho menos agredirlos o dispararles con armas de fuego. En todo caso, la Constitución sujeta las otras armas no letales, es decir, las "armas o sustancias tóxicas por parte del funcionariado policial y de seguridad estará limitado por principios de necesidad, conveniencia, oportunidad y proporcionalidad, conforme a la ley" (art.55). Es obvio por tanto, que la Constitución excluye, claramente, la posibilidad de usar armas letales contra manifestaciones o protestas públicas, ya que las mismas constituyen un uso injustificado, innecesario, inconveniente y desproporcionado de la fuerza pública.

Por último, la Academia reitera su criterio de que el control del orden público y la garantía de la seguridad ciudadana le corresponde a los cuerpos de policía y de seguridad ambos de carácter civil, por lo que el empleo de la Fuerza Armada Nacional en materia de seguridad ciudadana y orden público es inconstitucional. En este sentido el artículo 68 constitucional, dispone que la ley regulará la actuación de los cuerpos policiales y de seguridad en el control del orden público. Así mismo, el mantenimiento y restablecimiento del orden público y el aseguramiento del pacífico disfrute de las garantías y derechos constitucionales le corresponde a los "órganos de seguridad ciudadana" lo cuales "son de carácter civil".

La Academia de Ciencias Políticas y Sociales manifiesta su alarma ante la situación descrita. Graves serán las responsabilidades de todo tipo, incluso históricas, de quienes propicien las consecuencias fatales que traería la irrupción en las calles de cuerpos dotados de armas letales.

Caracas, a los dieciocho días del mes de abril de 2017.

El Presidente, Gabriel Ruan Santos
El Secretario Accidental, Julio Rodríguez Berrizbeitia

http://www.acienpol.org.ve/cmacienpol/Resources/Pronunciamientos/Pronunciamiento%20ACPS%2018042017%20def..pdf

SEXTA PARTE

PROTECCIÓN DE LA INTREGRIDAD TERRITORIAL DE LA REPÚBLICA Y LA PROTECCIÓN DEL AMBIENTE

I. **DECLARACIÓN DE LA ACADEMIA DE CIENCIAS POLÍTICAS Y SOCIALES SOBRE EL NUEVO ATROPELLO A LA SOBERANIA NACIONAL POR EL GOBIERNO DE LA REPÚBLICA COOPERATI-VA DE GUYANA.**

(Violación del espacio marítimo y de soberanía territorial en los espacios del territorio de mar continental por parte del Gobierno de la República Cooperativa de Guyana).

1.10.2013.

Una vez más la Academia de Ciencias Políticas y Sociales en cumplimiento de las obligaciones que le imponen sus Estatutos legales, considera necesario manifestar su honda preocupación ante el inexplicable silencio del Gobierno Nacional frente a las recientes acciones llevadas a cabo por la República Cooperativa de Guyana en violación directa del Acuerdo de Ginebra y en detrimento de la soberanía territorial de Venezuela.

El Gobierno de Guyana, heredero de los atropellos imperialistas ingleses contra Venezuela, ha procedido en forma absolutamente negativa a lo largo de las etapas establecidas por el Acuerdo de Ginebra, en la búsqueda de una solución satisfactoria para el arreglo práctico de la controversia, y además, ha traspasado todos los límites de la tolerancia y la buena fe al llegar a otorgar concesiones a terceros en la fachada atlántica de la exclusiva jurisdicción de Venezuela.

Venezuela como Estado con una fachada atlántica, tiene derechos exclusivos de soberanía en los espacios de la proyección de su territorio continental en el mar territorial, la plataforma continental, la zona marítima contigua y la zona económica exclusiva, reconocidos, entre otros, por los tratados de delimitación de áreas marinas con Trinidad y Tobago. En efecto, según el Decreto Internacional Venezuela, como todo Estado, tiene derecho no sólo al mar territorial de doce millas náuticas (20 kilómetros) sino además a una zona económica exclusiva de hasta 200 millas náuticas de la costa, para aprovechar con carácter exclusivo los recursos económicos de la superficie del fondo del mar y de las aguas que lo cubren, y de la plataforma continental, la cual se extiende más allá de las doscientas millas hasta el talud continental, en la cual tiene el derecho exclusivo de explotar los recursos del subsuelo. Venezuela acordó con Trinidad y Tobago, mediante tratado suscrito en 1990 (publicado en la Gaceta Oficial N° 34,588 del 6 de noviembre de 1900.) la línea de frontera marina que separa los espacios que respectivamente les corresponden, en él se reconoce la proyección hasta el talud continental, el cual está a más de 360 millas náuticas de la costa.

La Academia advierte que la inacción del Estado venezolano en protestar ante este nuevo atropello a la soberanía nacional por parte del Gobierno de Guyana, podrá tener consecuencias negativas bajo el Decreto Internacional.

La Academia estima que con base en el Artículo IV del Acuerdo de Ginebra ha llegado el momento para que con el apoyo del Secretario General de la Organización de Naciones Unidas, las partes concreten el arreglo práctico de la controversia, de forma que les resulte mutuamente aceptable.

Como conclusión de las anteriores reflexiones, la Academia manifiesta su firme e indeclinable posición en los términos siguientes: Primero.- Solicitar al Gobierno de la República Bolivariana de Venezuela que eleve su más rotunda protesta ante el Gobierno de la República Cooperativa de Guyana, por las violaciones a nuestra soberanía nacional por las concesiones otorgadas, en virtud de los irrenunciables derechos de Venezuela en todos los espacios geográficos de su fachada atlántica- Segundo.- Instar al Gobierno de la República Bolivariana de Venezuela para que se exprese al Gobierno de la República Cooperativa de Guyana la necesidad de concluir con prontitud, con el apoyo del Secretario General de la ONU, la controversia pendiente con base en el Acuerdo de Ginebra, mediante un acuerdo práctico mutuamente satisfactorio.

Con el respaldo del Comité Interacadémico de las Academias Nacionales.

Caracas, 01 de octubre de 2013.

Rafael Muci Mendoza, Presidente, Academia Nacional de Medicina

Luis Cova Arria, Presidente, Academia de Ciencias Políticas y Sociales

Claudio Bifano, Presidente, Academia de Ciencias Físicas, Matemáticas y Naturales

Luis Mata Mollejas, Presidente, Academia Nacional de Ciencias Económicas

Manuel Torres Parra, Presidente, Academia Nacional de la Ingeniería y el Hábitat

http://www.acienpol.org.ve/cmacienpol/Resources/Pronunciamientos/16102013121331_Declaracion.pdf.

II. PRONUNCIAMIENTO DE LA ACADEMIA ANTE LAS AGRESIONES DE LA REPÚBLICA COOPERATIVA DE GUYANA, EL ABANDONO DE LA RECLAMACIÓN TERRITORIAL FRENTE A GUYANA Y EL INCLUMPLIMIENTO DEL ACUERDO DE GINEBRA POR PARTE DE VENEZUELA.

(Buque Teknik Perdana contratado por el Gobierno de la República Cooperativa de Guyana que se encontraba efectuando labores de investigación científica sin autorización de Venezuela; violación al acuerdo de Ginebra).

22.10.2013.

1. Es un hecho público y notorio, reseñado en el comunicado de la cancillería de la Republica Bolivariana de Venezuela de fecha 11 de octubre de 2013, que el Patrullero Oceánico de Vigilancia Armada Bolivariana "Yekuana" (PO-13) informó que el día 10 de octubre de 2013, a las 5 de la tarde, fue detectado e interceptado el buque Teknik Perdana, el cual se encontraba navegando al RV 259°, a una velocidad de 7 nudos, en posición geográfica, latitud: 1Ø°20'3Ø"N y longitud: Ø57°3Ø'Ø7"W, en espacio marítimo que corresponde a la Zona Económica Exclusiva de Venezuela. Según el comunicado, se procedió a efectuar el Control de Tráfico Marítimo, se constató que el referido buque zarpó el día 08 de octubre del puerto de Georgetown (Guyana), y se obtuvo información de que éste había sido contratado por el Gobierno de la República Cooperativa de Guyana y que se encontraba efectuando labores de investigación científica con el apoyo de sensores (sonar), sin autorización de las autoridades venezolanas, por lo que se le invitó a cesar los trabajos de investigación, detener las máquinas y posteriormente, se le solicitó acompañar a las autoridades venezolanas al muelle del Morro de Valdez, ubicado en la Isla de Margarita, Estado Nueva Esparta, con el fin de efectuar las averiguaciones pertinentes en el

marco del Derecho Internacional Marítimo (DIM) y en cumplimiento del resguardo de nuestra soberanía en los espacios marítimos e insulares de Venezuela.

En el comunicado, el Gobierno de la República Bolivariana de Venezuela expresa su "más enérgica protesta" ante la situación que se planteó con respecto a las actividades de prospección científica y exploración de la plataforma continental y el lecho marino venezolano, realizadas por dicha embarcación; y a continuación, la República Bolivariana de Venezuela manifestó su profunda preocupación por la manera en que embarcaciones extranjeras autorizadas por el Gobierno de Guyana irrumpen sin la debida autorización en el mar territorial y zona económica exclusiva de Venezuela.

2. Con fecha 14 de octubre de 2013, otro comunicado de la cancillería venezolana informa que "el pasado 11 de octubre de 2013, el Ministro del Poder Popular para Relaciones Exteriores, Elías Jaua Milano, y su homóloga, la Ministra de Relaciones Exteriores de la República de Guyana, Carolyn Rodrigues-Birkett, sostuvieron una conversación telefónica con el fin de abordar los últimos incidentes fronterizos".

Agrega el comunicado que "ambos Ministros intercambiaron puntos de vista, en el ánimo de resolver por la vía diplomática cualquier diferencia existente entre las partes. Posteriormente, acordaron, mediante Nota Verbal, celebrar una reunión el jueves 17 de octubre de 2013, en Puerto España, Trinidad y Tobago, a fin de avanzar en el diálogo bilateral, así como aclarar los temas relacionados con los incidentes antes mencionados y avanzar en el diálogo que preserve las relaciones que se han profundizado en los últimos años". El 16 de octubre de 2013, un día antes de la reunión de los cancilleres, las autoridades venezolanas liberaron al buque Teknik Perdana y a su tripulación. El 17 de octubre de 2013, después de la reunión de Puerto España, los cancilleres de Venezuela y de Guyana emitieron en esa ciudad un comunicado conjunto en el cual manifiestan que se reunieron "con el objetivo de avanzar en el diálogo político bilateral, a la luz del evento suscitado"; y que "**acordaron**

explorar mecanismos en el marco del derecho internacional para abordar el tema de la delimitación marítima, y que en los próximos cuatro meses un equipo técnico se reúna para intercambiar opiniones al respecto".

3. La Academia de Ciencias Políticas y Sociales se ha pronunciado sobre el diferendo de Venezuela con Guyana en varias ocasiones, las dos últimas el 26 de octubre de 2011 y el 1º de octubre de 2013. En el primero de ellos, la Academia denunciaba la pretensión de Guyana de delimitar, sin la participación de Venezuela, sus áreas marítimas en perjuicio de los claros derechos que a ésta corresponden de proyección marítima de su territorio con acceso al Océano Atlántico, así como su pretensión de extender el límite exterior de la plataforma continental hasta las 350 millas marítimas, sin tomar en cuenta ni los derechos actuales ni los derechos reclamados por Venezuela. Añadió el pronunciamiento del 26 de octubre de 2011 de la Academia: "No menos flagrantes violaciones son las reiteradas y ofensivas declaraciones del gobierno de Guyana, como las de su representante diplomático acreditado en el país, en el sentido de que Venezuela debe abandonar su reclamación por tratarse de dos gobiernos socialistas, como única solución del problema planteado. Ante tales hechos el Gobierno de Venezuela ha mantenido además una política de cooperación y ayuda económica al Gobierno de Guyana, que está permitiendo la consolidación de actos de ocupación del Territorio en Reclamación, sin que se deje expresamente la salvedad de que ninguno de esos actos menoscaba los derechos sujetos a reclamación por Venezuela con base en el Acuerdo de Ginebra".

4. En el pronunciamiento del 1º de octubre de 2013, hecho nueve días antes de la interceptación del buque Teknik Perdana, la Academia de Ciencias Políticas y Sociales manifestaba su honda preocupación ante el inexplicable silencio del Gobierno Nacional frente a las recientes acciones llevadas a cabo por la República Cooperativa de Guyana en violación directa del Acuerdo de Ginebra y en detrimento de la soberanía territorial de Venezuela. Se expresaba

en ese documento que el Gobierno de Guyana "ha traspasado todos los límites de la tolerancia y la buena fe al llegar a otorgar concesiones a terceros en la fachada atlántica de la exclusiva jurisdicción de Venezuela". La Academia advertía que la inacción del Estado venezolano, su abstención ante este nuevo atropello a la soberanía nacional por parte del Gobierno de Guyana podía traer consecuencias negativas bajo el Derecho Internacional, por lo cual solicitaba al Gobierno de la República Bolivariana de Venezuela que elevara su más rotunda protesta ante el Gobierno de la República Cooperativa de Guyana por las violaciones a nuestra soberanía nacional por las concesiones otorgadas, contrariando los irrenunciables derechos de Venezuela en todos los espacios geográficos de su fachada atlántica; y se instaba al Gobierno de la República Bolivariana de Venezuela para que expresara al Gobierno de la República Cooperativa de Guyana la necesidad de concluir con prontitud, con el apoyo del Secretario General de la ONU, la controversia pendiente, con base en el Acuerdo de Ginebra, cuyo propósito es la búsqueda de un acuerdo práctico mutuamente satisfactorio.

5. La Academia de Ciencias Políticas y Sociales registra con satisfacción la interceptación del buque Teknik Perdana por el Patrullero Oceánico de Vigilancia Armada Bolivariana "Yekuana" (PO-13) y felicita a la Armada por el cumplimiento del deber patriótico de defender los espacios geográficos del país. La Academia aplaude también la enérgica protesta del Gobierno de la República Bolivariana de Venezuela por "las actividades de prospección científica y exploración de la plataforma continental y del lecho marino venezolano" realizadas por el buque Teknik Perdana. Sin embargo, es sumamente preocupante verificar que este llamado "incidente" no es el único ni el primero, pues como lo asienta el propio texto del comunicado de la cancillería venezolana del 11 de octubre de 2013, "La República Bolivariana de Venezuela expresa su profunda preocupación por la manera en que embarcaciones extranjeras autorizadas por el Gobierno de Guyana irrumpen sin la debida autorización en el mar territorial y zona económica exclusiva de Venezuela". En ese párrafo se habla de incursiones en el mar territorial de

Venezuela, hechos absolutamente desconocidos por el país, lo cual es sumamente grave.

6. La Academia de Ciencias Políticas y Sociales estima que el Gobierno de la República Bolivariana de Venezuela no puede contentarse con el acto aislado y plausible de la interceptación del buque Teknik Perdana, sino que está obligado, constitucionalmente, a conminar al Gobierno de la Republica Cooperativa de Guyana a revocar las concesiones otorgadas en zonas de la exclusiva soberanía de Venezuela, y a expresarle formalmente que Venezuela desconocerá cualquier acto jurídico y toda situación de hecho de cualquier país que contradiga su soberanía sobre sus espacios marítimos. Debe, además, conminar a Guyana a cesar su actividad de otorgamiento de derechos de exploración, explotación y/o concesiones en el territorio en reclamación y en las zonas marítimas de éste, en concordancia con el espíritu del Acuerdo de Ginebra; y en todo caso, debe expresar su desconocimiento de estas concesiones, ya que las mismas no generan actos legítimos de posesión sobre el territorio en reclamación oponibles a Venezuela, de conformidad con el articulo V.2 de dicho Acuerdo.

7. La Academia de Ciencias Políticas y Sociales exhorta al Gobierno de Venezuela: (i) a intensificar el patrullaje de la fachada atlántica del territorio de Venezuela, incluido su mar territorial y su zona económica exclusiva; (ii) a revisar su política de cooperación con Guyana en detrimento de los derechos de Venezuela y, sobre todo, (iii) a reconsiderar el enfoque antihistórico dado en los últimos años a la reclamación del territorio esequibo.

8. La Academia de Ciencias Políticas y Sociales deplora el lenguaje ambiguo y evasivo de la cancillería venezolana en sus comunicados del 14 de octubre y del 17 de octubre de 2013, en los cuales habla de "incidente fronterizo" y de "evento suscitado", respectivamente, en lugar de confirmar la calificación del hecho como interceptación de un buque que incursionó en aguas de la zona económica exclusiva de Venezuela y sin hacer ninguna referencia a la "profunda preocupación" del Gobierno de la República Boliva-

riana de Venezuela "por la manera en que embarcaciones extranjeras autorizadas por el Gobierno de Guyana irrumpen sin la debida autorización en el mar territorial y zona económica exclusiva de Venezuela", tal como se dijo en el comunicado inicial del 11 de octubre de 2013, ni tampoco mencionar "los incidentes fronterizos" aludidos en el comunicado de la cancillería venezolana del 17 de octubre. La Academia, además, expresa su "profunda preocupación" por el giro de la diplomacia venezolana, que ahora va a "**explorar mecanismos en el marco del derecho internacional para abordar el tema de la delimitación marítima**", sin decir una palabra sobre la solución de la controversia con relación al territorio en reclamación bajo el Acuerdo de Ginebra, en ausencia de la cual están previstos los mecanismos de solución a disposición de las partes (articulo IV.2).

La declaración contenida en el comunicado conjunto del 17 de octubre de 2013 podría interpretarse como un abandono de la reclamación territorial contra Guyana y por tanto un incumplimiento del Acuerdo de Ginebra a favor de Guyana. Guyana no solo no se disculpa por sus incursiones ilegales "en el mar territorial y zona económica exclusiva de Venezuela", sino que obtiene, además, un triunfo diplomático en la primera reunión de su canciller con el canciller venezolano. Así, con posterioridad a los actos de agresión públicamente denunciados por la República Bolivariana de Venezuela en el comunicado del 11 de octubre de 2013, Guyana logra que se excluyan de las futuras negociaciones los problemas de la reclamación territorial y de las concesiones ilegales otorgadas por Guyana en el territorio en reclamación y en la zona económica exclusiva de Venezuela, ya que tales negociaciones se van a circunscribir al tema de la "delimitación marítima". La intolerable ambigüedad en que quedan las cuestiones pendientes entre Venezuela y Guyana por la inadecuada actuación del canciller de Venezuela en la reunión del 17 de octubre de 2013 en Puerto España, reflejada en el comunicado conjunto de esa fecha, es contraria al interés nacional. Por otra parte, la renuncia de derechos, si la hubiere, hecha por el canciller en el comunicado conjunto de esa fecha sería contraría el artículo 1º de la Constitución de la República Bolivariana de Venezuela, según el cual la soberanía es irrenunciable.

Caracas, 22 de octubre de 2013.

Dr. Luis Cova Arria, Presidente de la Academia de Ciencias Políticas y Sociales

Dr. Gabriel Ruan Santos, Secretario Accidental

http://www.acienpol.org.ve/cmacienpol/Resources/Pronunciamientos/ACPS%20Pronunciamiento%20GUYANA%20Version%2025-10-2013.pdf

III. SOBRE LA CONTROVERSIA LIMÍTROFE ENTRE VENEZUELA Y LA REPÚBLICA COOPERATIVA DE GUYANA.

(Concesiones ilegales por parte de Guayana a empresas trasnacionales sobre el territorio en Reclamación, son producto de las políticas de cooperación y ayuda económica que sostiene el gobierno venezolano).

21.4.2015.

Ante los recientes acontecimientos generados en torno a la Guayana Esequiba o zona en reclamación, por el otorgamiento de "bloques exploratorios" y concesiones por parte del Gobierno de Guyana a empresas transnacionales petroleras sobre el Territorio en Reclamación y sobre la fachada atlántica frente a las costas del Estado venezolano del Delta Amacuro, la Academia de Ciencias Políticas y Sociales una vez más manifiesta públicamente su opinión y reitera sus anteriores pronunciamientos alertando a la comunidad nacional sobre la gravedad de tales acontecimientos y la conducta del Estado venezolano al respecto.

Tal como se ha señalado anteriormente, la inacción del Estado venezolano ante los atropellos a la soberanía nacional por parte del Gobierno de Guyana pueden acarrear consecuencias negativas bajo los principios que rigen el Derecho Internacional Público, razón por la cual esta Academia una vez más insta al Gobierno venezolano a elevar su más rotunda protesta ante el Gobierno de la República Cooperativa de Guyana por las violaciones a nuestra soberanía nacional por las concesiones otorgadas, contrariando los irrenunciables derechos de Venezuela en todos los espacios geográficos de su fachada atlántica.

En reiteradas ocasiones hemos advertido sobre la equívoca conducta del Gobierno de Venezuela al mantener una política de cooperación y ayuda económica al Gobierno de Guyana, que está permitiendo la consolidación de actos de ocupación del Territorio en Reclamación, sin que se haga expresamente la salvedad de que ninguno de esos actos menoscaba los derechos sujetos a reclamación por Venezuela con base en el Acuerdo de Ginebra.

La Academia de Ciencias Políticas y Sociales una vez más exhorta al Gobierno de Venezuela: (i) a intensificar el patrullaje de la fachada atlántica del territorio de Venezuela, incluido su mar territorial y su zona económica exclusiva; (ii) a revisar su política de cooperación con Guyana en detrimento de los derechos de Venezuela y, sobre todo, (iii) a reconsiderar el enfoque antihistórico dado en los últimos años a la reclamación del territorio Esequibo.

Asimismo, esta Academia reitera la necesidad de que el Gobierno de la República Bolivariana de Venezuela exprese al Gobierno de la República Cooperativa de Guyana la necesidad de concluir con prontitud, con el apoyo del Secretario General de las Naciones Unidas, la controversia pendiente, con base en el Acuerdo de Ginebra, cuyo propósito es la búsqueda de un acuerdo práctico mutuamente satisfactorio.

Caracas, 21 de abril de 2015.

Presidente, Dr. Eugenio Hernández-Bretón

Secretario, Dr. Julio Rodríguez Berrizbeitia,

http://www.acienpol.org.ve/cmacienpol/Resources/Pronunciamientos/Pronunciamiento%20Guyana%2021-04-2015.pdf

IV. LA ACADEMIA DE CIENCIAS POLÍTICAS Y SOCIALES ANTE LA ACTUAL SITUACIÓN DE LA CONTROVERSIA CON LA REPÚBLICA COOPERATIVA DE GUYANA.

(Republica Cooperativa de Guyana delimita su territorio sin participación de Venezuela sobre las áreas marinas y submarinas. Ocupación de la zona en Reclamación. Otorgamiento de concesiones ilegales. Violación al acuerdo de Ginebra).

29.7.2015.

A La Academia de Ciencias Políticas y Sociales (Academia), cumpliendo con sus responsabilidades legales y estatutarias, ha realizado una serie de pronunciamientos, especialmente desde el año 2011, (i) en relación con la reclamación territorial de la zona del Esequibo bajo el Acuerdo de Ginebra, y (ii) en lo relacionado con las áreas marinas y submarinas que le pertenecen en derecho a Venezuela por la proyección de la fachada atlántica de su actual territorio continental.

En este sentido la Academia ha manifestado su preocupación por "la pretensión de Guyana de delimitar, sin la participación de Venezuela, sus áreas marítimas en perjuicio de los claros derechos que a ésta corresponden de proyección marítima de su territorio con acceso al océano Atlántico, así como su pretensión de extender el límite exterior de la plataforma continental hasta las 350 millas marítimas, sin tomar en cuenta ni los derechos actuales ni los derechos reclamados por Venezuela"; y por el hecho de que "embarcaciones extranjeras autorizadas por el Gobierno de Guyana irrumpen sin la debida autorización en el mar territorial y zona económica exclusiva de Venezuela". En dichos pronunciamientos la Academia así mismo ha expresado, que "[n]o menos flagrantes violaciones son las reiteradas y ofensivas declaraciones del Gobierno de Guyana, como las de su representante diplomático acreditado en el país, en el sentido de que Venezuela debe abandonar su reclamación por tratarse de dos gobiernos socialistas, como única solución del problema planteado.". Así mismo la Academia ha manifestado su preocupación "ante el hecho de que el Gobierno de Venezuela ha mantenido además una política de cooperación y ayuda económica al Gobierno de Guyana, que está permitiendo la consolidación de actos de ocupación del Territorio en Reclamación, sin que se deje expresamente la salvedad de que ninguno de esos actos menoscaban los derechos sujetos a reclamación por Venezuela con base en el Acuerdo de Ginebra"; y ha expresado su "honda preocupación ante el inexplicable silencio del Gobierno Nacional frente a las recientes acciones llevadas a cabo por la República Cooperativa de Guyana en violación directa del Acuerdo de Ginebra y en detrimento de la soberanía territorial de Venezuela."

En sus pronunciamientos la Academia ha expresado igualmente que el Gobierno de Guyana "ha traspasado todos los límites de la tolerancia y la buena fe al llegar a otorgar concesiones a terceros en la fachada atlántica de la exclusiva jurisdicción de Venezuela". Sobre el particular, la Academia advirtió que "la inacción del Estado venezolano, su abstención ante este nuevo atropello a la soberanía nacional por parte del Gobierno de Guyana podía traer consecuencias negativas bajo el Derecho Internacional, por lo cual solicitaba al Gobierno de la República Bolivariana de Venezuela que elevara su más rotunda protesta ante el Gobierno de la República Cooperativa de Guyana por las violaciones a nuestra soberanía nacional por las concesiones otorgadas, contrariando los irrenunciables derechos de Venezuela en todos los espacios geográficos de su fachada atlántica; y se instaba al Gobierno de la República Bolivariana de Venezuela para que expresara al Gobierno de la República Cooperativa de Guyana la necesidad de concluir con prontitud, con el apoyo del Secretario General de las Naciones Unidas, la controversia pendiente, con base en el Acuerdo de Ginebra, cuyo propósito es la búsqueda de un acuerdo práctico mutuamente satisfactorio." En este sentido, la Academia, particularmente desde el año 2013, ha hecho un llamado al Gobierno de Venezuela a fin de "conminar a Guyana a cesar su actividad de otorgamiento de derechos de exploración, explotación y/o concesiones en el territorio en reclamación y en las zonas marítimas de éste, en concordancia con el espíritu del Acuerdo de Ginebra; y en todo caso, debe expresar su desconocimiento de estas concesiones, ya que las mismas no generan actos legítimos de posesión sobre el territorio en reclamación oponibles a Venezuela, de conformidad con el articulo V.2 de dicho Acuerdo".

La Academia observa que en días recientes el Gobierno venezolano parece haberse decidido finalmente a adoptar una posición más activa para salvaguardar los derechos de Venezuela sobre el Territorio Esequibo de conformidad con el Acuerdo de Ginebra. Así lo indica la alocución de fecha 6 de julio de 2015 - independientemente de no compartir la totalidad del mensaje político expresado en esa oportunidad-, así como la visita del Presidente Maduro al Secretario General de las Naciones Unidas, solicitando la inmediata reactivación del mecanismo de buenos oficios bajo el mismo Acuerdo de Ginebra.

La Academia en virtud de esos nuevos desarrollos sobre esta delicada y trascendental materia, nuevamente hace un llamado público y exhorta al Gobierno de Venezuela a tener en cuenta lo siguiente:

1. Diferenciar y afirmar claramente la defensa de nuestra soberanía sobre las áreas marinas y submarinas que son proyección de nuestro actual territorio continental, que es un derecho soberano del país y que no depende en modo alguno del resultado de la justa reclamación sobre el territorio Esequibo. Los derechos soberanos de Venezuela sobre esas áreas son consecuencia directa e inmediata de su plena soberanía sobre las costas venezolanas. Venezuela no reclama esos espacios, pues ellos le pertenecen por derecho propio, es decir, son actualmente venezolanos y objeto de derechos incondicionales de la República.

En este sentido, la Academia desea destacar el hecho de que además –e incluso independientemente- de lo dispuesto en el Acuerdo de Ginebra, deben afirmarse y defenderse los derechos soberanos del Estado Venezolano sobre su fachada marítima atlántica. En este último sentido fue criticado por esta Academia el hecho de que el gobierno nacional no objetó la solicitud que Guyana formuló en el año 2011 a la Organización de Naciones Unidas para ampliar su plataforma continental, solicitud que deja a Venezuela sin conexión directa con el océano Atlántico, única salida libre a mar abierto que tiene el país, solicitud basada en un trazado unilateral realizado por Guyana que incluye las aguas de la zona en reclamación y la fachada atlántica del estado Delta Amacuro, cuya soberanía no está en discusión, señalando una línea que nos cercena miles de kilómetros cuadrados de áreas marinas y submarinas, encerrándonos en un triángulo con la delimitación acordada con Trinidad y Tobago en 1990, y eliminando nuestra salida libre al océano Atlántico.

La Academia, por lo tanto, considera que Venezuela debe reiterar de manera inequívoca que en todo **momento ha ejercido, ejerce y ejercerá su soberanía sobre las áreas marinas y submarinas de proyección de su fachada atlántica que corresponde al actual territorio continental de los estados Delta Amacuro y Sucre**. Este concepto debe expresarse en el lenguaje diplomático, en los actos jurídicos de ejercicio de la jurisdicción venezolana y en el patrullaje de esos espacios. En este sentido la Academia reitera una vez más que "Venezuela como Estado con una fachada atlántica, tiene derechos exclusivos de soberanía en los espacios de la proyección de su territorio continental en el mar territorial, la plataforma continental, la zona marítima contigua y la zona económica exclusiva, reconocidos, entre otros, por los tratados de delimitación de áreas marinas con Trinidad y Tobago. En efecto, según el Derecho Internacional, Venezuela, como todo Estado, tiene derecho no sólo al mar territorial de doce millas náuticas, sino además a una zona económica exclusiva de hasta 200 millas náuticas de la costa, para aprovechar con carácter exclusivo los recursos económicos de la superficie del fondo del mar y de las aguas que lo cubren, y de la plataforma continental, la cual se extiende más allá de las doscientas millas hasta el talud continental, en la cual tiene el derecho exclusivo de explotar los recursos del subsuelo. Venezuela acordó con Trinidad y Tobago, mediante un tratado suscrito en 1990 (publicado en la Gaceta Oficial N° 34.588 de 6 de noviembre de 1990), la línea de frontera marina que separa los espacios que respectivamente les corresponden, en él se reconoce la proyección hasta el talud continental, el cual está a más de 360 millas náuticas de la costa." Como consecuencia de esta afirmación, la Academia reitera su parecer expresado con anterioridad, en el sentido de que **el Gobierno de Venezuela, además de las acciones diplomáticas, debe intensificar su presencia y el patrullaje de la fachada atlántica del territorio de Venezuela, tanto en su mar territorial como en su zona económica exclusiva.**

2. Ante el desarrollo actual del Derecho Internacional del Mar y los mecanismos establecidos a nivel de las Naciones Unidas bajo la Convención sobre el Derecho del Mar, la Academia considera que **Venezuela debe llevar a cabo un estudio jurídico y estratégico comprensivo con expertos nacionales e internacionales, a fin de determinar la conveniencia para el Estado venezolano de ratificar dichos instrumentos y participar de los respectivos foros multilaterales para vigilar, afirmar, resolver y consolidar sus derechos sobre esas áreas.**

3. Ante los anuncios del Gobierno de Guyana en el sentido de solicitar que el diferendo territorial con Venezuela sea judicializado y por ende enviado a la Corte Internacional de Justicia, la Academia advierte que **dicho mecanismo es contrario al Acuerdo de Ginebra, cuyo objeto y propósito explícitos consisten la búsqueda de una solución satisfactoria para el arreglo práctico de la controversia en forma aceptable para ambas partes. Por lo tanto, someter la reclamación venezolana a un procedimiento judicial desnaturalizaría el Acuerdo de Ginebra, por lo que debe ser rechazado enérgicamente.**

Venezuela debe hacer valer los términos del Acuerdo de Ginebra tanto frente a Guyana como en sus gestiones ante el Secretario General de la ONU, de modo que se mantenga el actual mecanismo de los buenos oficios o, si quiere explorarse otro dentro de los contemplados en la Carta de las Naciones Unidas, que el asunto se mantenga siempre dentro del ámbito de lo diplomático en búsqueda de soluciones "mutuamente aceptables".

4. Finalmente, hacemos un llamado al Estado venezolano para que mientras se logra un acuerdo con el Gobierno de la República Cooperativa de Guyana para la solución de la controversia, Venezuela **planifique, organice y ejecute en el corto plazo, una política integral de presencia en la frontera**: en los ámbitos político, económico, social, cultural, educativo, de servicios públicos de salud, comunicaciones, seguridad y defensa, vigilancia, control de tráfico de sustancias y materiales ilegales y contrabando, así como la dotación y equipamiento adecuado de nuestros puestos estratégicos de frontera.

En Caracas, a los veintinueve días del mes de julio de 2015.

Presidente, Dr. Eugenio Hernández-Bretón

Secretario, Dr. Julio Rodríguez Berrizbeitia

http://www.acienpol.org.ve/cmacienpol/Resources/Pronunciamientos/Pronunciamiento%20ACPS%20Guyana%20%20julio-%202015.pdf

V. PRONUNCIAMIENTO DE LA ACADEMIA DE CIENCIAS POLÍTICAS Y SOCIALES ANTE LA ACTUAL SITUACIÓN DE LA CONTROVERSIA CON LA REPÚBLICA COOPERATIVA DE GUYANA.

7.2.2017.

La Academia de Ciencias Políticas y Sociales ha realizado una serie de pronunciamientos, especialmente desde el año 2011, en relación con la reclamación territorial de la zona del Esequibo bajo el Acuerdo de Ginebra y con la exploración y explotación de recursos naturales ubicados en las áreas marinas y submarinas que le pertenecen en derecho a Venezuela por la proyección de la fachada atlántica de su territorio continental.

En esta oportunidad esta Academia observa que, desde el año 2015, el nuevo Gobierno de la República Cooperativa de Guyana ha expresado públicamente su pretensión de que la disputa de la reclamación venezolana sobre el territorio Esequibo sea sometida a la Corte Internacional de Justicia. En diciembre del año 2016, con ocasión del fallecimiento del señor Norman Givan, anterior representante personal del Secretario General de las Naciones Unidas (ONU) en el procedimiento de buenos oficios para la solución de la controversia entre Venezuela y Guyana, los medios de prensa recogieron la información de la oficina del Secretario General conforme a la cual éste designaría un nuevo representante personal para encargarse del proceso de buenos oficios. No obstante, en esa misma ocasión, la oficina del Secretario General anunció públicamente que *si para finales del año 2017 no se había logrado un "avance significativo" hacia un acuerdo completo para la solución de la controversia, elegiría la Corte Internacional de Justicia, "a menos que Guyana y Venezuela, de manera conjunta le solicitaran que se abstuviera de hacerlo."*

Este anuncio del Secretario General de la ONU de judicializar la solución de la controversia mediante el envío de la misma a la Corte Internacional de Justicia debe ser rechazado de manera pública y categórica por el Gobierno de Venezuela, en virtud de que tal decisión unilateral por el Secretario General es contraria al Acuerdo de Ginebra, cuyo objeto y propósito explícitos consisten en la búsqueda de una solución satisfactoria para el arreglo práctico de la controversia en forma aceptable para ambas partes. Por lo cual, someter la controversia a un procedimiento judicial desnaturalizaría el Acuerdo de Ginebra, ya que impediría que las partes, a través de un mecanismo de negociación, logren un acuerdo práctico a la controversia en forma aceptable ellas.

Al mismo tiempo, esta decisión, equivaldría a la introducción arbitraria de un término de caducidad de las negociaciones entre las partes para 2 buscar una solución práctica conforme al Acuerdo de Ginebra, las cuales evidentemente no han sido agotadas. Conforme a dicho instrumento internacional, si alguno de esos medios, como podrían ser los actuales buenos oficios, no ha conducido a *una solución de la controversia, el Secretario General de la ONU escogerá otro de los medios estipulados en el artículo 33 de la Carta de las Naciones Unidas, y así sucesivamente, hasta que la controversia haya sido resuelta, o hasta que todos los medios de solución pacífica contemplados en dicho artículo hayan sido agotados.* Sin embargo, esos medios mencionados deben sujetarse siempre al objeto y propósito del Acuerdo de Ginebra, cual es precisamente la búsqueda de *una solución satisfactoria para el arreglo práctico de la controversia en forma aceptable para ambas partes.*

De tal manera, pretender que, con el solo consentimiento del Gobierno de Guyana, el Secretario General de la ONU podría escoger remitir el asunto a la Corte Internacional de Justicia, constituye una infracción del objeto y fin del propio Acuerdo de Ginebra que establece que las partes del mismo deben "buscar soluciones satisfactorias para el arreglo práctico de la controversia" de manera que ésta sea "amistosamente resuelta en forma que resulte <u>aceptable para ambas partes</u>".

En consecuencia, la Academia de Ciencias Políticas y Sociales considera que Venezuela, como Nación y su Gobierno, deben hacer valer, sin temores y con Derecho, los términos del Acuerdo de Ginebra, tanto frente al Gobierno de Guyana como en sus gestiones ante el Secretario General de la ONU, de modo que el asunto se mantenga siempre dentro del ámbito de las negociaciones diplomáticas para la búsqueda de soluciones prácticas "mutuamente aceptables".

En virtud de la gravedad del asunto aquí planteado, que afecta a los intereses nacionales de Venezuela, la Academia de Ciencias Políticas y Sociales considera oportuno hacer público este nuevo Pronunciamiento y enviarlo a la Ministro del Poder Popular para las Relaciones Exteriores, exhortándola para que de manera responsable se adopten oportunamente todas las medidas necesarias, tanto jurídicas como de otro carácter, a fin de que los derechos de Venezuela en esta reclamación histórica sean debidamente salvaguardados.

En Caracas, a los siete días del mes de febrero de 2017.

Presidente, Eugenio Hernández-Bretón
Secretario, Julio Rodríguez Berrizbeitia

http://www.acienpol.org.ve/cmacienpol/Resources/Pronunciamientos/08022017132655_CARDMS-.pdf

VI. MISIVA DIRIGIDA A DELCY RODRÍGUEZ MINISTRA DEL PODER POPULAR PARA LAS RELACIONES EXTERIORES DE LA REPÚBLICA BOLIVARIANA DE VENEZUELA

20.03.2017.

Estimada Ministra,

Reciba usted nuestro cordial saludo con ocasión de dirigirnos a usted en nombre de la Academia de Ciencias Políticas y Sociales, para manifestarle nuestra preocupación ante el anuncio del Secretario General de las Naciones Unidas (ONU) de enviar la controversia territorial sobre el territorio Esequibo entre Venezuela y la República Cooperativa de Guyana a la Corte Internacional de Justicia.

En fecha 7 de febrero del presente año, esta Academia acordó pronunciarse públicamente para rechazar el anuncio realizado en diciembre de 2016 el entonces Secretario General Ban Ki-Moon conforme al cual éste designaría un nuevo representante personal para encargarse del proceso de buenos oficios, pero que *si para finales de 2017 no se ha logrado un "avance significativo" hacia un acuerdo completo para la solución de la controversia, elegiría la Corte Internacional de Justicia para que le diera solución a la controversia, a menos que Guyana y Venezuela, de manera conjunta le solicitaran que se abstuviera de hacerlo.*

En virtud de la gravedad del asunto planteado, que afecta a los intereses nacionales de Venezuela, esta Academia acordó enviarle dicho Pronunciamiento a su Despacho, exhortándola para que de manera responsable se adopten oportunamente todas las medidas necesarias, tanto jurídicas como de otro carácter, a fin de que los derechos de Venezuela en esta reclamación histórica sean debidamente salvaguardados.

Con posterioridad, en fecha 27 de febrero de 2017, el nuevo Secretario General de la ONU, Antonio Guterres, con ocasión del anuncio de la designación del señor Dag Halvor Nylander como su

Representante Personal para la controversia fronteriza entre Guyana y Venezuela, igualmente anunció que el proceso de Buenos Oficios continuará con un mandato reforzado de mediación "*hasta final de 2017*"; y "*si a finales de 2017, el Secretario General concluyera que no se ha logrado un avance significativo hacia un acuerdo completo para la solución de la controversia, el Secretario General elegirá la Corte Internacional de Justicia como siguiente medio de solución, a menos de que los Gobiernos de Guyana y Venezuela conjuntamente le pidan que no lo haga*". (resaltados añadidos).

Este anuncio del Secretario General de la ONU de judicializar la solución de la controversia mediante el envío de la misma a la Corte Internacional de Justicia debe ser rechazado de manera pública y categórica por el Gobierno de Venezuela, no sólo por ser contrario a los intereses de Venezuela sino porque el mismo es violatorio del Acuerdo de Ginebra. Venezuela no debe ni puede aceptar que este delicado asunto sea enviado unilateralmente y sin su consentimiento a dicho tribunal internacional. Por ello es necesario que se deje constancia de su rechazo público. En Derecho Internacional se los silencios de los estados tienen consecuencias jurídicas y pueden ser usados en su contra.

Esta anunciada decisión unilateral -seguramente inconsulta al menos con Venezuela- del Secretario General de la ONU es violatoria del Acuerdo de Ginebra cuyo objeto y propósito explícitos consisten en la búsqueda de una *solución satisfactoria para el arreglo práctico de la controversia en forma aceptable para ambas partes.* Por lo cual, someter la controversia a un procedimiento judicial desnaturalizaría el Acuerdo de Ginebra, ya que impediría que las partes, a través de un mecanismo de negociación, logren un acuerdo práctico a la controversia que sea mutuamente aceptable para ellas. Una solución judicial unilateral es lo contrario a un arreglo práctico que resulte satisfactorio y aceptable para ambas partes.

Al mismo tiempo, esta decisión equivaldría a la introducción arbitraria de un término de caducidad de las negociaciones entre las partes para buscar una solución práctica conforme al Acuerdo de Ginebra, las cuales evidentemente no han sido agotadas. Conforme a dicho instrumento internacional (Art. IV, 2), si alguno de esos medios, como podrían ser los actuales buenos oficios con mandato reforzado de mediación o cualquier otro de la misma naturaleza no han conducido a una solución de la controversia, el Secretario General de la ONU escogerá otro de los medios estipulados en el artículo 33 de la Carta de las Naciones Unidad, y así sucesivamente, hasta que la controversia haya sido resuelta, o hasta que todos los medios de solución pacífica contemplados en dicho artículo hayan sido agotados. Sin embargo, esos "medios de solución pacífica" contemplados en dicha norma, <u>deben sujetarse siempre al objeto y propósito del Acuerdo de Ginebra, cual es precisamente la búsqueda de una solución satisfactoria para el arreglo práctico de la controversia en forma aceptable para ambas partes.</u>

De tal manera, pretender que con el solo consentimiento del Gobierno de Guyana, el Secretario General de la ONU podría escoger remitir el asunto a la Corte Internacional de Justicia, constituye una infracción del objeto y fin del propio Acuerdo de Ginebra que establece que las partes del mismo debe "buscar soluciones satisfactorias para el arreglo práctico de la controversia" de manera que ésta sea "amistosamente resuelta en forma que resulte aceptable para ambas partes".

En consecuencia, la Academia de Ciencias Políticas y Sociales considera que Venezuela como país, debe hacer valer de manera pública y a la mayor brevedad posible los términos del Acuerdo de Ginebra, tanto frente al Gobierno de Guyana como en sus gestiones ante el Secretario General de la ONU, de modo que el asunto se mantenga siempre dentro del ámbito de las negociaciones diplomáticas para la búsqueda de un arreglo práctico de la controversia que resulte aceptable para ambas partes.

Reiterándole nuestras expresiones de consideración, se despide de Usted.

Atentamente,

Eugenio Hernández-Bretón,
Presidente de la Academia de Ciencias Políticas y Sociales.

VII. PRONUNCIAMIENTO DE LA ACADEMIA DE CIENCIAS POLÍTICAS Y SOCIALES SOBRE EL DERRAME DE PETRÓLEO OCURRIDO EN LA ISLA DE TRINIDAD Y LA AFECTACIÓN OCASIONADA A LAS ÁREAS COSTERAS E INSULARES VENEZOLANAS. REPÚBLICA DE TRINIDAD Y TOBAGO.

6.6.2017.

I

La Academia de Ciencias Políticas y Sociales manifiesta su respaldo a la declaración que ha emitido con fecha 29 de mayo de 2017 la Academia de Ciencias Físicas, Matemáticas y Naturales sobre el tema del derrame de petróleo en la Refinería estatal Pointe-à-Pierre ubicada en Trinidad y Tobago, y la afectación que ella ha ocasionado a las áreas costeras e insulares venezolanas. La seriedad de esa declaración emanada de una institución tan prestigiosa merece cuidadosa atención por parte de las colectividades afectadas, del público en general, de las autoridades regionales y del gobierno nacional.

II

La protección del equilibrio ecológico y de los bienes jurídicos ambientales constituye una obligación constitucional del Estado venezolano, el cual debe garantizar a toda persona el derecho humano fundamental e irrenunciable del disfrute de un ambiente libre de contaminación. En el caso específico del derrame de petróleo en la Isla de Trinidad, los órganos y entes gubernamentales venezolanos no han reaccionado públicamente para informar las medidas, técnicas y políticas que se estarían tomando tanto en el ámbito nacional como internacionalmente.

Este incidente constituye un daño transfronterizo del que derivan obligaciones a cargo de los gobiernos de Trinidad y Tobago y de Venezuela, frente a la población venezolana y a terceros Estados, en el marco del Convenio para la Protección y el Desarrollo del Medio Marino en la Región del Gran Caribe y su Protocolo relativo a la cooperación para combatir los derrames de hidrocarburos en la región del Gran Caribe: (i) El Estado venezolano está obligado a informar exhaustivamente a la colectividad, a las Partes Contratantes y a las organizaciones internacionales competentes, de las medidas que haya adoptado para minimizar o reducir la contaminación producida, (ii) el Gobierno de Trinidad y Tobago está obligado al cumplimiento de las medidas de "Asistencia Mutua" y "Operacionales" previstas en el mencionado Convenio y su Protocolo y (iii) finalmente, ambos Estados están obligados a iniciar investigaciones penales para determinar e imponer la responsabilidad penal y patrimonial por este incidente.

III

La afectación derivada del hecho acaecido ha incidido, además, sobre el equilibrio de frágiles ecosistemas ubicados en diversas áreas de la costa venezolana, incluyendo el espacio de dos (2) importantes Parques Nacionales como lo son el Parque Nacional Península de Paria y el Parque Nacional Archipiélago de Los Roques, importantes áreas de conservación y reserva de la biodiversidad nacional.

IV

La gravedad de los daños ambientales causados por este derrame de petróleo, debido al valor ecológico y económico del sistema marino y costero comprometido, las áreas afectadas y el impacto en las poblaciones que habitan en esas zonas así como en las actividades pesqueras y turísticas de las mismas contrasta con la alarmante conducta omisiva por parte de los órganos del Estado competentes en la materia, y se manifiesta como otro elemento de la situación de crisis humanitaria que padece la población venezolana.

V

Entendiendo que todos los impactos ambientales negativos derivados del derrame petrolero requieren de la ejecución inmediata de actividades de saneamiento o remediación sobre los elementos del medio afectados, que puedan llevar a la mitigación, reducción y/o incluso eliminación de dichos efectos nocivos, se desconoce cuáles son las medidas que a tales fines se están tomando al respecto, quién las están ejecutando y asumiendo sus costos.

VI

El régimen jurídico del Estado Social de Derecho impone a los órganos del Poder Público no sólo el respeto a los derechos humanos fundamentales, sino la carga de enderezar toda actuación a la creación de las condiciones necesarias para el efectivo disfrute de los mismos por parte de sus habitantes.

Por ello, ante la catástrofe ambiental de consecuencias impredecibles e inatendidas, el gobierno nacional debe proceder con urgencia al ejercicio de sus competencias con apego a la Ley, y en tal sentido los miembros de esta Corporación, de conformidad con sus fines:

1.- Exhortan al Gobierno Nacional a atender el llamado de la Academia de Ciencias Físicas, Matemáticas y Naturales con relación al derrame de petróleo en la Isla de Trinidad e informar al país cuáles son las acciones nacionales e internacionales que tomarán ante los daños ambientales ocurridos, desde el punto de vista técnico-ambiental, social y económico, así como el apoyo que se prestará a las comunidades y actividades afectadas, identificando los costos asociados a dichas acciones y/o medidas, y la carga de responsabilidad económico-financiera para la ejecución de las mismas

2.- Exhortan al Gobierno Nacional a aceptar el apoyo que ofrece la Academia de Ciencias Físicas, Matemáticas y Naturales a los organismos gubernamentales competentes, para realizar las investigaciones técnicas y científicas pertinentes, junto a universidades, institutos y centros de investigación expertos en el tema.

3.- Requieren al Estado venezolano que proceda a determinar el monto de los daños causados, así como las responsabilidades correspondientes y proceder a tomar las acciones legales pertinentes en el ámbito internacional. Es inconcebible que ante un hecho tan alarmante de repercusión internacional no se haya escuchado una excusa del país desde donde se generó el desastre ecológico ni mucho menos un ofrecimiento de reparación a la Nación venezolana o a los particulares afectados.

4.- Exhortan a todos los ciudadanos, funcionarios públicos, jueces, fiscales, defensores, procuradores, trabajadores de la empresa privada, organizaciones empresariales, universidades, profesores y estudiantes, a que presten colaboración en la tarea de levantar un inventario en la zona afectada por el desastre ambiental ocurrido en las áreas costeras e insulares venezolanas, a los fines de coadyuvar en la investigación correspondiente.

Caracas, 6 de junio de 2017.

En fe de lo cual suscriben,

El Presidente, Gabriel Ruan Santos
El Secretario, Luciano Lupini Bianchi

http://www.acienpol.org.ve/cmacienpol/Resources/Pronunciamientos/Pronunciamiento%20declaraci%C3%B3n%20derrame-%20de%20petr%C3%B3leo.pdf

VIII. MISIVA DIRIGIDA A JORGE ARREAZA MINISTRO DEL PODER POPULAR PARA LAS RELACIONES EXTERIORES DE LA REPÚBLICA BOLIVARIANA DE VENEZUELA.

25.10.2017.

Reciba nuestro cordial saludo con ocasión de dirigirnos a usted, en nombre de las Academias, para manifestarle nuestra preocupación ante los recientes anuncios tanto de la oficina del Secretario General de las Naciones Unidas (ONU) como del Gobierno de la República Cooperativa de Guyana del envío de la controversia territorial sobre el territorio Esequibo entre Venezuela y dicho Estado a la Corte Internacional de Justicia.

En virtud de la gravedad del asunto planteado, que afecta a los intereses nacionales de Venezuela, estas Academias han acordado exhortarlo para que de manera responsable se adopten oportunamente todas las medidas necesarias, tanto jurídicas como de otro carácter, a fin de que los derechos de Venezuela en esta reclamación histórica sean debidamente salvaguardados. Guyana seguramente con una buena asesoría jurídica, está haciéndole un expediente a Venezuela de sus silencios ante los anuncios tanto del Secretario General de la ONU como del Gobierno guyanés, para oponerlo en su oportunidad. El peligro es que en Derecho Internacional, bajo ciertos términos, estos silencios de una parte pueden ser interpretados como aceptación.

Debemos hacer mención a que ya en fecha 20 de marzo de 2017, la Academia de Ciencias Políticas y Sociales se dirigió a su antecesora en el Despacho Ministerial, Delcy Rodriguez, para manifestarle su preocupación al respecto. Esa Academia acordó en fecha 7 de febrero del presente año, pronunciarse públicamente para rechazar el anuncio realizado en diciembre de 2016 por el entonces Secretario General Ban-Ki Moon, conforme al cual, éste designaría un nuevo representante personal para encargarse del proceso de buenos oficios, pero que si para finales de 2017 no se ja logrado un "avance significativo" hacia un acuerdo completo para la solución de la controversia, elegiría la Corte Internacional de Justicia para solucionar ésta, a menos que Guyana y Venezuela, de manera conjunta, le solicitaran que se abstuviera de hacerlo. Con posterioridad, en fecha 27 de febrero de 2017, el nuevo Secretario General de la ONU, Antonio Guterres, con ocasión del anuncio de la designación del señor Dag Halvor Nylander como su representante personal para la controversia fronteriza entre Guyana y Venezuela, igualmente anunció que el proceso de Buenos Oficios continuará con un mandato reforzado de mediación "hasta final de 2017"; y "si a finales de 2017, el Secretario General concluyera que no se ha logrado un avance significativo hacia un acuerdo completo para la solución de la controversia, el Secretario General elegirá la Corte Internacional de Justicia como siguiente medio de solución, a menos de que los Gobierno de Guyana y Venezuela conjuntamente le pidan que no lo haga" (resaltados añadidos).

Recientemente, el Presidente de Guyana, David Granger, durante su intervención en la 72° Asamblea General de la ONU el 20 de septiembre de 2017, expresó -conforme fue recogido en la prensa local e internacional- que el reclamo de Venezuela contra su país es una "amenaza" y por ello -agregó-, "tanto los Secretarios Ban Ki-Moon y Antonio Guterres han mantenido la postura de, que si para 2020 no se ha producido avance importantes en el diferendo, la Corte Internacional de Justicia será el siguiente paso, por los que "Guyana ha estado trabajando seriamente con la Secretaría", (resaltados añadidos); y llamó a la comunidad internacional para que Venezuela acepte el proceso judicial como camino claro, de paz y justicia para la solución del diferendo.

Estos anuncios del Secretario General de la ONU -y del Presidente de Guyana-, de judicializar la solución de la controversia mediante el envío de la misma a la Corte Internacional de Justicia, deben ser rechazados de manera pública y categórica por el Gobierno de Venezuela, no solo por se contrario a los intereses del país, sino porque el mismo es violatorio del Acuerdo de Ginebra. Venezuela no debe ni puede aceptar que este delicado asunto sea enviado unilateralmente y sin su consentimiento a dicho Tribunal Internacional.

Por ello es necesario que se deje constancia de su rechazo público. Como lo afirmamos al inicio, en Derecho Internacional los silencios de los Estados tienen consecuencias jurídicas y pueden ser usados en su contra.

Esta anunciada decisión unilateral -seguramente inconsulta al menos con Venezuela- del Secretario General de la ONU es violatoria del Acuerdo de Ginebra cuyo objeto y propósito explícitos consisten en la búsqueda de una solución satisfactoria para el arreglo práctico de la controversia en forma aceptable para ambas partes. Por lo cual, someter la controversia a un procedimiento judicial desnaturalizaría el Acuerdo de Ginebra, ya que impediría que las partes, a través de un mecanismo de negociación, logren un acuerdo práctico a la controversia que sea mutuamente aceptable para ellas. Una solución judicial unilateral es lo contrario a un arreglo práctico que resulte satisfactorio y aceptable para ambas partes.

Al mismo tiempo, esta decisión equivaldría a la introducción arbitraria de un término de caducidad de las negociaciones entre las partes para buscar una solución práctica conforme el Acuerdo de Ginebra, las cuales evidentemente no han sido agotadas. Conforme a dicho instrumento internacional (Art. IV, 2), si alguno de esos medios, como podrían ser los actuales buenos oficios con mandato reforzado de mediación o cualquier otro de la misma naturaleza no han conducido a una solución de la controversia, el Secretario General de la ONU escogerá otro de los medios estipulados en el artículo 33 de la Carta de las Naciones Unidas, y así sucesivamente, hasta que la controversia haya sido resuelta o hasta que todos los medios de solución pacífica contemplados en dicho artículo hayan sido agotados. Sin embargo, esos "medios de solución pacífica" contemplados en dicha norma, deben sujetarse siempre al objeto y propósito del Acuerdo de Ginebra, cual es precisamente la búsqueda de una solución satisfactoria para el arreglo práctico de la controversia en forma aceptable para ambas partes.

De tal manera que reiteramos una vez más: pretender que con el solo consentimiento del Gobierno de Guyana, el Secretario General de la ONU podría escoger remitir el asunto a la Corte Internacional de Justicia, constituye una infracción del objeto y fin del propio

Acuerdo de Ginebra que establece que las partes del mismo deben "buscar soluciones satisfactorias para el arreglo práctico de la controversia" de manera que ésta sea "amistosamente resuelta en forma que resulte aceptable para ambas partes".

En consecuencia, las Academias consideran que Venezuela, como país, debe hacer valer de manera pública y a la mayor brevedad posible los términos del Acuerdo de Ginebra, tanto frente al Gobierno de Guyana como en sus gestiones ante del Secretario General de la ONU, de modo que el asunto se mantenga siempre dentro del ámbito de las negociaciones diplomáticas para la búsqueda de un arreglo práctico de la controversia que resulte aceptable para ambas partes.

En Caracas a los 25 días del mes octubre de 2017.

Reiterándole nuestras expresiones de consideración, se despide de Usted.

Atentamente,

Gabriel Ruan Santos, Presidente de la Academia de Ciencias Políticas y Sociales

Horacio Biord Castillo, Presidente de la Academia Venezolana de la Lengua

Inés Quintero Montiel, Directora de la Academia Nacional de la Historia

Alfredo Díaz Bruzual, Presidente de la Academia Nacional de Medicina

Gioconda Cunto de San Blas, Presidente de la Academia de Ciencias Físicas, Matemáticas y Naturales

Humberto García Larralde, Presidente de la Academia Nacional de Ciencias Económicas

Gonzalo Morales, Presidente de la Academia Nacional de Ingeniería y el Hábitat.

IX. COMUNICADO DE LAS ACADEMIAS NACIONALES A LA OPINIÓN PÚBLICA SOBRE EL ANUNCIO OFICIAL DEL SECRETARIO GENERAL DE LA ORGANIZACIÓN DE NACIONES UNIDAS (ONU) DE ENVIAR LA CONTROVERSIA CON GUYANA A LA CORTE INTERNACIONAL DE JUSTICIA.

14.2.2018.

Las Academias Nacionales hacemos pública nuestra grave preocupación ante el reciente anuncio del Secretario General de las Naciones Unidas (ONU) Antonio Guterres (30 de enero de 2018), de su decisión de enviar a la Corte Internacional de Justicia (CIJ) la controversia territorial entre Venezuela y la República Cooperativa de Guyana sobre el territorio Esequibo, decisión previamente señalada como una posibilidad por los sucesivos Secretarios Generales de la ONU, Ban Ki-Moon y Antonio Guterres, y hoy hecha realidad.

Ya en comunicaciones de 20 de marzo de 2017 y 30 de octubre de 2017, la Academia de Ciencias Políticas y Sociales, sola o en conjunto con las demás Academias Nacionales, se dirigió a los cancilleres Delcy Rodríguez y Jorge Arreaza, su sucesor en el cargo, para manifestarles su preocupación respecto a tales advertencias y recomendarles la adopción de una firme posición pública de rechazo, a fin de asegurar la mejor defensa jurídica de Venezuela al respecto.

Vista la gravedad del mencionado anuncio formal, las Academias una vez más alertan y reiteran ante el país y la comunidad internacional que tal decisión debe ser rechazada de manera categórica por el Gobierno de Venezuela. Por ser contrario a los intereses del país y violatorio del Acuerdo de Ginebra, Venezuela no debe ni puede aceptar que este delicado asunto sea enviado unilateralmente y sin su consentimiento a dicho tribunal internacional.

Las Academias reafirmamos que la mejor y más certera defensa de Venezuela ante esta decisión del Secretario General de la ONU es insistir y oponer la falta de jurisdicción de la CIJ para conocer y decidir este asunto, entre otras cosas, porque

(a) ni Venezuela ni Guyana han reconocido la competencia obligatoria de la CIJ, ya que ninguno de estos dos Estados ha ratificado el Estatuto de dicha Corte Internacional (art. 36, parág. 2);

(b) es violatoria del Acuerdo de Ginebra, el cual no figura ni nunca ha figurado en los documentos oficiales considerados por la propia CIJ como uno de los tratados o acuerdos internacionales que estipulan su jurisdicción contenciosa; y

(c) se opone al objeto y propósito explícitos del Acuerdo, cual es la búsqueda de una solución satisfactoria para el arreglo práctico de la controversia que resulte aceptable para ambas partes en diligencias que no han sido agotadas.

En consecuencia, las Academias consideran y requieren al Gobierno de Venezuela:

1. Hacer valer de manera pública y directa, ante el Secretario General de la ONU, la invalidez bajo el Derecho internacional y el Acuerdo de Ginebra, de someter la controversia entre Venezuela y Guyana a la CIJ.

2. Solicitar al Secretario General de la ONU que escoja uno de los medios de solución de controversias previstos en el artículo 33 de la Carta de la ONU que sea compatible con el objeto y propósito del Acuerdo de Ginebra, a fin de que permita una solución satisfactoria para el arreglo práctico de la controversia en forma aceptable para ambas partes. Este medio deberá tener una mayor intensidad y estar reforzado, a fin de que permita avances satisfactorios y significativos en el corto plazo.

3. En caso de que el Secretario General de la ONU persista en su decisión y envíe la controversia a la CIJ, Venezuela debe preparar su defensa jurídica internacional, la cual deberá comenzar por objetar la competencia obligatoria contenciosa de dicho tribunal internacional para conocer este asunto, en virtud de (i) ser contrario al objeto y propósito del Acuerdo de Gine-

bra, y (ii) no encontrar base expresa e indubitable de la voluntad de Venezuela de someterse a dicho tribunal, en ningún acuerdo especial o instrumento internacional.

En Caracas, a los 14 días del mes de febrero de 2018

Horacio Biord Castillo, Presidente de la Academia Venezolana de la Lengua

Inés Quintero Montiel, Directora de la Academia Nacional de la Historia

Alfredo Díaz Bruzual, Presidente de la Academia Nacional de Medicina

Gabriel Ruan Santos, Presidente de la Academia de Ciencias Políticas y Sociales

Gioconda Cunto de San Blas, Presidenta de la Academia de Ciencias Físicas, Matemáticas y Naturales

Humberto García Larralde, Presidente de las Academia Nacional de Ciencias Económicas

Gonzalo Morales, Presidente de la Academia Nacional de Ingeniería y el Hábitat

http://www.acienpol.org.ve/cmacienpol/Resources/Pronunciamientos/Comunicado%20a%20opini%C3%B3n%20p%C3%-BAblica%20ESEQUIBO%20-%20DEFINITIVO.pdf

X. PRONUNCIAMIENTO DE LA ACADEMIA DE CIENCIAS POLITICAS Y SOCIALES SOBRE EL RECHAZO A LA DEMANDA DE GUYANA CONTRA VENEZUELA

(Demanda contraria al Acuerdo de Ginebra que dispone la "resolución amistosa y aceptable para ambas partes" y el agotar los medios de solución pacíficas de controversias que estipula la Carta de las Naciones Unidas; someter la controversia a un procedimiento judicial desnaturalizaría dicho acuerdo, impidiendo que las partes logre un acuerdo práctico a través de la negociación o mediación).

11.04.2019.

La Academia de Ciencias Políticas y Sociales ("la Academia"), en cumplimiento de su mandato y sus deberes legales, se dirige nuevamente al país para rechazar la demanda planteada por la República Cooperativa de Guyana ("Guyana") contra la República Bolivariana de Venezuela ("Venezuela") ante la Corte Internacional de Justicia ("CIJ"), en virtud de la remisión efectuada por el Secretario General de la ONU, con relación a la controversia existente entre los dos Estados sobre la reclamación del Territorio Esequibo:

Con anterioridad, la Academia ha realizado una serie de pronunciamientos frente a los continuos atropellos a la soberanía de Venezuela, en virtud de la violación de sus espacios territoriales marítimos por buques de exploración petrolera, bajo la concesión y autorización de Guyana. Así, en fecha 1 de octubre de 2013, la Academia emitió un Pronunciamiento (Sobre el nuevo atropello a la soberanía nacional por el Gobierno de la República Cooperativa de Guyana: Violación del espacio marítimo y de soberanía territorial en los espacios del territorio de mar continental por parte del Gobierno de la República Cooperativa de Guyana), rechazando esas incursiones como una violación del Acuerdo de Ginebra e instando al Gobierno de Venezuela a realizar las siguientes acciones:

Primero.- Solicitar al Gobierno de la República Bolivariana de Venezuela que eleve su más rotunda protesta ante el Gobierno de la República Cooperativa de Guyana, por las violaciones a nuestra soberanía nacional por las concesiones otorgadas, en virtud de los irrenunciables derechos de Venezuela en todos los espacios geográficos de su fachada atlántica- Segundo.- Instar al Gobierno de la República Bolivariana de Venezuela para que se exprese al Gobierno de la República Cooperativa de Guyana la necesidad de concluir con prontitud, con el apoyo del Secretario General de la ONU, la controversia pendiente con base en el Acuerdo de Ginebra, mediante un acuerdo práctico mutuamente satisfactorio.

Este Pronunciamiento de la Academia de Ciencias Políticas y Sociales contó con el respaldo por el Comité Interacadémico de las Academias Nacionales, suscrito por: Rafael Muci Mendoza, Presidente de la Academia Nacional de Medicina; Luis Cova Arria, Presidente de la Academia de Ciencias Políticas y Sociales; Claudio Bifano, Presidente de la Academia de Ciencias Físicas, Matemáticas y Naturales; Luis Mata Mollejas, Presidente de la Academia Nacional de Ciencias Económicas; y Manuel Torres Parra, Presidente de la Academia Nacional de la Ingeniería y el Hábitat.

Con relación a la *incompetencia o falta de jurisdicción de la CIJ, para conocer la demanda planteada por Guyana*, la Academia de Ciencias Políticas y Sociales, en esta ocasión reitera su doctrina, desarrollada y expresada públicamente por ella, en repetidas ocasiones anteriores:

1. En fecha **7 de febrero de 2017**, la Academia rechazó el anuncio del entonces Secretario General de la ONU, Banki-moon, de enviar el asunto a la CIJ, en virtud de ser contraria al objeto y propósito del Acuerdo de Ginebra, conforme al cual, las partes deben "buscar soluciones satisfactorias para el arreglo práctico de la controversia" de manera que ésta sea "amistosamente resuelta en forma que resulte aceptable para ambas partes":

Este anuncio del Secretario General de la ONU de judicializar la solución de la controversia mediante el envío de la misma a la Corte Internacional de Justicia debe ser rechazado de manera pública y categórica por el Gobierno de Venezuela, en virtud de que tal decisión unilateral por el Secretario General es contraria al Acuerdo de Ginebra, cuyo objeto y propósito explícitos consisten en la búsqueda de una solución satisfactoria para el arreglo práctico de la controversia en forma aceptable para ambas partes. Por lo cual, someter la controversia a un procedimiento judicial desnaturalizaría el Acuerdo de Ginebra, ya que impediría que las partes, a través de un mecanismo de negociación, logren un acuerdo práctico a la controversia en forma aceptable ellas.

Al mismo tiempo, esta decisión, equivaldría a la introducción arbitraria de un término de caducidad de las negociaciones entre las partes para buscar una solución práctica conforme al Acuerdo de Ginebra, las cuales evidentemente no han sido agotadas. Conforme a dicho instrumento internacional, si alguno de esos medios, como podrían ser los actuales buenos oficios, no ha conducido a una solución *de la controversia, el Secretario General de la ONU escogerá otro de los medios estipulados en el artículo 33 de la Carta de las Naciones Unidas, y así sucesivamente, hasta que la controversia haya sido resuelta, o hasta que todos los medios de solución pacifica contemplados en dicho artículo hayan sido agotados.* Sin embargo, esos medios mencionados deben sujetarse siempre al objeto y propósito del Acuerdo de Ginebra, cual es precisamente la búsqueda *de una solución satisfactoria para el arreglo práctico de la controversia en forma aceptable para ambas partes.*

De tal manera, pretender que, con el solo consentimiento del Gobierno de Guyana, el Secretario General de la ONU podría escoger remitir el asunto a la Corte Internacional de Justicia, constituye una infracción del objeto y fin del propio Acuerdo de Ginebra que establece que las partes del mismo deben "buscar soluciones satisfactorias para el arreglo práctico de la controversia" de manera que ésta sea "amistosamente resuelta en forma que resulte aceptable para ambas partes".

En consecuencia, la Academia de Ciencias Políticas y Sociales considera que Venezuela, como Nación y su Gobierno, deben hacer valer, sin temores y con Derecho, los términos del Acuerdo de Ginebra, tanto frente al Gobierno de Guyana como en sus gestiones ante el Secretario General de la ONU, de modo que el asunto se mantenga siempre dentro del ámbito de las negociaciones diplomáticas para la búsqueda de soluciones prácticas "mutuamente aceptables".

Dada la gravedad del asunto planteado, que afecta a los intereses nacionales de Venezuela, la Academia de Ciencias Políticas y Sociales decidió además de hacer público este Pronunciamiento, enviarlo a la Ministra del Poder Popular para las Relaciones Exteriores, exhortándola para que de manera responsable se adopten oportunamente todas las medidas necesarias, tanto jurídicas como de otro carácter, a fin de que los derechos de Venezuela en esta reclamación histórica sean debidamente salvaguardados. En tal sentido, según lo acordado en sesión ordinaria de esta Academia el 7 de febrero de 2017, el Presidente de la Academia, Dr. Eugenio Hernández-Bretón, en fecha **21 de febrero de ese mismo año**, le dirigió a la Canciller Delcy Rodríguez, Ministra del Poder Popular para las Relaciones Exteriores de la República Bolivariana de Venezuela, una comunicación anexándole el anterior Pronunciamiento emitido por esta Corporación acerca de la situación de la controversia con la República Cooperativa de Guyana.

2. En virtud de que con fecha 27 de febrero de 2017, el nuevo Secretario General de la ONU, Antonio Guterres, con ocasión del anuncio de la designación del señor Dag Halvor Nylander como su Representante Personal para la controversia fronteriza entre Guyana y Venezuela, igualmente anunció que el proceso de Buenos Oficios continuará con un mandato reforzado de mediación "*hasta final de 2017*"; y "*si a finales de 2017, el Secretario General concluyera que no se ha logrado un avance significativo hacia un acuerdo completo para la solución de la controversia, el Secretario General elegirá la Corte Internacional de Justicia como siguiente medio de solución, a menos de que los Gobiernos de Guyana y Venezuela*

conjuntamente le pidan que no lo haga", la Academia acordó dirigirse de nuevo a la Canciller de Venezuela, para insistir en la gravedad del asunto. En este sentido, en fecha **20 de marzo de 2017**, el Presidente de la Academia, Dr. Eugenio Hernández-Bretón, le dirigió a la Canciller Delcy Rodríguez, Ministra del Poder Popular para las Relaciones Exteriores de la República Bolivariana de Venezuela, una comunicación en la cual le expresó:

> Este anuncio del Secretario General de la ONU de judicializar la solución de la controversia mediante el envío de la misma a la Corte Internacional de Justicia debe ser rechazado de manera pública y categórica por el Gobierno de Venezuela, no sólo por ser contrario a los intereses de Venezuela sino porque el mismo es violatorio del Acuerdo de Ginebra. Venezuela no debe ni puede aceptar que este delicado asunto sea enviado unilateralmente y sin su consentimiento a dicho tribunal internacional. Por ello es necesario que se deje constancia de su rechazo público. En Derecho Internacional se los silencios de los estados tienen consecuencias jurídicas y pueden ser usados en su contra.

> Esta anunciada decisión unilateral -seguramente inconsulta al menos con Venezuela- del Secretario General de la ONU es violatoria del Acuerdo de Ginebra cuyo objeto y propósito explícitos consisten en la búsqueda de una *solución satisfactoria para el arreglo práctico de la controversia en forma aceptable para ambas partes.* Por lo cual, someter la controversia a un procedimiento judicial desnaturalizaría el Acuerdo de Ginebra, ya que impediría que las partes, a través de un mecanismo de negociación, logren un acuerdo práctico a la controversia que sea mutuamente aceptable para ellas. Una solución judicial unilateral es lo contrario a un arreglo práctico que resulte satisfactorio y aceptable para ambas partes.

> Al mismo tiempo, esta decisión equivaldría a la introducción arbitraria de un término de caducidad de las negociaciones entre las partes para buscar una solución práctica conforme al Acuerdo de Ginebra, las cuales evidentemente no han sido agotadas.

Conforme a dicho instrumento internacional (Art. IV, 2), si alguno de esos medios, como podrían ser los actuales buenos oficios con mandato reforzado de mediación o cualquier otro de la misma naturaleza no han conducido a una solución de la controversia, el Secretario General de la ONU escogerá otro de los medios estipulados en el artículo 33 de la Carta de las Naciones Unidad, y así sucesivamente, hasta que la controversia haya sido resuelta, o hasta que todos los medios de solución pacífica contemplados en dicho artículo hayan sido agotados. Sin embargo, esos "medios de solución pacífica" contemplados en dicha norma, <u>deben sujetarse siempre al objeto y propósito del Acuerdo de Ginebra, cual es precisamente la búsqueda de una solución satisfactoria para el arreglo práctico de la controversia en forma aceptable para ambas partes</u>.

De tal manera, pretender que, con el solo consentimiento del Gobierno de Guyana, el Secretario General de la ONU podría escoger remitir el asunto a la Corte Internacional de Justicia, constituye una infracción del objeto y fin del propio Acuerdo de Ginebra que establece que las partes del mismo debe "buscar soluciones satisfactorias para el arreglo práctico de la controversia" de manera que ésta sea "amistosamente resuelta en forma que resulte aceptable para ambas partes".

En consecuencia, la Academia de Ciencias Políticas y Sociales considera que Venezuela como país, debe hacer valer de manera pública y a la mayor brevedad posible los términos del Acuerdo de Ginebra, tanto frente al Gobierno de Guyana como en sus gestiones ante el Secretario General de la ONU, de modo que el asunto se mantenga siempre dentro del ámbito de las negociaciones diplomáticas para la búsqueda de un arreglo práctico de la controversia que resulte aceptable para ambas partes.

3. Ante la falta de respuesta no sólo a las comunicaciones de la Academia, sino, además, a los anuncios de los dos Secretarios Generales de la ONU de enviar el asunto relativo a la controversia entre Guyana y Venezuela a la CIJ, la Academia acordó dirigirse al nuevo Canciller Jorge Arreaza, Ministro del Poder Popular para las

Relaciones Exteriores de la República Bolivariana de Venezuela, mediante una comunicación la cual, fue suscrita por las demás Academias que así lo decidieron. Así, mediante comunicación de fecha **25 de octubre de 2017**, suscrita por Gabriel Ruan Santos, Presidente de la Academia de Ciencias Políticas y Sociales; Horacio Biord Castillo, Presidente de la Academia Venezolana de la Lengua; Inés Quintero Montiel, Directora de la Academia Nacional de la Historia; Alfredo Díaz Bruzual, Presidente de la Academia Nacional de Medicina; Gioconda Cunto de San Blas, Presidente de la Academia de Ciencias Físicas, Matemáticas y Naturales; Humberto García Larralde, Presidente de la Academia Nacional de Ciencias Económicas; y Gonzalo Morales, Presidente de la Academia Nacional de Ingeniería y el Hábitat, en la cual expresaron:

Reciba nuestro cordial saludo con ocasión de dirigirnos a usted, en nombre de las Academias, para manifestarle nuestra preocupación ante los recientes anuncios tanto de la oficina del Secretario General de las Naciones Unidas (ONU) como del Gobierno de la República Cooperativa de Guyana del envío de la controversia territorial sobre el territorio Esequibo entre Venezuela y dicho Estado a la Corte Internacional de Justicia.

En virtud de la gravedad del asunto planteado, que afecta a los intereses nacionales de Venezuela, estas Academias han acordado exhortarlo para que de manera responsable se adopten oportunamente todas las medidas necesarias, tanto jurídicas como de otro carácter, a fin de que los derechos de Venezuela en esta reclamación histórica sean debidamente salvaguardados. Guyana seguramente con una buena asesoría jurídica, está haciéndole un expediente a Venezuela de sus silencios ante los anuncios tanto del Secretario General de la ONU como del Gobierno guyanés, para oponerlo en su oportunidad. El peligro es que, en Derecho Internacional, bajo ciertos términos, estos silencios de una parte pueden ser interpretados como aceptación.

Debemos hacer mención a que ya en fecha 20 de marzo de 2017, la Academia de Ciencias Políticas y Sociales se dirigió a su antecesora en el Despacho Ministerial, Delcy Rodríguez, para manifestarle su preocupación al respecto. Esa Academia acordó en fecha 7 de febrero del presente año, pronunciarse públicamente para rechazar el anuncio realizado en diciembre de 2016 por el entonces Secretario General Ban-Ki Moon, conforme al cual, éste designaría un nuevo representante personal para encargarse del proceso de buenos oficios, pero que si para finales de 2017 no se ha logrado un "avance significativo" hacia un acuerdo completo para la solución de la controversia, elegiría la Corte Internacional de Justicia para solucionar ésta, a menos que Guyana y Venezuela, de manera conjunta, le solicitaran que se abstuviera de hacerlo. Con posterioridad, en fecha 27 de febrero de 2017, el nuevo Secretario General de la ONU, Antonio Guterres, con ocasión del anuncio de la designación del señor Dag Halvor Nylander como su representante personal para la controversia fronteriza entre Guyana y Venezuela, igualmente anunció que el proceso de Buenos Oficios continuará con un mandato reforzado de mediación "hasta final de 2017"; y "si a finales de 2017, el Secretario General concluyera que no se ha logrado un avance significativo hacia un acuerdo completo para la solución de la controversia, el Secretario General elegirá la Corte Internacional de Justicia como siguiente medio de solución, a menos de que los Gobierno de Guyana y Venezuela conjuntamente le pidan que no lo haga" (resaltados añadidos).

Recientemente, el Presidente de Guyana, David Granger, durante su intervención en la 72° Asamblea General de la ONU el 20 de septiembre de 2017, expresó -conforme fue recogido en la prensa local e internacional que el reclamo de Venezuela contra su país es una "amenaza" y por ello - agregó-, "tanto los Secretarios Ban Ki-Moon y Antonio Guterres han mantenido la postura de, que si para 2020 no se ha producido avance importantes en el diferendo, la Corte Internacional de Justicia será el siguiente paso, por los que "Guyana ha estado trabajando seriamente con la Secretaría", (resaltados añadidos); y llamó a la comunidad internacional para que Venezuela acepte el proceso judicial como camino claro, de paz y justicia para la solución del diferendo.

Estos anuncios del Secretario General de la ONU -y del Presidente de Guyana-, de judicializar la solución de la controversia mediante el envío de la misma a la Corte Internacional de Justicia, deben ser rechazados de manera pública y categórica por el Gobierno de Venezuela, no solo por se contrario a los intereses del país, sino porque, el mismo, es violatorio del Acuerdo de Ginebra. Venezuela no debe ni puede aceptar que este delicado asunto sea enviado unilateralmente y sin su consentimiento a dicho Tribunal Internacional. Por ello es necesario que se deje constancia de su rechazo público. Como lo afirmamos al inicio, en Derecho Internacional los silencios de los Estados tienen consecuencias jurídicas y pueden ser usados en su contra.

Esta anunciada decisión unilateral -seguramente inconsulta al menos con Venezuela- del Secretario General de la ONU es violatoria del Acuerdo de Ginebra cuyo objeto y propósito explícitos consisten en la búsqueda de una solución satisfactoria para el arreglo práctico de la controversia en forma aceptable para ambas partes. Por lo cual, someter la controversia a un procedimiento judicial desnaturalizaría el Acuerdo de Ginebra, ya que impediría que las partes, a través de un mecanismo de negociación, logren un acuerdo práctico a la controversia que sea mutuamente aceptable para ellas. Una solución judicial unilateral es lo contrario a un arreglo práctico que resulte satisfactorio y aceptable para ambas partes.

Al mismo tiempo, esta decisión equivaldría a la introducción arbitraria de un término de caducidad de las negociaciones entre las partes para buscar una solución práctica conforme el Acuerdo de Ginebra, las cuales evidentemente no han sido agostadas. Conforme a dicho instrumento internacional (Art. IV, 2), si alguno de esos medios, como podrían ser los actuales buenos oficios con mandato reforzado de mediación o cualquier otro de la misma naturaleza no han conducido a una solución de la controversia, el Secretario General de la ONU escogerá otro de los medios estipulados en el artículo 33 de la Carta de las Naciones Unidas, y así sucesivamente, hasta que la controversia haya sido resuelta o hasta que todos los medios de solución pacífica contemplados en dicho artículo hayan sido agotados. Sin embargo, esos "medios de solución pacífica" contemplados en dicha norma, deben sujetarse siempre al objeto y propósito del Acuerdo de Ginebra, cual es precisamente la búsqueda de una solución satisfactoria para el arreglo práctico de la controversia en forma aceptable para ambas partes.

De tal manera que reiteramos una vez más: pretender que con el solo consentimiento del Gobierno de Guyana, el Secretario General de la ONU podría escoger remitir el asunto a la Corte Internacional de Justicia, constituye una infracción del objeto y fin del propio Acuerdo de Ginebra que establece que las partes del mismo deben "buscar soluciones satisfactorias para el arreglo práctico de la controversia" de manera que ésta sea "amistosamente resuelta en forma que resulte aceptable para ambas partes".

En consecuencia, las Academias consideran que Venezuela, como país, debe hacer valer de manera pública y a la mayor brevedad posible los términos del Acuerdo de Ginebra, tanto frente al Gobierno de Guyana como en sus gestiones ante del Secretario General de la ONU, de modo que el asunto se mantenga siempre dentro del ámbito de las negociaciones diplomáticas para la búsqueda de un arreglo práctico de la controversia que resulte aceptable para ambas partes.

La Academia hace notar que, ni los Ministros del Poder Popular para las Relaciones Exteriores ni funcionario alguno de la Cancillería, respondieron y ni siquiera avisaron recibo de ninguna de las comunicaciones de la Academia; y menos aún, se las tuvo en cuenta para el grave perjuicio advertido, de los intereses de la República en su justo reclamo del Territorio Esequibo.

4. El **18 de Junio de 2018**, el Ministerio del Poder Popular para las Relaciones Exteriores de la República Bolivariana de Venezuela hizo público un Comunicado, **mediante el cual anunció la decisión del Gobierno de Venezuela de no participar en el juicio que pretende incoar Guyana, por carecer la CIJ manifiestamente de jurisdicción sobre la acción planteada** (https://twitter.com/ja-

arreaza/status/1008658194707644416; https://www.telesurtv.net/-news/venezuela-no-participara-demanda-impuestaguyana--20180618-0009.html y https://pbs.twimg.com/media/Df95RdXU0-AAMFaB.jpg):

El Ministerio del Poder Popular para las Relaciones Exteriores informa que en el día de hoy, 18 de junio de 2018, la República Bolivariana de Venezuela representada por una delegación encabezada por la Vicepresidenta Ejecutiva de la República, Delcy Rodríguez Gómez, y acompañada por el Canciller de la República, Jorge Arreaza Montserrat, ha asistido a la reunión convocada por la Corte Internacional de Justicia, Sr. Abdulqawi Ahmed Yusuf, en relación con la demanda unilateral presentada por la República Cooperativa de Guyana contra la República Bolivariana de Venezuela respecto a la Guyana Esequiba. La representación de Venezuela, tras haber presentado sus respetos a tan honorable instancia judicial internacional, **ha comunicado al Presidente de la Corte, mediante misiva suscrita por el Presidente de la República, Nicolás Maduro Moros, su decisión soberana de no participar en el procedimiento que pretende incoar Guyana, por carecer la Corte manifiestamente de jurisdicción sobre la acción planteada unilateralmente por el país vecino, que no cuenta con el consentimiento de Venezuela**.

Esta decisión, informada debidamente a la Corte Internacional de Justicia, es cónsona con la posición histórica de Venezuela de no reconocer jurisdicción a dicha instancia judicial internacional -en ningún caso- y menos para la resolución de esta controversia, en la que Venezuela no escatimará esfuerzos en la defensa de sus legítimos derechos sobre la Guyana Esequiba [...]. (Resaltados añadidos).

El **2 de julio de 2018**, la CIJ anunció su primera decisión con respecto a la demanda interpuesta por Guyana contra Venezuela en marzo de 2018, a través de una providencia en la que ofreció a ambos Estados la posibilidad de dar a conocer su criterio sobre su jurisdicción, fijándoles un plazo para hacerlo (véase el texto de su comunicado de prensa en inglés y en francés con fecha de 2/07/2018). La CIJ tomó esta decisión pese al anuncio hecho por Venezuela el 18 de junio de 2018 de no participar en el procedimiento contencioso. Los plazos fijados por la CIJ para determinar si es o no competente para examinar esta demanda son los siguientes:

- Guyana tuvo hasta el 19 de noviembre del 2018 para presentar sus alegatos escritos (lo cual hizo a tiempo); [Guyana solicitó nueve meses de plazo para presentar sus escritos, pero la CIJ sólo le otorgó un plazo de cinco meses]
- Venezuela tendrá hasta el **18 de abril del 2019** para presentar sus alegatos escritos en su Contramemoria.

Ambos comunicados de prensa de la CIJ refieren a la providencia tomada por la CIJ con fecha del 19 de junio del 2018 (texto está disponible aquí, versión en inglés). En esta providencia, tomada 24 horas después de que el Presidente de la CIJ recibió en La Haya, a una delegación de Venezuela, encabezada por su Vicepresidente, tiene el siguiente texto:

Whereas, at the above-mentioned meeting, the representatives of Guyana reiterated, in response to the statement of the Vice-President of Venezuela, that their Government wished to proceed with the case;

Whereas the possibility for Venezuela of availing itself of its procedural rights as a Party to the case is preserved;

Whereas the Court considers, pursuant to Article 79, paragraph 2, of its Rules, that, in the circumstances of the case, it must resolve first of all the question of the Court's jurisdiction, and that this question should accordingly be separately determined before any proceedings on the merits;

Whereas it is necessary for the Court to be informed of all of the legal and factual grounds on which the Parties rely in the matter of its jurisdiction,

Decides that the written pleadings shall first be addressed to the question of the jurisdiction of the Court;

Fixes the following time-limits for the filing of those   plea-dings:

19 *November* **2018 for the Memorial of the Co-operative Republic of Guyana;**

18 *April* **2019 for the Counter-Memorial of the Bolivarian Republic of Venezuela.** *(Resaltados añadidos).*

Es importante tomar en cuenta la previsión del Estatuto de la CIJ sobre la no comparecencia de las partes, la cual no tiene los efectos automáticos de una confesión ficta. Empero, por razones de orden público, en todo caso la CIJ debe: **(i) asegurarse no sólo de que tiene competencia** conforme a las disposiciones de los artículos 36 y 37; y **(ii) asegurarse que la demanda está bien fundada en cuanto a los hechos y al derecho:**

Artículo 53

1. *Cuando* una de las partes no comparezca ante la Corte, o se abstenga de defender su caso, la otra parte podrá pedir a la Corte que decida a su favor.

2. Antes de dictar su decisión, la Corte **deberá asegurarse no sólo de que tiene competencia** conforme a las disposiciones de *los* artículos 36 y 37, sino **también de que la demanda está bien fundada en cuanto a los hechos y al derecho**. (Resaltados añadidos).

Por lo tanto, no obstante, la no comparecencia de Venezuela, ello no supone que la CIJ adjudicará las conclusiones del demandante, como se puede observar de la jurisprudencia de la CIJ (entre otros, casos de la plataforma continental del mar Egeo y de las pruebas nucleares en los que los demandados, Turquía en el primer caso y Francia en el segundo, decidieron no comparecer). En esa situación procesal, la CIJ debe analizar su competencia y decidir al respecto, antes de iniciar el examen del fondo.

5. En fecha **7 de diciembre de 2018**, tuvo lugar en la sede de la Academia de Ciencias Políticas y Sociales, una reunión de trabajo entre la Academia y la Sub Comisión Especial Mixta designada por la Asamblea Nacional para la Defensa de la Soberanía sobre el Te-

rritorio Esequibo y su fachada Atlántica, en la cual, los Académicos expusieron y compartieron la posición de la Academia con relación, tanto a la demanda interpuesta por Guyana contra Venezuela ante la CIJ; como a la situación presentada por la violación de la soberanía marítima de Venezuela, en virtud de las actividades de exploración, llevadas a cabo por empresas concesionarias del Estado Guyanés en zonas de indubitable jurisdicción venezolana.

6. Como lo ha expuesto la Academia de Ciencias Políticas y Sociales de Venezuela, la demanda presentada por Guyana ante la CIJ es inadmisible, toda vez que ella contraría el espíritu, el objeto y el propósito del Acuerdo de Ginebra, el cual establece que la controversia debe resolverse en forma amistosa y aceptable para ambas partes. Ello es contrario, a una decisión judicial en la que las partes no tienen ninguna participación en la decisión. El recurso al "arreglo judicial" contradice en forma clara la voluntad y decisión de las partes en el Acuerdo de Ginebra de 1966, que exige "buscar soluciones satisfactorias para el arreglo práctico de la controversia", ni garantiza en ningún modo que resulte aceptable para ambas partes.

Ahora bien, si bien la CIJ deberá analizar y decidir su propia competencia conforme a su Estatuto y su jurisprudencia, como un asunto previo y de orden público, la no participación de Venezuela en la etapa de las excepciones preliminares, la priva de la posibilidad de presentar sus argumentos legales para cuestionar la competencia de la CIJ en esta etapa del procedimiento, en la cual se está ventilando precisamente la competencia y jurisdicción de ese Alto Tribunal. Al optar Venezuela por no hacer valer oportunamente la excepción de falta de competencia o jurisdicción, los fundamentos de la competencia de la Corte invocados por Guyana, que se basan débilmente en una recomendación del actual Secretario General de las Naciones Unidas, que no serán cuestionados expresamente en esta fase del procedimiento ante la CIJ, -aunque como hemos dicho- en todo caso, deberán ser analizados previamente por dicho Tribunal. En cambio, una comparecencia oportuna para oponer una excepción preliminar de falta de competencia o jurisdicción de la CIJ, lejos de significar la aceptación de su jurisdicción o la legitimidad del arreglo judicial como mecanismo válido en el contexto de esta controversia, sería un mecanismo procesal para rechazarla, así como también la legitimidad del arreglo judicial como mecanismo de solución en esta controversia.

En efecto, la demanda es contraria al Acuerdo de Ginebra, cuyo objeto y propósito explícitos consisten en la búsqueda de una solución satisfactoria para el arreglo práctico de la controversia en forma aceptable para ambas partes. Por lo cual, someter la controversia a un procedimiento judicial desnaturalizaría el Acuerdo de Ginebra, ya que impediría que las partes, a través de un mecanismo de negociación, mediación o conciliación, logren un acuerdo práctico a la controversia en forma aceptable para ellas. Al mismo tiempo, esta decisión, equivaldría a la introducción arbitraria de un término de caducidad de las negociaciones entre las partes para buscar una solución práctica conforme al Acuerdo de Ginebra, las cuales evidentemente no han sido agotadas. Conforme a dicho instrumento internacional, si alguno de esos medios, como podrían ser los actuales buenos oficios, no ha conducido a una solución de la controversia, el Secretario General de la ONU escogerá otro de los medios estipulados en el artículo 33 de la Carta de las Naciones Unidas, y así sucesivamente, hasta que la controversia haya sido resuelta, o hasta que todos los medios de solución pacifica contemplados en dicho artículo hayan sido agotados. Sin embargo, esos medios mencionados deben sujetarse siempre al objeto y propósito del Acuerdo de Ginebra, cual es precisamente la búsqueda de una solución satisfactoria para el arreglo práctico de la controversia en forma aceptable para ambas partes.

De tal manera, pretender que, con el solo consentimiento del Gobierno de Guyana, el Secretario General de la ONU podría escoger remitir el asunto a la Corte Internacional de Justicia, constituye una infracción del objeto y fin del propio Acuerdo de Ginebra que establece que las partes del mismo deben "buscar soluciones satisfactorias para el arreglo práctico de la controversia" de manera que ésta sea "amistosamente resuelta en forma que resulte aceptable para ambas partes".

Además de ello, tanto Venezuela como Guyana no han reconocido la jurisdicción de la CIJ: 1) Ninguna ha reconocido nunca la jurisdicción de la Corte de La Haya mediante la declaración facultativa prevista en el Artículo 36, párrafo 2 del Estatuto de la CIJ (véase lista oficial de declaraciones hechas); y 2) Ninguna es parte del Pacto de Bogotá de 1948 (véase estado oficial de firmas y ratificaciones), que permite a un Estado entablar una demanda en la CIJ contra otro Estado del hemisferio americano.

Esta distancia de la CIJ llevó a Guyana, para resolver una disputa marítima con Surinam, a escoger acudir a la técnica del arbitraje: ambos Estados conformaron un tribunal arbitral compuesto por cinco árbitros. El laudo arbitral fue dado a conocer en septiembre de 2007 (véase texto completo y mapa de la línea divisoria decidida por el tribunal arbitral).

En conclusión, la mejor defensa de Venezuela sería acudir a la CIJ y oponer la excepción preliminar de falta de competencia o jurisdicción.

7. No obstante, en caso de no comparecencia de Venezuela, la CIJ igualmente tiene que resolver sobre su competencia como un asunto de orden público, tomando en cuenta su reiterada jurisprudencia, conforme a la cual, se requiere de una manifestación de voluntad del Estado realizada de manera cierta e inequívoca. Y como hemos visto, este no es el caso de Venezuela ni de Guyana, ya que: 1) no han realizado la declaración facultativa prevista en el Artículo 36, párrafo 2 del Estatuto de la CIJ; 2) no son parte del Pacto de Bogotá de 1948; y 3) en el Acuerdo de Ginebra no hay disposición expresa alguna que de manera cierta e inequívoca le asigne jurisdicción a la CIJ para resolver "la controversia"; y por el contrario, del objeto y fin del propio Acuerdo de Ginebra que establece que las partes del mismo deben "buscar soluciones satisfactorias para el arreglo práctico de la controversia" de manera que ésta sea "amistosamente resuelta en forma que resulte aceptable para ambas partes", se concluye que es contrario por incompatible acudir a un arreglo judicial.

8. En virtud del peso de estos argumentos a favor de la falta de competencia de la CIJ en la demanda presentada por Guyana, Venezuela debería asegurarse de que pueda hacer valer esos argumentos ante la CIJ. Ahora bien, para que el legítimo gobierno de Venezuela pueda, con tiempo suficiente, hacer valer sus argumentos para cuestionar la jurisdicción y competencia de la CIJ y disponer de las garantías procesales que le aseguren una razonable posibilidad de defensa, lo recomendable es que actúe de inmediato utilizando todas las vías a su alcance conforme al Derecho internacional para obtener una suspensión del proceso por un período de al menos dos (2) años. Así podrá el nuevo gobierno de Venezuela tomar el control de la situación, hacer las consultas necesarias y prepararse para participar efectivamente en el proceso, para ejercer la mejor defensa de sus derechos e intereses. Esta suspensión debería ocurrir idealmente, antes de que se venza el plazo de contestación del 18 de abril de 2019, o en su defecto, posteriormente, pero antes de la decisión de la CIJ al respecto.

9. En todo caso, de no oponerse de manera oportuna y expresa la excepción preliminar de la falta de competencia o jurisdicción de la CIJ debidamente fundada y, en el supuesto negado de que la CIJ afirme su competencia para conocer el caso planteado por Guyana contra Venezuela, **Venezuela debe reservarse jurídica y estratégicamente el ejercicio de su derecho irrenunciable a intervenir respecto al fondo de la demanda**, brindando argumentos a la Corte con el fin de que ésta pueda, cumplir con su obligación conforme al artículo 53 del Estatuto: **asegurarse que la demanda está bien fundada en cuanto a los hechos y al derecho**. En ese supuesto, **Venezuela debe también estudiar** las posibilidades y alternativas, -si es posible-, de reconvenir a Guyana para que, entre otras cosas, sea condenada a negociar de buena fe una solución práctica y mutuamente aceptable para la solución de la controversia, conforme al Acuerdo de Ginebra. En todo caso, Venezuela debe estudiar y tener claras las alternativas para prepararse y poder decidir intervenir por otras vías en el proceso ante la CIJ, agotando todos los medios para la defensa de sus legítimos derechos.

Advertimos que estas son, unas consideraciones preliminares sobre el asunto; por lo cual, la Academia aconseja que el asunto sea sometido a la consulta formal y en profundidad de calificados juristas especializados en Derecho internacional, y especialmente en litigio ante la CIJ, a los fines de definir el curso de acción que mejor proteja los derechos e intereses de Venezuela.

10. Por último, además de la estrategia jurídica necesaria ante la demanda de Guyana contra Venezuela ante la CIJ, **Venezuela debe adelantar acciones diplomáticas y de otro carácter pertinente** a fin de enfrentar más globalmente la situación planteada. En este sentido, es importante recordar y hacer referencia a las palabras del Secretario General de la ONU, Antonio Guterres, al anunciar a través de su portavoz el envío del asunto a la CIJ, al afirmar en esa misma oportunidad (https://www.un.org/sg/en/content/sg/statement/2018-01-30/statementattributable-spokesman-secretary-general-border):

> Al llegar a esta decisión, el **Secretario General también ha llegado a la conclusión que Guyana y Venezuela podrían beneficiarse de continuidad en los buenos oficios de la Organización de las Naciones Unidas mediante *un proceso complementario* establecido sobre la base de las facultades del Secretario General en la Carta de las Naciones Unidas**.
>
> El Secretario General, de conformidad con los principios de la Organización de las Naciones Unidas, *sigue comprometido a acompañar a ambos Estados mientras buscan superar sus diferencias con respecto a esta controversia fronteriza*. (Resaltados y cursivas, añadidos).

En consecuencia, además de las acciones y estrategias jurídicas necesarias frente a la demanda de Guyana contra Venezuela ante la CIJ, Venezuela debe aprovechar la invitación del propio Secretario General de la ONU, para tomar la iniciativa de acciones diplomáticas bajo el Acuerdo de Ginebra y la Carta de las Naciones Unidas, a fin de poner en marcha un proceso complementario de naturaleza diplomática, que permita una solución práctica a la controversia que sea mutuamente aceptable.

Dado en el Palacio de las Academias, a los once (11) días del mes de abril de 2019.

Humberto Romero-Muci
Presidente

Julio Rodríguez Berrizbeitia
1er.Vice-Presidente

Luciano Lupini Bianchi
2do. Vice-Presidente

Rafael Badell Madrid
Secretario

Cecilia Sosa Gómez
Tesorera

Carlos Ayala Corao
Bibliotecario

Sobre el mismo tema de **PROTECCIÓN DE LA INTEGRI-DAD TERRITORIAL DE LA REPÚBLICA Y LA PROTEC-CIÓN DEL AMBIENTE**, véase también los siguientes pronunciamientos de la Academia publicados en el Tomo I, de la obra *Doctrina Académica Institucional. Pronunciamientos (1980-2012)*, Centro de Investigaciones Jurídicas, Academia de Ciencias Políticas y Sociales, Caracas 2013, (ISBN: 978-980-6396-92-0), 213 pp.:

DECLARACIÓN ANTE LA CONTROVERSIA SURGIDA ENTRE VENEZUELA Y COLOMBIA CON MOTIVO DE LA DELIMITACIÓN DE SUS ÁREAS MARINAS Y SUBMARINAS. 31.03.1980, pp. 1 ss.;

OBSERVACIONES AL PROYECTO DE ACUERDO DE ÁREAS MARINAS Y SUBMARINAS ENTRE VENEZUELA Y COLOMBIA, 31.10.1980, pp. 7 ss.;

ACUERDO CON OCASIÓN DE LA VIOLACIÓN DEL TERRITORIO VENEZOLANO POR LA MARINA DE GUERRA COLOMBIANA, 01.09.1987. pp. 21 ss.;

DECLARACIÓN SOBRE LOS RECIENTES ACONTECIMIENTOS QUE PONEN EN PELIGRO LA SOBERANÍA TERRITORIAL VENEZOLANA EN LA ZONA EN RECLAMACIÓN DEL TERRITORIO ESEQUIBO. 26.10.2011. Tomo I. Página 177.

SÉPTIMA PARTE
VIOLACIÓN DE LA AUTONOMÍA UNIVERSITARIA

I. PRONUNCIAMIENTO DE LAS ACADEMIAS NACIONALES ANTE LAS AMENAZAS A LAS UNIVERSIDADES AUTÓNOMAS.

(Desinstitucionalización de las universidades; violación a la autonomía universitaria, escases de recursos financieros puestos a disposición de las universidades).

29.6.2012.

El Comité Inter Académico de las Academias Nacionales, constituido por los Presidentes de las Academias Nacionales de Medicina, de Ciencias Políticas y Sociales, de Ciencias Físicas Matemáticas y Naturales, de Ciencias Económicas, de Ingeniería y el Hábitat, de la Lengua y de la Historia, siente la obligación moral y ciudadana de manifestar a la sociedad su profunda preocupación ante las graves y continuas manifestaciones de violencia física, las severas restricciones económicas y los intentos de alterar por la vía legislativa y judicial principios básicos de la autonomía universitaria que, en conjunto, afectan duramente el normal desenvolvimiento de las actividades propias de nuestras universidades venezolana.

En su carácter de instituciones cuya finalidad es, entre otras, asesorar al Estado en materias de su competencia, a las Academias les preocupa que la universidad venezolana deje de ser un espacio de convivencia y tolerancia, abierto a todas las corrientes del pensamiento para la conducción democrática del país y un lugar de reflexión, de indagación y creación intelectual, diseñado exclusivamente para el estudio y la formación de capital humano en las diversas áreas del saber. Y más aún que por ello se afecten los valores básicos que definen el sentido de la universidad moderna, comprometida con el progreso de la sociedad y competitiva a nivel internacional. Es alarmante que en tiempos en que el conocimiento se genera a un ritmo insospechado, desde las más altas esferas del gobierno se trate de imponer un modelo de universidad para la formación de cuadros políticamente orientados. Un modelo que ha fracasado en los todos los países que lo han hecho y no se acepte que solamente una universidad, cuyo ejercicio se sustenta en la plena libertad de pensamiento y persiga altos estándares de calidad, puede contribuir a la formación de ciudadanos libres y profesionales capacitados, útiles para contribuir eficazmente al bienestar social.

La reiterada destrucción de los espacios universitarios, perpetrados impunemente por pequeños grupos delictivos, el otorgamiento de un presupuesto anual que se ha mantenido constante en los últimos años y alcanza a la mitad de lo solicitado, así como la imposición del voto paritario de profesores, estudiantes, empleados, obreros y de egresados, para la elección de las autoridades universitarias –algo que nada tiene que ver con el sentido y la razón de ser de una institución académica–, son agresiones que, de seguirse permitiendo, van a causar un daño irreversible al desempeño académico de la Universidad autónoma y producirán un efecto nefasto para el futuro del país.

Queremos reiterar a la sociedad venezolana nuestro convencimiento de que las agresiones físicas a las autoridades universitarias van más allá de lo personal y constituyen ataques orquestados contra la institución universitaria autónoma, para provocar miedo y desmoralización en la comunidad. Así mismo queremos enfatizar que la entrega de recursos económicos por la vía de créditos adicionales, es una forma de limitar la autonomía para planificar e impulsar el desarrollo de la actividad académica y con ello disminuir la calidad de los profesionales que egresan y que utilizar a la universidad con fines políticos o ideológicos y tratar de lograrlo a través de un sistema de elección de autoridades, tan alejado de los ideales plasmados en la Reforma de Córdoba, desvirtúa de manera sorprendente e inadmisible su función primordialmente intelectual, académica y de investigación.

Ante esta preocupante situación, las Academias Nacionales llaman a todas las autoridades universitarias, a todos los organismos del Estado competentes y a todos los sectores de la sociedad civil pertinentes, para que respetando la autonomía, unidos reflexionemos seriamente acerca del futuro de las universidades autónomas nacionales y hacer los esfuerzos necesarios para encontrar vías que garanticen el cumplimiento de los fines de una universidad que sea una verdadera protagonista y constructora del avance y la modernización de la Patria venezolana.

http://www.acienpol.org.ve/cmacienpol/Resources/Pronunciamientos/Amenazas%20a%20las%20universidades.pdf

II. PRONUNCIAMIENTO DE LA ACADEMIA DE CIENCIAS POLÍTICAS Y SOCIALES SOBRE EL CONFLICTO UNIVERSITARIO.

(Necesidad de una remuneración justa y adecuada a los docentes; Derecho a la educación).

2.7.2013.

Para dar cumplimiento a sus fines institucionales, y en respuesta a lo solicitado por el Presidente del Comité Interacadémico, la Academia de Ciencias Políticas y Sociales ha considerado su deber ético y jurídico advertir los elevados principios y normas que deben ser respetados en la solución del conflicto social planteado con las remuneraciones de los profesores universitarios en las universidades nacionales autónomas y los beneficios estudiantiles, en los términos que se exponen a continuación:

1) De acuerdo con las normas de la Constitución de la República Bolivariana de Venezuela, la educación es un derecho humano y un deber social fundamental que el Estado debe asumir como función indeclinable y de máximo interés en todos sus niveles y modalidades, sin perjuicio del derecho de toda persona capacitada que reúna los requisitos éticos, académicos, científicos y materiales para fundar y mantener instituciones educativas privadas bajo la inspección y vigilancia del Estado. Tiene la educación el carácter de servicio público democrático, gratuito y obligatorio, debiendo el Estado aportar los recursos económicos suficientes para el logro de sus fines e invertir prioritariamente en su desarrollo, según las pautas de la Organización de las Naciones Unidas. En especial, el Estado debe obligatoriamente asegurar la gratuidad de la enseñanza impartida en sus instituciones educativas hasta el pregrado universitario, sin menoscabo de los estándares propios de una buena educación (Arts.102, 103, 104 y 106).

2) En vista de lo anterior, la educación estará a cargo de personas de reconocida moralidad y de comprobada idoneidad académi-

ca, debiendo el Estado garantizar la estabilidad en el ejercicio de la carrera docente, pública o privada, en un régimen de trabajo y nivel de vida acorde con su elevada misión, debiendo atender a criterios de evaluación de méritos, sin injerencia partidista o de otra naturaleza no académica. En tal sentido, el Estado debe proteger el trabajo docente; garantizar la intangibilidad, progresividad e irrenunciabilidad de los derechos y beneficios laborales de los docentes; la suficiencia del salario para vivir con dignidad; la aplicación del principio "a trabajo igual-salario igual" conducente a la homologación salarial y del principio que ordena la aplicación de la norma más favorable al trabajador; prohibir las discriminaciones por cualquier condición, evitar los retiros o despidos forzosos o eliminación de cargos mediante presiones económicas indebidas; preservar el derecho a la negociación colectiva voluntaria y sin extorsiones; reconocer la libertad sindical de los docentes sin violar el principio de representatividad de las asociaciones laborales y sin acudir a tecnicismos formales negadores de la realidad de los hechos. (Arts. 104, 89, 91, 93, 96, y 118)

3) La educación, y en particular en su nivel universitario, está fundamentada en el respeto a todas las corrientes del pensamiento, en el carácter pluralista del gobierno y de la sociedad, en la libertad de conciencia y de expresión del pensamiento, en la comunicación libre y plural, en el desarrollo del potencial creativo de cada ser humano y en el pleno ejercicio de su personalidad. En tal sentido, los docentes universitarios al servicio del Estado son funcionarios públicos que no deben ser sometidos a parcialidad partidista o proyecto político alguno, ni el Estado debe desconocer el carácter universal de la educación. (Arts. 2, 6, 102, 21, 57, 58, y 61).

4) La Universidad es fundamentalmente una comunidad de intereses espirituales que reúne a estudiantes y profesores en la tarea de buscar la verdad y afianzar los valores trascendentales del hombre, como reza la Ley de Universidades y lo recoge claramente el artículo 109 de la Constitución de 1999, y no un cuerpo de funcionarios, empleados y obreros de todos los niveles destinados a promover una ideología política parcial. La Constitución prescribe que el Estado reconocerá la autonomía universitaria como principio y

como jerarquía de la comunidad de profesores, estudiantes y egresados en la búsqueda del conocimiento para beneficio espiritual y material de la Nación. En la misma senda de la Ley de Universidades, dicha norma constitucional prevé que las universidades autónomas se darán sus normas de gobierno, funcionamiento y la administración eficiente de su patrimonio, bajo el control que establezca la Ley. La autonomía universitaria comprende la planificación, organización, elaboración y actualización de los programas y actividades de las universidades, bajo la coordinación del Consejo Nacional de Universidades. En todo caso, será competencia exclusiva del legislador nacional regular los aspectos de la autonomía universitaria que no sean del dominio de las universidades, con acatamiento estricto de las normas constitucionales. En materia presupuestaria y con respeto del régimen autonómico, el Consejo Nacional de Universidades propondrá al Ejecutivo Nacional el aporte anual para las universidades nacionales, el cual deberá ser sometido a la Asamblea Nacional para ser integrado en la Ley de Presupuesto, con base en los presupuestos- programa elaborados por cada universidad, sujetos al límite de los ingresos globales estimados correctamente por el Ejecutivo. (Arts. 109 de la CRBV y 1, 2, 3, 4, 9 y 20 de la Ley de Universidades).

5) A la luz de los principios y normas que rigen la educación universitaria, antes reseñados, esta Academia declara:

Es deber ineludible del Estado y en particular del Gobierno Nacional, garantizar con urgencia el digno nivel de vida de los profesores universitarios, los beneficios que mitiguen las desigualdades entre los estudiantes y el funcionamiento normal de las actividades en las universidades autónomas nacionales, con una dotación presupuestaria suficiente y acorde con las necesidades actuales, severamente desatendidas por los reconducidos y anacrónicos presupuestos que les han sido impuestos por el Ejecutivo Nacional. Debe cesar la discriminación de los docentes y estudiantes universitarios frente a los gremios de empleados y obreros de las universidades nacionales.

Es deber del Estado asegurar el acatamiento de los principios constitucionales de "trabajo igual-salario igual" que se expresa en la homologación de los tabuladores de salarios y de congruidad de las remuneraciones de los docentes universitarios frente a la inflación, y en especial, destaca su obligación de revisar periódicamente las remuneraciones y beneficios adicionales de acuerdo con los índices del Banco Central de Venezuela, como ha sido expresamente reconocido desde el año 1982 por el Consejo Nacional de Universidades.

Es deber del Estado respetar *la libertad sindical de los profesores universitarios,* quienes tienen derecho a organizarse libremente sin autorización previa del Estado y a negociar colectivamente y sin coacción sus condiciones de trabajo a través de sus asociaciones más representativas. Por ello es inconstitucional y reprochable la actitud de desconocer y excluir de la negociación a la Federación de Asociaciones de Profesores Universitarios de Venezuela, como ente más representativo demográficamente de los docentes universitarios, hecho tradicionalmente reconocido por el Consejo Nacional de Universidades. *Y mucho más reprochable y condenable que se pretenda intimidar mediante la violencia a la comunidad universitaria.*

Es deber del Estado respetar *la libertad de pensamiento y gobierno pluralista en las universidades nacionales autónomas*, como expresiones auténticas de la autonomía universitaria consagrada en el artículo 109 de la Constitución. En tal sentido, es inconstitucional que se pretenda imponer por cualquier vía a las universidades nacionales, en este caso mediante convención colectiva, la adopción y promoción dominante de una ideología política, en violación del respeto debido a todas las corrientes del pensamiento y al no sometimiento partidista de los funcionarios universitarios.

Es deber del Estado y en particular del Ejecutivo Nacional, *respetar la organización autonómica de las universidades y su reserva constitucional y legal*. Por consiguiente, debe acatar el concepto de comunidad de profesores, estudiantes y egresados en la búsqueda de la verdad, elevado a norma suprema por la Constitución de la República Bolivariana de Venezuela. En consecuencia, es inconstitucional e ilegal, y además impertinente, que mediante un proyecto de convención colectiva impuesto por el Ejecutivo se persiga cambiar la organización de las universidades autónomas y en particular, el sistema de elección de sus autoridades. Más aún, cuando tal pretensión ya fue rechazada por el referéndum popular de la reforma constitucional de 2007 y por el veto presidencial del año 2011 a la Ley de Educación Universitaria, aprobada por la Asamblea Nacional en 2010, cuya sanción fue consiguientemente levantada.

Finalmente, la Academia de Ciencias Políticas y Sociales hace un llamado a todas las partes en conflicto, pero especialmente al Ejecutivo Nacional, para que en un ambiente sincero de paz y de diálogo, con pleno acatamiento de la Constitución y de la Ley de Universidades, se resuelvan urgentemente los justos reclamos de la comunidad universitaria.

Caracas, dos de julio de 2013

http://www.acienpol.org.ve/cmacienpol/Resources/Pronunciamientos/03072013115407_CONFLICTOUNIVERSITARIO.pdf

III. LAS ACADEMIAS NACIONALES, EN ATENCIÓN A LAS RECIENTES MEDIDAS QUE AFECTAN GRAVEMENTE AL SECTOR UNIVERSITARIO VENEZOLANO, EXPRESAN SU CRITERIO.

(Violación a la autonomía universitaria por parte de la OPSU al decidir el proceso de admisión de los estudiantes a las instituciones. Actuación incompetente por la OPSU. Sentencia No. 831/2015 de la Sala Constitucional del Tribunal Supremo de Justicia que amenaza a las universidades con exigir responsabilidades correspondientes en caso de desacato).

15.7.2015.

1. En nota de prensa de 15 de mayo de 2015, la Oficina de Planificación del Sector Universitario (OPSU) anunció su decisión de asignar los cupos universitarios de las universidades nacionales. Según esa nota, tal asignación se realizaría a través del Sistema Nacional de Ingreso a la Educación Universitaria (SNI), con la intención de "democratizar" el acceso "a la educación universitaria" y garantizar "un ingreso de manera justa y equitativa", todo ello, para la "profundización del socialismo". Esta decisión de la OPSU es una medida inconstitucional e ilegal, a la par que constituye un grave riesgo para la calidad de la educación universitaria venezolana.

2. De acuerdo con el artículo 109 de la Constitución, la autonomía universitaria, como garantía institucional, ampara la obligación de las universidades a decidir sobre la admisión de los nuevos alumnos, lo cual se ejerce por órgano del respectivo Consejo Universitario, de acuerdo con el artículo 26.9 de la Ley de Universidades. Esa competencia, sin embargo, ha sido usurpada por la OPSU, quien asumió inconstitucionalmente la decisión sobre la admisión de los nuevos estudiantes.

3. Además, la decisión de la OPSU desnaturaliza la función del Consejo Nacional de Universidades (CNU). El CNU es una instan-

cia de coordinación de la relación entre las Universidades. De acuerdo con el artículo 20.6 de la Ley de Universidades, al CNU corresponde "recomendar los correspondientes procedimientos de selección de aspirantes".

4. Por ello, no puede el CNU directamente, o a través de la OPSU, asumir la decisión sobre la totalidad de los nuevos cupos, en tanto su función se limita a dictar recomendaciones o lineamientos generales sobre el sistema de admisión.

5. Asimismo, la OPSU ha actuado fuera de su competencia pues asumió la selección de los nuevos alumnos de las universidades nacionales, pretendiendo obligar a esas universidades a proceder a su inscripción. Ello claramente excede de la naturaleza consultiva de las atribuciones de la OPSU a la cual solo le corresponde asesorar técnicamente al CNU. Esa Oficina es un órgano de asesoría técnica, como lo reconoce el artículo 22 de la Ley de Universidades.

6. Es importante igualmente destacar que la OPSU, además, ha obrado sin fundamento legal. Así, la decisión adoptada en el CNU, según el Acuerdo N° 113, publicado en la Gaceta Oficial N° 40.660 de 14 de mayo de 2015, consistió en fijar reglas de admisión. El CNU nunca decidió atribuir a la OPSU la decisión de admitir a la totalidad de los nuevos alumnos de las universidades nacionales.

7. Mal podría en todo caso el CNU adoptar esa decisión, cuando de conformidad con la Constitución y la Ley de Universidades, como se explicó, la admisión de los nuevos alumnos es una decisión autónoma del Consejo Universitario de cada universidad.

8. También debe señalarse que la decisión de la OPSU desnaturaliza el sentido de la educación universitaria, al pretender cuestionar que el acceso dependa de aptitudes académicas en beneficio de una supuesta masificación de la educación universitaria. Lo cierto es que, según el artículo 103 de la Constitución, el derecho a la educación encuentra un límite natural en las aptitudes académicas de cada individuo.

9. Precisamente, la autonomía universitaria garantiza a cada universidad, el derecho de definir criterios técnicos para medir la

aptitud de quienes ingresen al sistema universitario. Todo esto es negado por la decisión de la OPSU.

10. Se observa con preocupación que todos estos graves vicios fueron ignorados por la sentencia de la Sala Constitucional N° 831/2015, de 7 de julio, que reforzó la limitación impuesta a las universidades autónomas.

11. En esa sentencia la Sala Constitucional, luego de cambiar la naturaleza de una pretensión de amparo que había sido interpuesta, ordenó a las universidades nacionales a inscribir a los alumnos admitidos por la OPSU, amenazando con exigir las "responsabilidades" correspondientes en caso de desacato.

12. Esa sentencia obvió toda consideración a la autonomía universitaria. Tampoco la sentencia emite juicio alguno sobre la competencia de la OPSU para obligar a las universidades nacionales a inscribir a los alumnos por ella seleccionados.

13. Con esta sentencia, en definitiva, la Sala Constitucional convirtió a las autoridades de las universidades nacionales en órganos subordinados a una oficina administrativa del Ministerio del Poder Popular para la Educación Universitaria, Ciencia y Tecnología.

14. La universidad es una comunidad de personas y de saberes, orientada a la búsqueda del conocimiento, y por ello, orientada a la excelencia académica. Sin embargo, el sistema de ingreso diseñado por la OPSU pretende subordinar la universidad venezolana a la profundización del socialismo. Esto desnaturaliza la función y misión de la universidad, y la convierte en un instrumento al servicio de una ideología política y destruye la esencia de libertad de toda universidad, con el propósito de eliminar la institución que ha de formar a los venezolanos para una sociedad libre y responsable.

Por los motivos expuestos estas Academias manifiestan gran preocupación por el futuro de las universidades nacionales.

Dado, firmado y sellado en Caracas, el 15 de julio de 2015.

Harry Acquatella, Presidente de la Academia Nacional de Medicina

Eugenio Hernández Bretón, Presidente de la Academia de Ciencias Políticas y Sociales

Claudio Bifano, Presidente de la Academia de Ciencias Físicas Matemáticas y Naturales

Luis Mata Mollejas, Presidente de las Academia Nacional de Ciencias Económicas

Manuel Torres Parra, Presidente de la Academia Nacional de la Ingeniaría y el Hábitat.

http://www.acienpol.org.ve/cmacienpol/Resources/Pronuncia-mientos/PRONUNCIAMIENTO%20DEL%20COMITE%20-INTERACADEMICO%20SECTOR%20UNIVERSITARIO-%20REV.pdf

IV. LAS ACADEMIAS NACIONALES EXPRESAN SU CRITERIO ACERCA DEL RECIENTE ACUERDO DE LA ASAMBLEA NACIONAL RELATIVO A LA SITUACIÓN DE LAS UNIVERSIDADES AUTÓNOMAS.

(El Acuerdo desconoce la paralización universitaria consecuencia a la crisis financiera. Violación a la autonomía universitaria).

11.11.2015.

El pasado 3 de noviembre de 2015, la Asamblea Nacional aprobó un acuerdo "de rechazo a la paralización de las Universidades autónomas", el cual fue publicado en la Gaceta Oficial N° 40.781 de 4 de noviembre de 2015 ("Acuerdo"). El Acuerdo de la Asamblea Nacional desconoce la situación actual por la que atraviesan las universidades autónomas y que han llevado a acordar la paralización de ciertas actividades. Asimismo, no toma en consideración el hecho comprobable de que en esas universidades se genera el 75% del conocimiento producido en el país, así como desconoce que allí se ha formado la mayoría del liderazgo profesional, científico y político de la Nación.

El Acuerdo no tomó en consideración que la paralización de ciertas actividades es consecuencia de la crisis financiera por la que atraviesan las universidades, crisis sobre la que tampoco se pronunció el Acuerdo. Al obviar estos hechos, igualmente, la Asamblea ha dictado una decisión contraria a la autonomía administrativa y presupuestaria de las universidades autónomas.

De conformidad con el artículo 109 de la Constitución, la autonomía universitaria es una institución constitucionalmente garantizada y, por ello, vinculante incluso para la Asamblea Nacional. Según esta garantía institucional, la gestión de la universidad debe ser consecuencia de la decisión autónoma de sus autoridades, lo cual comporta para el Estado dos tipos de deberes: (i) brindar el apoyo necesario para el ejercicio cabal de esa autonomía y (ii) abstenerse de dictar decisiones contrarias a tal autonomía. En los términos de la vigente Ley de Universidades, el primer deber del Estado implica, especialmente, garantizar los recursos financieros que permitan a las universidades ejercer su autonomía presupuestaria.

Es el caso que el Acuerdo parte de expresar conceptos descalificadores de las universidades autónomas, asumiendo que la paralización de ciertas actividades es consecuencia de motivaciones políticas; considerando que las universidades se encuentran "secuestradas por fuerzas de diferentes signos" y que las universidades han creado un "estado de sitio". Ese lenguaje evidencia un sesgo contrario a la objetividad con la cual debe proceder la Asamblea Nacional en ejercicio de sus funciones. Además, este lenguaje obvia toda referencia a la autonomía universitaria, que garantiza -como ya se dijo- la libre gestión de los asuntos universitarios libre de apremio y coacciones de todo tipo. El lenguaje subjetivo del Acuerdo, con el anuncio del inicio de distintas investigaciones, sin duda crea condiciones riesgosas que tienden a constreñir el ejercicio de la autonomía universitaria.

Tampoco el Acuerdo consideró las consecuencias derivadas de la inconstitucional decisión de la Oficina de Planificación del Sector Universitario (OPSU) de asumir la gestión de los cupos universitarios de los nuevos alumnos en las universidades autónomas. Esta decisión de la OPSU fue ya objeto de un pronunciamiento de las Academias Nacionales de 15 de julio de 2015.

Es por todo lo anterior que las Academias Nacionales observan, con preocupación, el contenido del citado Acuerdo, el cual debe ser rechazado por toda la comunidad nacional, y que podría ser el preludio de investigaciones y procesos judiciales que violen, todavía más, la ya mancillada autonomía universitaria.

Dado en Caracas, a los once días del mes de noviembre de 2015.

Harry Acquatella Academia Nacional de Medicina

Eugenio Hernández-Bretón, Academia de Ciencias Políticas y Sociales

Gioconda San-Blas, Academia de Ciencias Físicas, Matemáticas y Naturales

Luis Mata Mollejas, Academia Nacional de Ciencias Económicas

Gonzalo Morales, Academia Nacional de la Ingeniería y el Hábitat

Inés Quintero, Academia Nacional de la Historia

http://www.acienpol.org.ve/cmacienpol/Resources/Pronunciamientos/Acuerdo%20Academias%20Nacionales%20sobre%20la%20autonomia%20universitaria.pdf

Sobre el mismo tema de **VIOLACIÓN DE LA AUTONO-MÍA UNIVERSITARIA**, véase también los siguientes pronunciamientos de la Academia publicados en el Tomo I, de la obra ***Doctrina Académica Institucional. Pronunciamientos (1980-2012)***, Centro de Investigaciones Jurídicas, Academia de Ciencias Políticas y Sociales, Caracas 2013, (ISBN: 978-980-6396-92-0), 213 pp.:

LA ACADEMIA DE CIENCIAS POLÍTICAS Y SOCIALES ANTE LOS HECHOS QUE VIENEN AFECTANDO LA ACTIVIDAD DE LA UNIVERSIDAD CENTRAL DE VENEZUELA Y DE LA UNIVERSIDAD SIMÓN BOLÍVAR, 03.04.2001. pp. 25 ss.;

PRONUNCIAMIENTO ANTE LA SITUACIÓN DE LAS UNIVERSIDADES NACIONALES. 05.06.2012, pp. 201 ss.; y

LAS ACADEMIAS NACIONALES ANTE LAS AMENAZAS A LAS UNIVERSIDADES AUTÓNOMAS. 29.06.2012. Tomo I. Página 209 ss.

OCTAVA PARTE

RESISTENCIA CONSTITUCIONAL

I. PRONUNCIAMIENTO DE LA ACADEMIA DE CIENCIAS POLÍTICAS Y SOCIALES ANTE EL 10 DE ENERO DE 2019: FECHA EN LA QUE HA DE JURAMENTARSE AL PRESIDENTE DE LA REPÚBLICA CONFORME A LA CONSTITUCIÓN.

4.1.2019.

La Academia de Ciencias Políticas y Sociales se dirige al país para fijar posición en torno al venidero 10 de enero de 2010, fecha en la que, vencido el actual período presidencial, ha de juramentarse al Presidente de la República para el período 2019-2025, todo ello de conformidad con el artículo 231 de la Constitución.

En fecha 6 de mayo de 2017 las Academias Nacionales denunciaron la ilegitimidad de la actual Asamblea Nacional Constituyente, porque su elección se llevó a cabo en fraude a nuestra constitución (http://www.acienpol.org.ve/cmacienpol/Resources/Pronunciamientos/2017-05-05%20Pronunciamiento%20conjunto%20sobre%-20ANC%20%20final.pdf).

Luego, el 15 de febrero de 2018 la Academia de Ciencias Políticas y Sociales se pronunció sobre la ilegitimidad manifiesta del Decreto mediante el cual la Asamblea Nacional Constituyente, usurpando funciones propias del Poder Electoral, convocó a elecciones para Presidente de la República (http://www.acienpol.org.ve/cm-

acienpol/Resources/Pronunciamientos/PronunciamientoAcademiaCon-
vocatoriaeleccionespresidencialesDEFINITIVO1.pdf).

A este último pronunciamiento siguió otro, suscrito conjuntamente con el resto de las Academias Nacionales, en el que las elecciones presidenciales del 22 de abril de 2018 fueron repudiadas, en
virtud de que las elecciones deben servir para expresar legítimamente la voluntad popular y, por tanto, no pueden convertirse en
trámites meramente formal que solo sirvan para que el gobernante
de turno se perpetúe en el poder (http://www.acienpol.org.ve/cm-
acienpol/Resources/Pronunciamientos/20180218%20Comite%20inter-
academico%20-%20Ante%20las%20elecciones%2022%20abril.pdf).
Al condenar esas elecciones anticipadas para Presidente de la República, las Academias Nacionales afirmaron que no podía haber
elecciones libres ni justas con presos políticos, con partidos y líderes opositores proscritos, con una autoridad electoral parcializada,
con condiciones desiguales de participación, sin un cronograma
electoral consensuado con los distintos actores políticos, sin un registro electoral confiable, sin libertad de prensa, con amenazas a la
población y sin procurar un genuino ambiente de paz y respeto. En
suma, dicha elección, en definitiva, sirvió para profundizar la grave
crisis política, económica y social que vive el país.

La ilegitimidad de la Asamblea Nacional Constituyente y de todos sus actos, por una parte, y por la otra, la inexistencia de las condiciones necesarias para la elaboración de elecciones libres y justas,
han colocado al país frente a una situación inédita, pues el venidero
10 de enero de 2019, fecha en la que, como manda el artículo 231
de la Constitución, ha de juramentarse al Presidente de la República
para el período 2019-2025, no contamos con un Presidente elegido
legítimamente a través de elecciones libres y justas. Por lo cual,
estando previsto constitucionalmente que el candidato elegido para
el cargo de Presidente de la República debe tomar posesión el diez
(10) de enero del primer año de su período constitucional (artículo
231), y tomando en consideración que el actual período constitucional vence el 9 de enero de 2019, y siendo que la elección celebrada
el 20 de mayo de 2018, adolece de ilegitimidad e inconstitucionalidad, como ya fuera expuesto por esta Academia y de las demás

Academias Nacionales, esta crisis constitucional debe ser resuelta de manera democrática, constitucional y electoral.

En consecuencia, frente a esta grave situación configurada por un conjunto de hechos totalmente inconstitucionales e ilegítimos, y para dar cumplimiento al deber ciudadano establecido en el artículo 333 de la Constitución, la Academia de Ciencias Políticas y Sociales exige de nuevo a los distintos Poderes Públicos respetar la Constitución; y solicita una vez más a la Comunidad Internacional, que continúe apoyando todas las acciones orientadas al restablecimiento pleno del orden constitucional y democrático en el país dicho restablecimiento debe lograrse mediante el acatamiento de los valores, principios y normas de la Constitución, incluidas elecciones libres y justas, con un Consejo Nacional Electoral independiente e imparcial, integrado por miembros designados conforme a la Constitución; el respeto y la garantía de los derechos humanos; la legalización de los partidos políticos y la habilitación de los candidatos; la libertad de expresión; y la independencia de los demás poderes públicos, especialmente el Judicial, el Ministerio Público, la Contraloría General de la República y la Defensoría del Pueblo, los cuales deben ser designados igualmente conforme a la Constitución.

Caracas, a los 4 días del mes de enero de 2019.

Gabriel Ruan Santos, Presidente de la Academia de Ciencias Políticas y Sociales

Luciano Lupini Bianchi, Secretario de la Academia de Ciencias Políticas y Sociales.

http://www.acienpol.org.ve/cmacienpol/Resources/Pronunciamientos/Pronunciamiento%20ante%20el%2010%20enero.pdf

II. PRONUNCIAMIENTO SOBRE LA LEGITIMIDAD DE LA APLICACIÓN DEL ARTÍCULO 333 DE LA CONSTITUCIÓN POR LA ASAMBLEA NACIONAL A LOS FINES DE LA RESTITUCIÓN DE SU VIGENCIA EFECTIVA

(Ilegitimidad de la Asamblea Nacional Constituyente, usurpación de funciones del Consejo Nacional Electoral, desconocimiento de las elecciones presidenciales del período 2019-2015 y de la juramentación fuera del marco de la Constitución de Nicolás Maduro Moros ante el Tribunal Supremo de Justicia, aplicación del artículo 333 de la Constitución por la Asamblea Nacional y asunción de la magistratura interina, denuncia de fuertes acciones represivas contra la población civil por funcionarios de la F.A.N.B., P.N.B y Paramilitares).

29.01.2019.

La Academia de Ciencias Políticas y Sociales de Venezuela, en cumplimiento de los fines que le asigna su ley de creación, considerando que:

1. En fecha 4 de enero de 2019, esta Academia de Ciencias Políticas y Sociales se dirigió al país para fijar su posición en torno al vencimiento del período presidencial que se produjo el pasado 10 de enero de 2019 y en fecha 27 del mismo mes y año las Academias Nacionales emitieron declaración conjunta sobre la situación nacional.[1]

2. En fechas 6 de mayo de 2017[2] y 15 de febrero de 2018[3], esta Academia de Ciencias Políticas y Sociales denunció la ilegitimidad

---

1   http://www.acienpol.org.ve/cmacienpol/Resources/Pronunciamientos/Pronunciamiento%20ante%20el%2010%20enero.pdf.

2   http://www.acienpol.org.ve/cmacienpol/Resources/Pronunciamientos/2017-05-05%20Pronunciamiento%20conjunto%20sobre%20ANC%20-%20final.pdf.

de la Asamblea Nacional

e-

pública.

3. En fecha 22 de abril de 2018, las Academias Nacionales suscribieron un pronunciamiento conjunto en el que se repudiaron las elecciones presidenciales realizadas posteriormente, el 20 de mayo de 2018, por su carácter ilegítimo y en virtud de que las elecciones deben servir para expresar la voluntad popular y no convertirse en trámites meramente formales que sólo sirvan para que el gobernante de turno se perpetúe en el poder.[4]

4. Asimismo, en el referido pronunciamiento de fecha 22 de abril de 2018, las Academias Nacionales expresaron que no existía un Presidente elegido legítimamente para juramentarse como Presidente de la República para el período 2019-2025, y que a pesar de ello, el 10 de enero, el ciudadano Nicolás Maduro Moros procedió a una juramentación contraria a los términos de la Constitución por ante el Tribunal Supremo de Justicia.

5. Las Academias Nacionales han solicitado a los distintos Poderes Públicos respetar la Constitución y a la comunidad internacional, una vez más, que continúe apoyando todas las acciones orientadas al restablecimiento pleno del orden constitucional y democrático en el país, como lo ordena el artículo 333 de la Constitución.

6. La Asamblea Nacional ha procedido a invocar la aplicación del referido artículo 333 de la Constitución y su Presidente, Diputado Juan Guaidó, asumió en fecha 23 de enero de 2019, la primera magistratura con carácter interino para el restablecimiento de la institucionalidad democrática y la vigencia efectiva de la Constitución, recibiendo el reconocimiento de un importante grupo de países.

---

3   http://www.acienpol.org.ve/cmacienpol/Resources/Noticias/PronunciamientoAcademiaConvocatoriaeleccionespresidencialesDEFINITIVO1.pdf.

4   http://www.acienpol.org.ve/cmacienpol/Resources/Pronunciamientos/2018-0218-%20Comite%20interacademico%20%20Ante%20las%20elecciones%2022%20abril.pdf.

7. A raíz de las protestas populares en el país para manifestar la angustia por la pérdida de las condiciones de vida de la población y en respaldo al Presidente de la Asamblea Nacional, se ha verificado una acción represiva brutal por parte de cuerpos militares, policiales, paramilitares y parapoliciales, fiscales del Ministerio Público y jueces del país, con un saldo trágico a la fecha de 40 fallecidos, casos de tortura y alrededor de 850 personas ilegalmente detenidas, circunstancia denunciada por las Academias Nacionales el pasado 27 de enero de 2019.[5]

De conformidad con lo antes expresado, la Academia de Ciencias Políticas y Sociales acuerda:

1) Denunciar y repudiar la actividad represiva contra la población civil, instruida y ejecutada por autoridades que se convierten en cómplices de quienes usurpan el poder y desaplican la vigencia de los derechos humanos fundamentales.

2) Respaldar al pueblo de Venezuela y a la Asamblea Nacional en la lucha por el restablecimiento del Estado de Derecho y del sistema democrático así como por el respeto de los derechos y libertades ciudadanas y reconocer, de conformidad con el artículo 333 de la Constitución, la legitimidad de las acciones que, con el límite de los principios y valores constitucionales, realiza la Asamblea Nacional para que se efectúen elecciones libres, universales, directas y secretas y acordes a los principios constitucionales que imponen la garantía de la libertad, imparcialidad, participación, igualdad y transparencia.

Caracas, a los 29 días del mes de enero de 2019.

Gabriel Ruan Santos, Presidente; Humberto Romero Muci, Primer Vicepresidente

Julio Rodríguez Berrizbeitia, Segundo Vicepresidente

---

5   http://www.acienpol.org.ve/cmacienpol/Resources/Pronunciamientos/Comunicado%20Academias%2027-01-2019.pdf.

III. PRONUNCIAMIENTO SOBRE LA LEGITIMIDAD DEL "ESTATUTO DE LA TRANSICIÓN A LA DEMOCRACIA PARA RESTABLECER LA VIGENCIA DE LA CONSTITUCIÓN DE LA REPÚBLICA BOLIVARIANA DE VENEZUELA" APROBADO POR LA ASAMBLEA NACIONAL

(Aprobación de acto normativo por parte de la Asamblea Nacional con el fin de lograr el restablecimiento, retorno del orden constitucional y la soberanía a través del sistema de libertades, garantías y D.D.H.H; de la liberación del Régimen autocrático, la conformación de un gobierno provisional y la celebración de elecciones libres).

15.02.2019.

La Academia de Ciencias Políticas y Sociales de Venezuela, en cumplimiento de los fines que le asigna su ley de creación, considerando que:

1.- En fecha 5 de febrero de 2019, la Asamblea Nacional aprobó el "Estatuto que Rige la Transición a la Democracia para Restablecer la Vigencia de la Constitución de la República Bolivariana de Venezuela"; acto normativo, dictado en ejecución directa e inmediata de la Constitución y con fundamento en sus artículos 7 y 333, cuyo objeto es regir la transición democrática en el país (arts. 1 y 4 del Estatuto), con la finalidad de lograr el pleno restablecimiento del orden constitucional, el rescate de la soberanía popular a través de elecciones libres y la reversión de la emergencia humanitaria compleja, con el propósito de rescatar el sistema de libertades, garantías constitucionales y los derechos humanos (Art. 3).

2.- El precitado Estatuto tiene el propósito de establecer el marco jurídico de retorno al orden constitucional, "desde la propia Constitución para ofrecer un cauce ordenado y racional al inédito e inminente proceso de cambio político que ha comenzado en el país", en atención además, a los valores superiores por ella positivizados, "la vida, la libertad, la justicia, la igualdad, la solidaridad, la democracia, la responsabilidad social, la supremacía constitucional y, en general, la preeminencia de los Derechos Humanos, la ética y el pluralismo político" (artículo 2 de la Constitución);

3.- Conforme a dicho Estatuto, se entiende por transición el itinerario de democratización y reinstitucionalización que incluye las siguientes etapas: liberación del régimen autocrático que oprime a Venezuela, la conformación de un gobierno provisional de unidad nacional y celebración de elecciones libres (Art. 2).

4.- La ruta para el restablecimiento de la plena vigencia de la Constitución y la democracia , encarna la fase final de la gesta heroica civil de todo el pueblo de Venezuela que, con creciente comprensión y apoyo de la comunidad internacional, ha sabido resistir los zarpazos autocráticos de la denominada "Revolución", de manera especial su pretensión de imponer: una hegemonía autoritaria mediante el control político del Tribunal Supremo de Justicia, el Consejo Nacional Electoral, la Fiscalía General de la República, la Defensoría del Pueblo, la Contraloría General de la República; además de la ilegítima Asamblea Nacional Constituyente; un fraudulento y coercitivo simulacro electoral cuyo resultado forzoso fue la espuria reelección presidencial, sin condiciones de integridad para ser considerada como libre, justa y competitiva; y su consecuencia, la usurpación de la Presidencia de la República a partir del día 10 de enero de 2019.

5.- La respuesta institucional de la Asamblea Nacional ante las ilegítimas pretensiones autocráticas de los detentadores del poder, ha sido seguir las pautas que la Constitución establece para estas coyunturas políticas excepcionales, como son, el desconocimiento de toda autoridad usurpada (art. 138), el deber constitucional del Presidente de la Asamblea Nacional de asumir la Presidencia de la República, ante la vacancia constitucional por inexistencia del presidente electo (art. 233), y el deber de todos los ciudadanos, investidos o no de autoridad, de colaborar en el restablecimiento del orden constitucional (art. 333).

De conformidad con lo antes expresado, la Academia de Ciencias Políticas y Sociales acuerda:

Primero: Manifestar su conformidad con el régimen jurídico constitucional establecido por la Asamblea Nacional, en el "Estatuto que Rige la Transición a la Democracia para Restablecer la Vigencia de la Constitución de la República Bolivariana de Venezuela", en tanto, proceso político inédito y complejo que se realiza en representación de la soberanía popular, para restablecer la vigencia de la Constitución y lograr las condiciones para la celebración de elecciones libres, justas y competitivas.

Segundo: Apoyar de manera especial la función constitucional de conducción o dirección política del Estado ejercida por la Asamblea Nacional, y su directiva; así como la función constitucional de Presidente encargado de la República, asumida legítimamente y en condición temporal, conforme a la Constitución y al referido Estatuto, por el ingeniero Juan Guaidó; las cuales, deben ser ejercidas bajo el principio de derecho público de coordinación y control parlamentario, sin subordinación ni interferencias indebidas.

Tercero: Expresar la disposición corporativa a participar en la vigencia y restablecimiento de la Constitución de la República Bolivariana de Venezuela, de acuerdo con la ruta diseñada por la Asamblea Nacional, con nuestras opiniones jurídicas en los temas que se tenga a bien consultarnos.

Caracas, a los 15 días del mes de febrero de 2019.

Gabriel Ruan Santos, Presidente

Humberto Romero-Muci, Primer Vicepresidente

Julio Rodríguez Berrizbeitia, Segundo Vicepresidente

Luciano Lupini Bianchi, Secretario

Rafael Badell Madrid, Tesorero

Carlos Ayala Corao, Bibliotecario

http://www.acienpol.org.ve/cmacienpol/Resources/Pronunciamientos/Pronunciamiento%20sobre%20Estatuto%20de%20-Transici%C3%B3n.%20def.pdf

IV. PRONUNCIAMIENTO SOBRE LA LEGITIMIDAD Y OPORTUNIDAD DE LA DECLARATORIA DE ESTADO DE ALARMA EN TODO EL TERRITORIO NACIONAL, DERIVADO DEL COLAPSO DEL SISTEMA ELÉCTRICO NACIONAL

(Interrupción del sistema eléctrico por más de 96 horas desde el 7 de marzo, desconocidas las verdaderas dimensiones de las pérdidas de vidas humanas y daños materiales por el bloqueo informativo de Redes Sociales y censura de los medios de comunicación; Presidente Encargado de la República decretó el estado de Alarma Nacional por dichos acontecimientos; quedando a la vista la falta de políticas públicas de mantenimiento y la ausencia de planes de contingencia).

19.03.2019

La Academia de Ciencias Políticas y Sociales de Venezuela, en cumplimiento de los fines que le asigna su Ley de creación, considerando:

1.- Que desde la cinco de la tarde del jueves 7 de marzo de 2019 se interrumpió el servicio de suministro de energía eléctrica en casi la totalidad del territorio nacional, por más de 96 horas, sin que aún se haya restablecido en algunas regiones del país, dejando un saldo decenas de fallecidos y cuantiosas pérdidas económicas.

2. Que en fecha 10 de marzo de 2019, el Presidente Encargado de la República Bolivariana de Venezuela, decretó Estado de Alarma Nacional derivada de la calamidad pública y grave situación generada por el colapso del sistema eléctrico nacional producto de la interrupción de este servicio público en la casi totalidad del país, facultado para ello en el artículo 338 de la Constitución, en concordancia con el "Estatuto que Rige la Transición a la Democracia Para

Restablecer la Vigencia de la Constitución de la República de Venezuela".

2.- Que hasta la fecha se desconoce la verdadera dimensión de las pérdidas en vidas humanas y daños materiales derivadas del descalabro del sistema eléctrico. Conforme a la información que ha sido divulgada, en los hospitales decenas de pacientes perdieron la vida al dejar de funcionar los equipos de suministro de oxígeno y otros que sustentaban sus signos vitales. Se contabilizan otras decenas de personas heridas y fallecidas consecuencia de la inexistencia de planes de contingencia para enfrentar estas situaciones, dejando en evidencia el serio peligro a la seguridad e integridad de los ciudadanos. Las fallas en el suministro eléctrico amplificaron la precariedad del servicio de suministro de agua potable, complicaron aún más la prestación de los servicios de salud, agudizaron la escasez y los problemas de distribución de alimentos y bienes de primera necesidad, y pusieron en evidencia el colapso del servicio de transporte público.

3.- Que la total falta de coherencia en la explicación de las causas del colapso eléctrico produjo en la población dudas, generando un estado de ansiedad y caos colectivo.

4.- Que la indeterminación de la verdadera dimensión del daño es consecuencia, por una parte, del bloqueo informativo de medios y redes sociales por parte del régimen, así como del efecto de silenciamiento derivado de sus amenazas de sanciones y hostigamiento a los medios de comunicación que aún quedan; y de la detención arbitraria de periodistas y demás ciudadanos cronistas críticos de la realidad en las redes sociales, los cuales han sido detenidos con el auxilio de algunos jueces y fiscales provisorios.

5.- Que estas trágicas circunstancias pusieron en evidencia el desprecio por la dignidad humana ante la falta absoluta de políticas públicas de mantenimiento y prestación no interrumpida de los servicios público y la ausencia de planes de contingencia; así como las órdenes del régimen de reprimir las protestas pacíficas y legítimas de los ciudadanos, por el deplorable estado de los servicios públicos en todo el país. Lejos de atender la frustración y desamparo de los ciudadanos, Nicolás Maduro ha optado por hacer un llamado a la actuación con firmeza y por ende a la actuación violenta de los denominados "colectivos", a los "Comités Locales de Abastecimiento y Planificación (CLAP)" y demás partidarios del oficialismo.

6.- Que el 22 de enero de 2010, esta Corporación conjuntamente con las Academias Nacionales de la Lengua, de la Historia, de Medicina, de Ciencias Físicas Matemáticas y Naturales, de Ciencias Económicas y de Ingeniería y el Hábitat, emitieron un Pronunciamiento denominado "Las Academias Nacionales ante la Crisis del Sistema Eléctrico", en el que se recomendaba "el otorgamiento de la mayor prioridad a la realización acelerada de proyectos eléctricos que han sido postergados, además de la adquisición de plantas eléctricas adicionales que permitan mitigar la situación de emergencia que enfrenta el país...".

7.- Que en aquella ocasión, las Academias Nacionales señalaron que "La crisis actual ha podido evitarse si se hubiesen realizado oportunamente las inversiones requeridas para mantener y ampliar la capacidad de generación y transmisión eléctrica...". Además, como ahora lo hacemos, en aquella ocasión se reivindicaba "el derecho a la información oportuna para los asuntos de interés público, de forma tal que la ciudadanía pueda tomar las debidas previsiones en lo que concierne a los servicios eléctricos". En ese pronunciamiento se acogió la declaración de mayor extensión hecha por la Academia Nacional de la Ingeniería y el Hábitat en diciembre de 2009, en el que se reiteran además informaciones divulgadas en 2002 sobre la situación del suministro eléctrico nacional donde se afirmaba que "La dispersión en la aplicación de recursos, consecuencia de la reiterada ausencia de una Política Energética Integral, ha derivado en la crisis que ya es del dominio público".

De conformidad con lo antes expresado, la Academia de Ciencias Políticas y Sociales acuerda:

Primero: Tomar debida nota de las medidas adoptadas mediante el Decreto Nº 2 del 10 de marzo de 2019, dictado por el Presidente Encargado de la República, con la aprobación de la Asamblea Nacional;

Segundo: Rechazar las detenciones arbitrarias de ciudadanos, incluidos periodistas y demás comunicadores, así como otras formas de interferencia o restricción directa o indirecta sobre los medios de comunicación, que pretenden impedir la circulación de información sobre el colapso del servicio eléctrico y otros servicios especialmente los hospitalarios, y las expresiones críticas sobre sus causas y los responsables, violando con ello la libertad de información y expresión, derecho fundamental en una sociedad democrática;

Tercero: Rechazar los llamados a la violencia y a la represión del régimen contra quienes protestan pacíficamente, recordando que tanto los funcionarios públicos como los agentes no estatales quienes actúan con su aquiescencia o tolerancia, responderán penal, civil y administrativamente por delitos y violaciones a los derechos humanos, sin que puedan alegar en su descargo el cumplimiento de órdenes superiores (artículo 25 de la Constitución);

Cuarto: Exhortar a los órganos nacionales competentes y a las correspondientes instancias internacionales para que realicen las investigaciones que resulten necesarias con el fin de establecer las responsabilidades a que haya lugar, por los daños causados a las personas, como consecuencia del colapso del sistema eléctrico nacional; y

Quinto: Declarar en duelo a la Academia, en memoria de las personas fallecidas durante el colapso del servicio eléctrico nacional, manifestando su más profundo pesar y la solidaridad con los familiares y las personas heridas y demás víctimas.

Caracas 19 de marzo de 2019

Humberto Romero-Muci, Presidente
Julio Rodríguez Berrizbeitia, 1er.Vice-Presidente
Luciano Lupini Bianchi, 2do.Vice-Presidente
Rafael Badell Madrid, Secretario
Cecilia Sosa Gómez, Tesorero
Carlos Ayala Corao, Bibliotecario

http://acienpol.org.ve/cmacienpol/Resources/Pronunciamientos/Pronunciamiento%20ACPS%20Apagon.pdf

V. LAS ACADEMIAS NACIONALES COMO AGENTES DE LA REINSTITUCIONALIZACIÓN DEL PAÍS

(Palabras pronunciadas por el Presidente de la Academia Venezolana de la Lengua, en nombre de los Presidentes y Directora de las Academias Nacionales, en oportunidad de la visita del Presidente (E) de la República al Palacio de las Academias)

20.6.2019.

"Las *Academias Nacionales como agentes de la reinstitucionalización del país*"

Señor Ingeniero Juan Guaidó Márquez, Presidente Encargado de la República.

Señoras y Señores Presidentes y Directora de las Academias Nacionales.

Señor Presidente de la Fundación Palacio de las Academias.

Señoras y Señores Individuos de Número de las Academias Nacionales. Señoras y Señores Diputados a la Asamblea Nacional.

Señoras y señores

1. Agradecemos la visita del Señor Presidente encargado de la República a este egregio palacio sede de las Academias Nacionales, que fue ubicación histórica de la Universidad Central de Venezuela. Apreciamos esta valiosa oportunidad para expresar-

le, en nombre de todas las corporaciones aquí reunidas, el compromiso de participar de manera activa y responsable en el proceso de reinstitucionalización del Estado que, bajo la coordinación de la Asamblea Nacional, se lleva a cabo para dar respuesta a las ingentes demandas que afronta el país en la actualidad y en los años por venir.

2. Las Academias Nacionales como corporaciones públicas de carácter científico tienen desde hace más de cien años la responsabilidad y el propósito de propender al desarrollo, progreso y mejoramiento de las ciencias. Ejercen un liderazgo moral, intelectual y cultural en la sociedad, *ilustrando las cuestiones de mayor importancia, trascendencia y aplicación, según los tiempos y circunstancias*. Cada una de las Academias contribuye al reforzamiento de la institucionalidad del Estado desde su especialidad.

3. Cada corporación según sus Leyes de creación respectivas también cumplen una función consultiva oficial de los órganos del Poder Público y se involucran en la formación de opinión pública, como compromiso ético de servir de guía proactiva para orientar a la sociedad civil. Esa función se ejerce desde la experiencia, la formación y el prestigio de sus miembros, reconocidos en el cultivo de sus respectivas disciplinas.

4. Las Academias Nacionales son de las pocas instituciones oficiales que han resistido al progresivo desmantelamiento y cooptación de todos los Poderes Públicos llevados adelante por el **régimen y partido de gobierno** en los últimos 20 años, como política de dominación y sometimiento. Esa misma resistencia la han tenido las Universidades Autónomas Nacionales. Hemos luchado por conservar nuestra autonomía, independencia y objetividad frente a los poderes fácticos. Hemos asumido el compromiso de acompañar y orientar al país en estos momentos complejos de desinstitucionalización y zozobra ciudadana, a objeto de paliar el escepticismo y la desmovilización de nuestros conciudadanos. Hemos alertado sobre la situación de penuria y catástrofe humanitaria, consecuencia directa de la ineficacia de los derechos a la salud, la educación y la alimentación, la ruina de los servicios, la infraestructura pública y los daños

al ambiente, particularmente su impacto en los sectores más vulnerables, hemos defendido activamente la soberanía del país frente a la dejación y el abandono irresponsable del *régimen y partido de gobierno* respecto de la reclamación por los límites territoriales de la República en la Guayana Esequiba y la proyección de la fachada atlántica del delta del Orinoco.

5. En estos últimos 20 años la deriva autoritaria abatió en Venezuela el Estado democrático y social de derecho mediante un progresivo desmantelamiento de la Constitución, del derecho, la justicia y la democracia. Se instauró una dictadura totalitaria, que hoy controla casi todos los aspectos de la vida política, social y económica del país. El primer paso para debilitar la institucionalidad del Estado fue eliminar de facto la independencia de los distintos órganos del poder público y de otras instituciones con autonomía funcional y técnica como el Banco Central de Venezuela y las superintendencias gestoras de intereses sectoriales (bancos, valores, seguros y tributos).

6. Se desmontó todo el sistema de prestación de servicios públicos, entre ellos el de salud, lo que ocasionó el repetido pronunciamiento de la **Academia Nacional de Medicina**, denunciando la reaparición de enfermedades otrora erradicadas o mitigadas, como la malaria, el sarampión, la tuberculosis y la difteria, los daños por malnutrición, la ausencia de medicamentos esenciales, la ruina de las instalaciones hospitalarias y las masivas muertes por desnutrición y mortalidad materna e infantil.

7. Los motores tecnológicos están apagados, las instituciones de ciencia y tecnología deterioradas, obsoletas, desmantelados sus grupos de investigación, desarrollo y docencia por migración de talentos y por falta de inversión y actualización, requiriendo de una visión global para hacerle frente. Se envileció y arruinó el sistema educativo a todos los niveles, todo lo cual ha sido denunciado múltiples veces desde la **Academia de Ciencias Físicas, Matemáticas y Naturales**.

8. Se falsificó la historia ante lo cual la **Academia Nacional de la Historia** se pronunció repetidamente para advertir de manera

crítica de los peligros que conlleva la nociva práctica de instrumentalizar el pasado con fines políticos.

9. Se corrompió el buen decir del lenguaje para imponer una *neolengua* al servicio de la manipulación y la dominación ideológica, así como para la exclusión y discriminación entre los venezolanos, tema destacado por la **Academia Venezolana de la Lengua**.

10. El calamitoso colapso del servicio eléctrico fue harto advertido y denunciado desde 2009 por la **Academia Nacional de la Ingeniería y el Hábitat**. Lo propio se hizo con los servicios públicos de suministro de agua, telecomunicaciones y abandono de la infraestructura de puertos, aeropuertos y vías de comunicación, víctimas de una corrupción galopante. Se denunciaron los daños por la explotación indiscriminada e irresponsable de recursos naturales en Guayana, sin control alguno, siendo el propio Estado el principal depredador del ambiente. Del mismo modo las instituciones del Estado despreciaron el orden urbano degradando la calidad de vida del venezolano.

11. Más de 500 empresas del estado se subordinaron a los intereses particulares del *partido de gobierno*, incluidas PDVSA y las empresas de Guayana, en desmedro de las libertades y de los derechos civiles, sociales, políticos y económicos de los ciudadanos venezolanos.

12. Se envileció la moneda generando la oprobiosa hiperinflación, como un instrumento recaudatorio para financiar los déficits fiscales del *régimen*, con la añadida intencionalidad de empobrecer y someter a la población. La **Academia Nacional de Ciencias Económicas** hizo vigorosas denuncias sobre la inconstitucional gestión pública del *régimen*, los artilugios que retroalimentan la hiperinflación, la asfixia de las fuerzas productivas, la crisis del sector petrolero, la precariedad del sector externo y el brutal deterioro de las condiciones de vida del venezolano.

13. La usurpación de las atribuciones de la Presidencia de la República, del Ministerio Público, de la Contraloría General de la República, de la Procuraduría General de la República, del Tri-

bunal Supremo de Justicia y del Consejo Nacional Electoral, entre otros y la invención de la Asamblea Nacional Constituyente son actos violatorios de la Constitución, a los cuales se suma la grave violación de los derechos humanos por parte de los órganos de seguridad del Estado, de las Fuerzas Armadas y colectivos paramilitares bajo su amparo. Estos actos deben ser combatidos a través del derecho de la emergencia, de carácter excepcional y provisional, a fin de rescatar el hilo constitucional.

14. Por esto, si uno de los despropósitos fundamentales de la deriva autoritaria ha sido la destrucción de todas las instituciones del país, es esencial revertirla mediante el restablecimiento del orden constitucional para la reinstitucionalización del Estado. Este tema ha sido estudiado por la **Academia de Ciencias Políticas y Sociales** y ha sido objeto de innumerables pronunciamientos.

15. En este contexto de deslegitimación, los ciudadanos e instituciones venezolanos tenemos el *derecho* de contribuir a restablecer la efectiva vigencia del orden constitucional. Este es el sentido del derecho consagrado en el artículo 333 de la Constitución y es el fundamento del **"Estatuto para la transición a la democracia para restablecer la vigencia de la Constitución de la República Bolivariana de Venezuela"**, sancionado por la Asamblea Nacional el 05 de febrero de 2019, que ha recibido un contundente apoyo de las academias nacionales.

16. Es preciso reformar las instituciones públicas para que dejen de estar al servicio de la represión y la corrupción y se conviertan en instituciones eficientes y apegadas a la Constitución y a la ley en el ejercicio de sus funciones. La reinstitucionalización en la transición cumple además un papel fundamental de confianza en las instituciones del Estado para que no se repita el conflicto y la crisis constitucional del Estado venezolano, para aceptar la responsabilidad del Estado por los hechos acaecidos y demostrar a la sociedad su voluntad de regeneración.

17. En ese sentido, las Academias ofrecen desde ahora todo su respaldo en este proceso destinado a recuperar el Estado democrático, durante el gobierno de transición y cuando ocurran

elecciones libres y democráticas y se instale un gobierno legítimo definitivo.

18. Hay que derogar todo esquema de concentración del poder que haya permitido la desaparición de los controles y contrapesos del Estado de derecho. Se ha creado una legislación antidemocrática, un derecho del enemigo, normas penales en blanco, un derecho que niega las libertades, un derecho que limita el desarrollo del país.

19. Las Academias siempre han creído en la necesidad de una ciudadanía comprometida y crítica como el antídoto contra el populismo, el totalitarismo y todos los atajos plagados de demagogia y fuerza bruta. Las Academias son conscientes de su actual misión de contribuir a la reinstitucionalización del país. A las Academias, sin llegar a ser actores políticos, les es consustancial servir de ductores y guías de las transformaciones inaplazables del país para recuperar la civilidad y la democracia como único horizonte político de legitimidad. Contribuir a discutir la hoja de ruta democrática con una agenda de tareas transicionales desde el Derecho y la justicia para reconstruir el Estado, la economía y la sociedad, tanto el de emergencia que servirá para afrontar la transición, como el definitivo que debe ser, sin duda, de respeto a las garantías civiles, sociales, políticas y económicas. Finalmente, contribuir a poner término a la tensa y polarizada confrontación que afecta el encuentro y entendimiento entre los venezolanos.

20. Será prioridad para las Academias debatir al más alto nivel sobre la necesidad de restablecer la independencia y autonomía del Poder Judicial. Es imperioso adoptar medidas urgentes para garantizar la idoneidad, estabilidad y razonable remuneración de los jueces, que incluya la participación de la sociedad civil en su escogencia, incluyendo la de los Magistrados del Tribunal Supremo de Justicia, con base en el mérito y las capacidades profesionales y no en su afiliación partidista o docilidad frente al Poder Político.

21. Otra prioridad para las Academias será contribuir al debate para rescatar la Constitución económica, informada por los principios de neutralidad política, libre mercado, libre competencia, libertad económica y propiedad privada. Es fundamental reestablecer la independencia y autonomía del Banco Central de Venezuela a fin de superar los desequilibrios macroeconómicos, refundar los sistemas monetario, financiero y fiscal, la reestructuración de la deuda externa y todas aquellas políticas públicas que contribuyan a la recuperación económica de Venezuela y a la solución de la pavorosa crisis humanitaria del país.

22. Debe propenderse a la puesta en pie de un derecho que garantice efectivamente la libertad, la legalidad y la jerarquía normativa, que permita afianzar la inversión y el ahorro para la recuperación económica y social. Debe facilitarse el diálogo y la negociación entre partes, que den cabida a la autocomposición, sean relaciones laborales, comerciales o civiles, para procurar el crecimiento económico y la distribución efectiva de la riqueza.

23. Para las Academias será prioridad también que toda discusión sobre la institucionalidad y gobernabilidad democrática pase por la imposición de una rendición y control posterior de cuentas, con la previsión de la necesaria responsabilidad penal y patrimonial, para evitar la impunidad, haciendo social, moral y jurídicamente costosísimo el beneficiarse de la corrupción generalizada a quienes con la corrupción provocan la pobreza y la inseguridad jurídica.

24. Cuando sea oportuno, es importante que al hablar de transición y justicia transicional no recorramos el camino de *la improvisación y la desmemoria*, para no caer en la impunidad, pero tampoco en la venganza. Solo podrá hablarse de concordia y reconciliación cuando seamos responsables, ciudadanos conscientes de sus deberes y de los límites que impone el bien común.

25. Toda transición a la democracia conlleva una negociación política para poner fin al conflicto entre las partes y dar paso a una democracia incluyente y respetuosa de los derechos humanos. Se debe evitar toda ambigüedad de los principios y reglas jurí-

dicas que regulen tanto la transición política como los procesos de investigación, persecución penal, atribución de responsabilidad y reparación de las víctimas.

26. Debe rescatarse la dignidad y el valor del trabajo. Las medidas laborales más inmediatas serán las que garanticen que las nuevas instituciones sean eficaces y perduren en el tiempo procurando un equilibrio entre la flexibilidad y la estabilidad en la relación laboral. Será esencial la institucionalización del diálogo entre los actores de la relación laboral.

27. Hay que poner fin a la oprobiosa crisis humanitaria de salud. Declarar la salud pública como un problema de estado, restablecer el suministro de medicamentos y la red hospitalaria y ambulatoria del país, reponer la generación de información epidemiológica en forma oportuna, continua y completa. La grave crisis alimentaria, con su secuela de muertes o retraso físico y mental del desarrollo, es una prioridad para atacar en sus raíces porque ella está afectando el presente y el futuro de los venezolanos y del país. Sobre esto hay propuestas desarrolladas desde nuestras Academias, con investigadores afines.

28. Hay que poner en pie una política social para atender las necesidades de aquel sector de la población en situación de pobreza crítica.

29. Debe fomentarse y patrocinar la investigación científica, tecnológica y de innovación, con personal idóneo. Una prioridad en todos sus niveles es la educación. El sistema educativo desde preescolar hasta bachillerato debe ser reconstituido sobre las bases de los nuevos conocimientos para que los jóvenes puedan ser competitivos en la economía del siglo XXI. Las universidades autónomas deben ser rescatadas de su postración actual con mayor respaldo a su labor de investigación y desarrollo, además de devolverles la autonomía que las define.

30. Es imperativo el seguimiento al cumplimiento de los compromisos del país en el área ambiental y cambio climático. El grave deterioro ambiental provocado por el arco minero, entre otros, debe ser motivo de atención gubernamental.

31. Se debe optimizar la enseñanza del español para facilitar un discurso de altura, preciso, respetuoso, que sirva para comunicarnos y no para excluirnos mutuamente y, donde corresponda, promover las lenguas indígenas y otros idiomas y variedades lingüísticas, para un acertado manejo de la inclusión y la promoción de la diversidad sociocultural y lingüística.

32. Para todos los aspectos de carácter técnico y social, seguir los lineamientos de las Naciones Unidas en cuanto a la Agenda 2030 para el Desarrollo Sostenible, de obligatorio cumplimiento para Venezuela.

33. Señor Presidente, los venezolanos tenemos que aprender de este fracaso llamado *socialismo del siglo XXI* que hoy forma parte de nuestra conciencia histórica. Hagamos de la superación de esta tragedia una conquista cívica para la reinstitucionalización del estado de derecho, la democracia, el progreso y la paz de Venezuela.

34. Reiteramos nuestros votos por el mejor desempeño de sus funciones en una hora tan crítica y trascendental para la República.

Horacio Biord Castillo
Presidente de la Academia Venezolana de la Lengua

Inés Quintero Montiel
Directora de la Academia Nacional de la Historia

Leopoldo Briceño-Iragorri
Presidente de la Academia Nacional de Medicina

Humberto Romero Muci
Presidente de la Academia de Ciencias Políticas y Sociales

Gioconda Cunto de San Blas
Presidenta de la Academia de Ciencias Físicas, Matemáticas y Naturales

Humberto García Larralde
Presidente de las Academia Nacional de Ciencias Económicas

Gonzalo Morales
Presidente de la Academia Nacional de Ingeniería y el Hábitat

Sobre el mismo tema de **RESISTENCIA CONSTITUCIO-NAL Y TRANSICIÓN POLÍTICA**, véase también los siguientes pronunciamientos de la Academia publicados en el Tomo I, de la obra *Doctrina Académica Institucional. Pronunciamientos (1980-2012)*, Centro de Investigaciones Jurídicas, Academia de Ciencias Políticas y Sociales, Caracas 2013, (ISBN: 978-980-6396-92-0), 213 pp.:

DECLARACIÓN DE LAS ACADEMIAS NACIONALES DE MEDICINA, DE CIENCIAS POLÍTICAS Y SOCIALES Y DE LA DE INGENIERÍA Y EL HÁBITAT EN TORNO AL CAMBIO CONSTITUCIONAL, 22.10.2007, pp. 63 ss.; y

LA RECONSTRUCCIÓN INSTITUCIONAL DEL PAÍS, PROPUESTAS A LA NACIÓN DE LAS ACADEMIAS NACIO-NALES. 09.11.2010, pp. 149 ss.

NOVENA PARTE

PRONUNCIAMIENTOS DE ACADEMIAS EXTRANJERAS SOBRE LA SITUACIÓN VENEZOLANA

I. **COMUNICACIÓN DEL SECRETARIADO PERMANENTE DE LAS ACADEMIAS DE JURISPRUDENCIA, LEGISLACIÓN Y CIENCIAS JURÍDICAS Y SOCIALES DE IBEROAMÉRICA.**

(Declaración oficial del Organismo en virtud de la situación en Venezuela). 7.5.2014.

A Granada, 7 de mayo de 2014

Con motivo de la comunicación efectuada por el Sr. Presidente de la Academia de Ciencias Políticas y Sociales de Venezuela D. Luis Cova Arria, quien manifiesta la difícil situación jurídica venezolana en los tiempos actuales, la Conferencia de Academias de Jurisprudencia, Legislación y Ciencias Jurídicas y Sociales de Iberoamérica expresa su preocupación al respecto, valora de manera especial el magisterio de la Academia de Ciencias Políticas y Sociales de Venezuela, entendiendo que la paz social por todos deseada solo puede alcanzarse dentro del marco del Estado de Derecho, la división de los Poderes y el respeto absoluto de los derechos humanos.

Fdo.: Luis Moisset De Espanés.

http://www.acienpol.org.ve/cmacienpol/Resources/Pronunciamientos/Pronunciamiento.pdf

II. DECLARACIÓN DEL I ENCUENTRO IBEROAME-RICANO EN LA REAL ACADEMIA DE CIENCIAS MORALES Y POLÍTICAS

(Rechazo a la ruptura del orden constitucional democrático en Venezuela, las violaciones de derechos humanos y el deterioro de las condiciones de vida de la población).

18.10.2017.

En el marco del I Encuentro Iberoamericano de Academias de Ciencias Morales y Políticas y de Ciencias Económicas, reunidas en Madrid del 16 al 18 de octubre de 2017, los delegados de las Academias presentes expresan su rechazo a la quiebra del orden constitucional democrático en Venezuela y a las violaciones sistemáticas de derechos humanos, por un gobierno que ha degenerado en un régimen de fuerza, con el consecuente deterioro de las condiciones de vida de la población.

Denuncian, asimismo, el modelo político ideológico, que ha regido a Venezuela en lo que va de siglo, por haber convertido a uno de los países de mayor prosperidad en América Latina en otro de creciente pobreza, hasta el punto de haber degenerado en una crisis humanitaria.

Como académicos no podemos permanecer indiferentes frente al sufrimiento de los hermanos venezolanos, y apelamos a la conciencia ciudadana y a las Instituciones democráticas para que se restablezcan las condiciones de orden público e institucional y de convivencia democrática en Venezuela.

En Madrid, a 18 de octubre de 2017

III. DECLARACIÓN DEL II ENCUENTRO IBEROA-MERICANO DE ACADEMIAS DE CIENCIAS MORALES Y POLÍTICAS

(Los países presentes reiteran lo planteado en el primer Encuentro, denunciando el quebrantamiento del orden constitucional democrático y las violaciones sistemáticas de derechos humanos; denuncia del modelo político ideológico regente en Venezuela que ha sumido al país en una creciente pobreza derivando en una crisis humanitaria).

08.06.2018.

En el II Encuentro Iberoamericano de Academias de Ciencias Morales y Políticas, reunidas en Buenos Aires el 7 y 8 de junio de 2018, los delegados de las Academias de Argentina, Chile, España, Perú y Venezuela presentes reiteran, como lo hicieron un año atrás en Madrid, su denuncia del quebramiento absoluto del orden constitucional democrático en Venezuela y de las violaciones sistemáticas de los derechos humanos que se producen en el país hermano. Esto es consecuencia de las acciones de un gobierno que ha degenerado en totalitarismo, con el consecuente sufrimiento de las condiciones elementales de vida de la población.

Denuncian, asimismo, el modelo político ideológico que ha regido en Venezuela en lo que va del siglo XXI. Ha convertido a Venezuela, de uno de los países de mayor prosperidad en América latina, en otro de creciente pobreza, hasta el punto de haber derivado su situación en pavorosa crisis humanitaria.

Como académicos no podemos permanecer indiferentes frente al padecimiento de los venezolanos. Apelamos, pues, a la conciencia cívica iberoamericana, a lo que quede de responsabilidad y capacidad de rectificación de sus gobernantes y a las instituciones del sistema interamericano y de la Organización de las Naciones Unidas a fin de que se restablezcan las condiciones de orden público e institucional y de convivencia democrática en Venezuela.

Buenos Aires, 8 de junio de 2018.

https://www.ancmyp.org.ar/contenido.asp?id=1870

IV. DECLARACIÓN DEL X CONGRESO DE LAS ACADEMIAS JURÍDICAS IBEROAMERICANAS, "RESTABLECIMIENTO DE LOS DERECHOS HUMANO Y LA DEMOCRACIA EN VENEZUELA"

(Conferencia donde se plantea: *i)* la exigencia del restablecimiento del Estado de Derecho de las instituciones y convivencia en Venezuela y; *ii)* el exhorto a los organismos de protección de D.D.H.H., y gobiernos democráticos del mundo a la adopción de medidas para atender la crisis que padece el país).

23.11.2018.

Esta conferencia entiende que es un deber ético de los académicos y de las Corporaciones aquí representadas, exigir el inmediato restablecimiento del Estado de Derecho y sus instituciones y la convivencia democrática en Venezuela, hoy seriamente dañada, exhortando a los organismos de protección de los derechos humanos y a los gobiernos democráticos de la región y del mundo, a adoptar medidas de presión y políticas de solidaridad para atender la grave crisis económica y social que padece la población venezolana, que permitan evitar las situaciones de privación o denegación de los derechos humanos de los venezolanos, así como levantar los obstáculos para el ejercicio de los derechos de participación política y ciudadana en ese hermano país.

En Madrid, a los 23 días del mes de noviembre de 2018.

ÍNDICE CRONOLÓGICO

mercio-industria de hidrocarburos a las instituciones militares, lo cual lo determina como un acto inconstitucional al violar el principio que reserva al Estado la actividad de hidrocarburos) 270

desconoce el rango de norma constitucional de la Carta Democrática Interamericana y otorga facultades al Poder Ejecutivo para *i)* revisar y garantizar la gobernabilidad del país; *ii)* tomar las medidas civiles, económicas, militares, penales, administrativas, jurídicas, políticas y sociales que estime pertinente para evitar un estado de conmoción. Sentencia No. 156 limita ilegítimamente la inmunidad parlamentaria sometiéndola a la discrecionalidad de otros poderes) 27

ÍNDICE GENERAL

SEGUNDA PARTE

FINANZAS Y PATRIMONIO PÚBLICO

cional pretensión de la usurpadora ANC de legislar en materia de impuesto al patrimonio neto, en violación del principio de supremacía constitucional usurpando competencias del Poder Legislativo, desconociendo conceptos elementales de la técnica jurídica y atentando contra la noción de progresividad y efectiva vigencia de los derechos humanos, la protección al sistema tributario y a la economía nacional, convirtiéndose en un instrumento de desviación ilegítima con fines meramente recaudatorios, sancionatorios y persecutorios que alimentarán la corrupción.) 10.07.2019.

TERCERA PARTE
SISTEMA ELECTORAL

CUARTA PARTE

VIOLACIÓN DEL PRINCIPIO DE SEPARACIÓN DE PODERES, CONSTITUCIONALIDAD Y LEGALIDAD

QUINTA PARTE

FUERZA ARMADA NACIONAL

SEXTA PARTE

PROTECCIÓN DE LA INTREGRIDAD TERRITORIAL DE LA REPÚBLICA Y LA PROTECCIÓN DEL AMBIENTE

SÉPTIMA PARTE

VIOLACIÓN DE LA AUTONOMÍA UNIVERSITARIA

OCTAVA PARTE

RESISTENCIA CONSTITUCIONAL

NOVENA PARTE

PRONUNCIAMIENTOS DE ACADEMIAS EXTRANJERAS SOBRE LA SITUACIÓN VENEZOLANA